幼儿园劳动教育丛书

刘颖 虞永平 / 主编

江苏省"十四五"时期重点出版物出版专项规划项目

山东省教育科学规划课题"生活自理劳动中提高幼儿问题解决能力的实践研究"（项目编号：2022CYB183）成果

生活自理劳动，让童年生活更有品质

幼儿园生活自理劳动教育实践

王冰 刘婷婷 著

江蘇鳳凰教育出版社
Phoenix Education Publishing, Ltd

感谢您使用本书。您在使用时如有建议或发现质量问题，请联系我们。
【内容质量】电话：4008283622
【印装质量】电话：4008283610

图书在版编目（CIP）数据

生活自理劳动，让童年生活更有品质：幼儿园生活自理劳动教育实践 / 王冰，刘婷婷著. -- 南京：江苏凤凰教育出版社，2024.10.
（幼儿园劳动教育丛书 / 刘颖，虞永平主编）. -- ISBN 978-7-5743-1261-6

Ⅰ. G613.3

中国国家版本馆 CIP 数据核字第 2024TB2344 号

幼儿园劳动教育丛书

书　　名　生活自理劳动，让童年生活更有品质——幼儿园生活自理劳动教育实践
作　　者　王　冰　刘婷婷
出版策划　刘　煜
责任编辑　林　琬
出版发行　江苏凤凰教育出版社（南京市湖南路 1 号 A 楼　邮编210009）
苏教网址　http://www.1088.com.cn
照　　排　江苏凤凰制版有限公司
印　　刷　江苏扬中印刷有限公司（电话：0511-88420818）
厂　　址　江苏省扬中市大全路 6 号
开　　本　787 毫米 ×1092 毫米　1/16
印　　张　12.75
版　　次　2024 年 10 月第 1 版
印　　次　2024 年 10 月第 1 次印刷
书　　号　ISBN 978-7-5743-1261-6
定　　价　58.00 元
网店地址　http://jsfhjycbs.tmall.com
公 众 号　苏教服务（微信号：jsfhjyfw）
邮购电话　025-85406265，025-85400774
盗版举报　025-83658579

序

劳动对人类而言，有着特殊且重要的价值。劳动能够创造财富、创造世界。劳动对个体的发展更有着不可替代的价值。劳动能够让人发现自我、改造自我、确证自我，因此我们说，劳动“使人真正成其为‘人’，根本超越了动物界”①。劳动是人全面发展的重要途径，劳动教育是全面发展教育体系的重要组成部分。在 2018 年的全国教育大会上，习近平总书记特别强调了劳动教育的重要性，强调要在学生中弘扬劳动精神，教育引导学生崇尚劳动、尊重劳动，懂得劳动最光荣、劳动最崇高、劳动最伟大、劳动最美丽。2020 年 3 月，中共中央、国务院印发了《关于全面加强新时代大中小学劳动教育的意见》，强调了劳动教育是中国特色社会主义教育制度的重要内容，并要将劳动教育纳入人才培养的全过程。

遗憾的是，在过去的一段时间内，有关劳动教育的政策话语和研究热点主要出现在大、中、小学阶段，对幼儿园劳动教育的研究处于相对滞后的状态。然而，我们不能就此忽视劳动以及劳动教育对幼儿发展和学前教育质量提升的意义。

劳动活动是幼儿综合的学习。劳动需要动手。年龄较大的儿童，以对间接经验的学习为主，学习的场所可以是在课堂中，学习的方式能够以听教师讲解为主。而幼儿是在直接感知、实际操作、亲身体验的过程中学习的。让幼儿获得经验，就是让幼儿去做事。幼儿的劳动，就符合这里所说的做事的特点。劳动对幼儿学习的意义直接体现在为幼儿提供了更多做事的机会。

劳动能够促进儿童全面的发展。尽管劳动强调身体的参与，劳动教育强调劳动态度、劳动习惯和劳动情感的涵养，但其价值绝不仅仅局限在身体发展和价值

① 赵敦华，孙熙国．中西哲学的当代研究与马克思主义哲学创新［M］．北京：人民出版社，2011：298.

观的培养上。劳动的过程，是多个领域的经验有机结合的过程，也指向多个领域经验发展的过程。杜威在中国访问演讲时，就曾对南京高等师范学校附属幼稚园养蚕一事深有感触，并以此阐释劳动对学前儿童多领域发展的综合作用。

劳动教育是落实《3—6岁儿童学习与发展指南》（以下有时简称《指南》）精神、提升学前教育质量的重要抓手。劳动教育重在亲身参与和实践，强调幼儿动手能力的发展。开展劳动教育，为幼儿提供了丰富的直接感知、实际操作和亲身体验的学习机会，有利于改变学习方式小学化的倾向。劳动教育关注对儿童劳动素养的培养，促进儿童体、智、德、美和创造力的全面发展，有利于改变当前教育中“扬心抑身”的倾向，能更好地落实《指南》精神。

尽管劳动教育未曾远离我国幼儿园教育实践一线，我们在幼儿园中也总能看到这样那样热火朝天的劳动场景，但有关幼儿园劳动教育的理论与实践还充满着挑战和难题。例如，如何在我们的课程中定位劳动教育？如何处理劳动教育中劳动品质涵养和其他方面发展的关系？怎样合理地处理劳力和劳心的关系？如何为新时代的幼儿园劳动教育注入时代发展的特点？如何提供满足当代幼儿需要的劳动教育？如何不断丰富幼儿劳动教育的内容和形式？如何建构幼儿园劳动教育的资源和环境？如何在劳动活动中有效地回应幼儿，并为幼儿提供充分的机会和挑战？如何协同家庭、社区的力量共同参与到幼儿园劳动教育的实践当中？

基于对幼儿劳动以及幼儿园劳动教育价值的考量，我们和全国有志于从事劳动教育研究的十多所幼儿园一道，从2019年开始，开展了系统的幼儿园劳动教育研究。参与研究的幼儿园来自我国各个地区，有着不同的园情和研究基础。但共同的，是他们研究劳动教育的决心、热情和努力。每一所参与劳动教育实践研究的幼儿园，既整体性地对幼儿园劳动教育进行了探究，又从园所自身的基础条件、幼儿发展的现实需求出发，选择了种植劳动、饲养劳动、工艺劳动、工程劳动、生活自理劳动、社群服务劳动中的一类，进行了深入的实践与研究，以获得更扎实的幼儿园劳动教育研究经验和研究成果。

在这数年时间中，参与幼儿园劳动教育研究的各所幼儿园迎难而上，在实践中重新审视了幼儿园劳动教育的价值，凝练了劳动教育的理念，总结了组织劳动教育活动的策略，梳理了与《指南》对接、符合幼儿身心发展规律的劳动教育目标，建构了与幼儿生活密切相关的劳动教育内容体系，探索了多种多样的劳动教育组织形式，并尝试开展幼儿劳动教育的评价工作。在与实验园所园长、老师们共同研究的过程中，我们见证了完整儿童的发展，见证了老师们教育观念的更新、教育方法的改善、教育能力的提升，见证了《指南》精神的逐渐落地。

江苏凤凰教育出版社策划并出版的这套“幼儿园劳动教育”丛书，是对幼儿园劳动教育理论和实践研究的总结与展示，是对幼儿园劳动教育理念、立场、观点、策略、方式、机制的挖掘和整理。作为国内第一套系统呈现幼儿园劳动教育研究成果的书籍，本套丛书在内容、形式、体例上都还有诸多不尽如人意之处，我们也将在后续的研究中不断完善。此时推出这套丛书，我们希望能够给更多的学前教育同行以启发，让更多的幼儿园深刻地认识到幼儿园劳动教育的价值和实现价值的可能性，让更多的幼儿园参与到幼儿园劳动教育研究的队伍中来，让幼儿园劳动教育研究的成果造福更多的儿童。

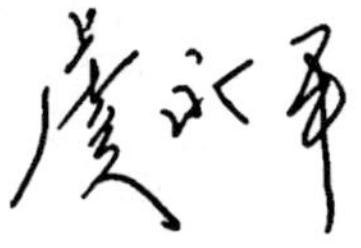

目录

第一章

幼儿生活自理劳动教育概述

当前，劳动教育在幼儿园如火如荼地开展。生活自理劳动教育作为幼儿劳动教育的一项重要内容，是一种什么样的劳动教育？我们开展生活自理劳动教育的基本理念是什么？生活自理劳动教育对幼儿的成长与发展有哪些价值？厘清这些问题，是我们开展生活自理劳动教育的出发点，也是最终目的所在。

一、幼儿生活自理劳动

不管你是幼儿园的教师还是幼儿的家长，以下几个场景，你是不是非常熟悉？

场景一

小三班宝贝入园第一天，准备吃好吃的点心了，孩子们分组来到盥洗室，陈老师细心指导着洗手的步骤："宝贝们，快来洗手呀！打开手龙头，冲冲小小手，打上小香皂，搓出白泡泡，搓搓小手心、搓搓小手背、搓搓手指缝、搓搓小手腕，打开水龙头，再来冲一冲。哇，小手洗得好干净呀！"孩子们跟随着朗朗上口的儿歌，伴着哗哗流水的声音，在开心地搓泡泡、冲泡泡的过程中学习自己把小手洗干净。陈老师不时地鼓励孩子们闻闻自己的小手香不香，看看自己的小手白不白，表扬他们泡泡搓得多又多，小手洗得干干净净。

场景二

早上入园时的幼儿园门口，乐乐妈妈匆匆忙忙从车上拿下乐乐要带的东西——小坎肩、书袋、一大包太空泥和一根跳绳。妈妈正愁这一堆东西该怎么拿进去时，只见五岁半的乐乐麻利地把坎肩对折了两下，让妈妈撑着书袋口，把折好的坎肩放进去，然后将左手伸进书袋中，用指尖压好蓬松的坎肩，手背拱起，顶着书袋上方，在袋子里撑起一个比较大的空间，用右手把太空泥和跳绳塞了进去。东西装好了，乐乐提着袋子，高兴地对妈妈展示："你看，这样不就好拿了么！"妈妈很惊喜："乐乐，你咋这么有办法啊？"乐乐笑了笑："这有啥难的？我们在幼儿园经常整理材料，好办法多着呢！"

场景三

中一班里，区域活动结束的音乐响起来了，建构区的天天、安迪和琪琪开始收拾材料。天天两只手各拿一块积木，走到玩具橱前面放下，然后折回去，双手各拿一块积木，再走回来……安迪则把一堆积木聚在一起，然后自己趴在地上，把积木一块儿往玩具橱的方向推。在推动的过程中，好几块积木"掉队"了，安迪就停下来，把这几块积木划拉回来，然后继续往前推……琪琪拿过一个空篮子，一下子放进去十几块积木，用力提起篮子，向玩具橱走去。放下篮子后，她发现两个小伙伴运过来的积木都堆在玩具橱前面，于是就喊起来："你们的积木怎么都放这里呀，太乱了！”安迪说：“琪琪，你来整理吧，我和天天当运输队！”于是，琪琪改行做“整理员”，另外两个男孩当“运输员”，一个小小的合作达成了。过了一会儿，琪琪指挥天天：“你太慢了，我都没啥干的了。给你这个篮子，你得开装载机才快！”安迪听后也说：“就是，你看我就是推土机，我也快！”天天试了试琪琪的办法，果真不错。三个伙伴分工合作，有人忙着搬运，有人分类整理，建构区的玩具很快收拾好了。

以上场景是幼儿生活中的一些真实片段，也是他们实现生活自理的劳动实践。无论是在幼儿园还是在家庭中，劳动总是伴随着他们的一日生活，渗透在他们的游戏学习之中，为他们的成长提供源源不断的动力。让我们走进幼儿的劳动世界，了解一下他们的生活自理劳动。

（一）生活自理劳动的含义

劳动是人维持生存的基本手段，是创造美好生活的根本途径，是人们有目的、有意识地运用体力和智力改造外部世界的实践活动。幼儿虽然尚处在生长发育的阶段，但劳动却实实在在存在于他们的生活之中。南京师范大学虞永平教授指出，幼儿的劳动主要是幼儿通过身体或体力活动，达到服务自己和他人的目的，本质上是幼儿主动与周围世界相互作用的过程。在幼儿园里，劳动既是幼儿生活中不可缺少的活动，又是完成幼儿教育任务的有效途径。

幼儿生活自理劳动就是自我服务劳动，是指单个儿童通过身体或体力活动为自己、班级及家庭服务的劳动，主要涉及一日生活中的洗手、漱口、喝水、进餐、穿脱衣服鞋袜、搬椅子、擦桌子、整理用品、制作简单食物等劳动内容。作为幼儿劳动的一项重要内容，生活自理劳动与幼儿生活紧密联系，又为幼儿生活所必需，对培养幼儿独立生活能力和良好习惯具有特殊的意义。

对于幼儿来说，生活自理劳动是劳动教育的起点，是这一阶段最为重要的劳动教育内容。生活自理劳动教育能够让幼儿在自我服务的过程中感受成功和快乐，获得自我肯定，体验劳动的价值；能够让幼儿学会处理一些生活事务，收获多方面的劳动技能；能够让幼儿在生活自理的尝试中动手动脑，获得各个领域全方位的发展；还能够帮助幼儿更好地照顾自己，养成健康文明的生活习惯。综上所述，我们可以看出，生活自理劳动让幼儿的童年生活更有品质。

（二）生活自理劳动与生活自理能力的联系与区别

我们经常会提到这样一句话：“鼓励孩子参与生活自理劳动，提升他们的生活自理能力。”那么，生活自理劳动和生活自理能力的联系和区别在哪里呢？

首先来看什么是生活自理能力。能力是完成一项目标或者任务所体现出来的综合素质，是直接影响活动效率，并使活动顺利完成的个性心理特征。生活自理能力是生存能力的重要组成部分，是一个人独立生存、独立发展的必备能力和先决条件。幼儿的生活自理能力是指幼儿在一日生活中自己照顾自己的生活、完成力所能及的事情的能力。生活自理劳动在上文已作阐释。

可以看出，不管是生活自理劳动还是生活自理能力，指向的都是幼儿生活自理的方方面面，涵盖幼儿生活中吃喝拉撒、洗漱整理等为自己、班级和家庭服务的内容，与幼儿的生活息息相关。这两者之中，生活自理能力是一种抽象的心理特征，而生活自理劳动则是具体的实践活动。能力总是和人完成一定的实践联系在一起的，若离开了具体实践，既不能表现人的能力，也不能发展人的能力。生活自理劳动正是形成和提高幼儿生活自理能力的必然途径和重要载体，对培养幼儿生活自理能力具有不可替代的作用。而幼儿生活自理能力的不断提升，也会逐步拓展幼儿生活自理劳动的广度和深度，给予幼儿更多的行动能力和活动经验，让幼儿在自理劳动的过程中不断收获劳动知识，提高劳动技能，养成劳动习惯，培养劳动情感。

二、幼儿生活自理劳动教育

在幼儿的一日生活中，只要教师和家长用心观察、有心引导，处处都有生活自理劳动教育的场景：

场景一

小一班寝室，伴随着起床音乐，瑞瑞睁开眼睛爬起来，刚要开口叫老师帮自己穿衣服，李老师就笑着说："你看美伊正在自己穿套头衫呢，你也试试吧！"在老师的鼓励下，瑞瑞自己拿过毛衣，学着美伊的样子，找到领口，把头套了进去，但小胳膊怎么也找不到袖口。李老师看到了，提示瑞瑞："别着急，把有袖子的地方转一转，转到小胳膊这里来。小胳膊找找'小山洞'，找到了吧？好，小胳膊自己钻出来！"瑞瑞穿好毛衣，开心极了："我自己会穿毛衣了！"李老师点点头，笑着说："下次啊，不用老师帮忙，瑞瑞就可以自己想办法把胳膊伸出来喽！"

场景二

进入秋天，孩子们穿上了外套。每天早上入园时自己脱外套、叠外套，就成了这段时间中三班孩子们一项非常重要的生活自理劳动内容。细心的董老师发现，很多孩子外套脱下来后两个袖子都是里子朝外，需要先把袖子掏回来再叠衣服，既麻烦又耽误时间。而之所以出现这个问题，是因为孩子们还没有掌握拽袖子的小窍门。于是，她招呼正在脱衣服的多多："我们来帮小朋友找个好办法吧！来，衣领翻到肩膀后面，先不要脱。试一试，小手背后，一只手拉另一边的袖子，好，脱下来了！再来拉另一只袖子……多多，你看，这回袖子没有里面朝外吧！这个办法怎么样？那你可以把这个办法教给小朋友。"于是，第一个"吃螃蟹"成功的多多成了小老师，不仅给其他小朋友做示范，还当小模特，拍了“教学”照片，由董老师配上儿歌，做成“脱外套步骤图”，贴在生活区，给大家做参考。经过半个月的尝试，脱外套时遇到的这个小难关，终于被孩子们攻克了。

场景三

小二班区域活动时间，安安在生活区剥带壳的花生。有个花生的壳特别硬，安安试了好多次，以他小手的力量，既摁不开，也抠不开。安安不愿意放弃，看了看周围，最后把目光聚焦在了自己的小椅子上面。他蹲下身来，把花生放在椅子的一条腿下面，然后半边屁股挨到椅子面上，扶着椅子背，小心翼翼地坐了上去。只听“咔嚓”一声，花生皮裂开了，花生仁露出来了，安安开心极了。这一幕被正在观察他的孙老师看到了。孙老师抓住时机，用相机记录了下来，并在活动结束后把照片投到屏幕上，请安安把经验分享给大家。

通过以上生活场景，我们会感受到：看似平常的生活自理劳动，其实处处隐含着教育价值。在生活自理劳动中，蕴含着幼儿成长的无穷潜力。通过有目的、有计划的生活自理劳动教育，在成人有意识的干预和引导下，幼儿的生活自理能力会得到显著的提升，随之而来的是他们的动作发展、学习能力、合作意识、生活习惯、思想品质等多方面的提升。

（一）生活自理劳动教育的含义

劳动塑造人，劳动教育作为全面发展教育的重要组成部分，影响着幼儿人生的整体发展。《幼儿园教育指导纲要（试行）》（下文简称为《纲要》）中强调幼儿园应“与家庭、社区合作，引导幼儿了解自己的亲人以及与自己生活有关的各行各业人们的劳动，培养其对劳动者的热爱和对劳动成果的尊重”。著名儿童教育家陈鹤琴指出，幼儿劳动教育的目的主要是从小培养他们爱劳动和爱劳动人民的感情，学习初步的劳动知识和技能，养成爱劳动的好习惯。幼儿园的劳动教育，旨在通过组织幼儿参加自我服务、为集体服务、种植、饲养等简单劳动以及观察、认识成人劳动等，培养幼儿热爱劳动、尊重劳动人民的思想感情，初步认识各种劳动的意义，掌握初步的劳动技能，懂得珍惜劳动成果，提高劳动兴趣，养成劳动习惯。由此，可以逐渐明晰生活自理劳动教育的含义。

幼儿阶段的生活自理劳动教育，是支持幼儿在亲历实践和动手操作的过程中有目的、有意识地运用体力和智力改造外部世界（班级、家庭等），提高自己照顾自己的能力，从而获得劳动知识、劳动技能、劳动习惯、劳动意识和劳动情感等全方位发展的教育活动。

劳动源于生活，也为生活服务。幼儿园的生活自理劳动教育应与幼儿的一日生活密切关联，让劳动教育回归生活本真。作为教师，要善于抓住生活环节中富有劳动教育价值的内容，采取恰当的教育引导，帮助幼儿在真实的生活情境中通过自我尝试、自我建构来不断提升生活自理能力，让幼儿内化劳动观点，形成劳动技能，培养劳动习惯，塑造劳动品质，为幼儿日后的学习和生活奠定良好的基础。

（二）生活自理劳动与生活自理劳动教育的联系与区别

一日生活为幼儿劳动教育提供了丰富而鲜活的活动内容，生活自理劳动教育作为幼儿劳动教育的一种重要形态，迫切需要教师重视其价值，实施相应的教育行为，让幼儿在实现生活自理的过程中经由劳动来获得更加全面的发展。但是，在幼儿园的一日生活中，劳动与教育分离的现象很常见，我们经常会遇到以下场景：

场景一

小班的盥洗室里，孩子们冲干净手上的肥皂泡泡后，一边说着“小水珠，找妈妈，一二三，甩三下”，一边对着水池一下一下把手上的水滴甩干净，然后拿起小毛巾，动作虽然有些稚拙，却很认真地把小手里里外外擦干净，然后高高兴兴地请老师看看白不白，闻闻香不香。大班的盥洗室里则是另一番光景，孩子们打开水龙头，象征性地打湿一下手指头，还没有搓洗就急急忙忙拿过毛巾，擦一下完事，洗手变成了走过场。于是，老师安排值日生来当“洗手监督员”，负责监督大家认真洗手。

场景二

午餐后，大三班的小值日生开始按照分工整理卫生。值日生乐乐手擦着桌子，眼睛却盯着活动区里正在玩乐高的几个同伴，擦桌子变成了磨洋工；迪迪和洋洋拿着扫帚东一下西一下地扫着地上的米粒，扫了几下却发现扫不起来，就放弃了，又跑到另一边去扫掉落在地上的几块黄瓜丁和笋丁，扫起来后，又费了好大的劲，才扒拉到簸箕里面；负责擦地的壮壮拖着和自己一样高的大拖把，费劲地挪动着，委屈巴巴地看着老师说：“拖把好重，好难拖呀！”……十分钟后，眼看午睡时间快到了，保育老师无奈拿过值日生手里的工具，急匆匆地重新开始清理。

看到上述场景，我们是不是会有这样的感慨：为什么孩子们小班时兴趣盎然去做的洗手、穿衣、叠衣服等生活自理劳动，大了之后却兴味索然、敷衍了事？放手让孩子去劳动，结果孩子们清理不干净、收拾不整齐，保育老师和家长还要跟在后面再做一次，这是劳动还是添乱？面对这些困惑，需要我们反思如何在生活中加强对幼儿自理劳动能力的关注，用适宜的教育行为引发幼儿在劳动中的学习与成长。让劳动成为幼儿的一种生活态度，让他们发自内心地感受到：用心劳动才能创造美好生活。

幼儿的生活自理劳动，离不开教师和家长的教育引领与关注支持。幼儿在对待劳动时，通常具备自发性，这种心理状态是与生俱来的。为了帮助幼儿形成较强的劳动意识，养成良好的劳动习惯，提升劳动素养，教育者需要有目的、有策略的劳动教育，要为幼儿营造宽松良好的劳动环境，帮助幼儿选择难易适度的劳动任务，同时为幼儿树立可效仿的劳动榜样，从而培养幼儿的劳动自觉性，激发幼儿参与生活自理劳动的积极性。

裴斯泰洛齐提出："劳动教育是教育者根据幼儿的身心特点实施劳动，使劳动与教育结合、体力与脑力结合，促进幼儿脑、心、手和谐发展的活动。"幼儿的劳动与成人的劳动具有显著差异，具备自身鲜明的特点。教师和成人需要在尊重儿童发展规律的基础上，以幼儿能力为基础，为幼儿设置难易适度的劳动任务，通过有目的、有计划的生活自理劳动教育，建构适合幼儿身心特点的劳动课程，营造有价值的劳动环境，实施有效的教育指导，这样才能真正助推幼儿生活自理能力的提升，让幼儿通过生活自理劳动获得更全面的发展。

三、生活自理劳动教育的基本理念

（一）生活自理劳动教育是植根于幼儿生活的教育

生活自理劳动与幼儿的生活密切相关，是幼儿成长发展中必不可缺的内容。它自然而然地存在于幼儿一日生活的时时刻刻、方方面面，幼儿有机会在一次次的劳动中逐渐发现劳动的意义，提高劳动的能力，形成劳动的习惯。

（二）生活自理劳动教育是为幼儿赋权的教育

赋权是让幼儿享有劳动的话语权、行动权与评价权。劳动是幼儿的权利，通过生活自理劳动教育，能够让幼儿充分参与生活自理劳动，让幼儿充分发挥自主性，参与到真实的劳动之中，从而发现：通过自己的努力和创造，有能力独立完成生活中的某件事，有能力负责好自己的衣食住行，有能力让自己生活学习的环境更舒适便利。

（三）生活自理劳动教育是促进幼儿可持续发展的教育

陈鹤琴先生说："一切活动，凡是儿童能够自己做的，都要让他自己做。做了就与事物发生直接的接触，就能得到直接的经验，就知道做事的困难，就认识事物的性质。"这些真实的收获会不断提升幼儿做事的兴趣，而在持续的劳动中，幼儿做事的能力也会愈来愈强，从而源源不断地助推着他们的成长和发展。

（四）生活自理劳动教育是经由劳动指向幼儿全面发展的教育

21 世纪的关键能力，包括学会认知、学会做事、学会与他人共处以及学会实现自我。借由生活自理劳动教育，幼儿能够在为自己生活服务的过程中积极地与环境、工具、周围的人进行互动，从而不断积累经验、发展能力、学会沟通、锤炼品质，在上述四个方面获得发展，不断积淀生命成长中的强大动力。

四、幼儿生活自理劳动教育的价值

生活自理劳动是幼儿最早接触到的、每天都要进行的劳动。陶行知先生说，劳动教育的目的“在谋手脑相长，以增进自立之能力，获得事物之真知及了解劳动者之甘苦”。在生活自理劳动的过程中，孩子们手部小肌肉的动作更加精细，身体运动也越来越协调，使得他们有更多的可能去尝试新的劳动内容。在生活自理劳动的过程中，孩子们会不断获取新的本领，更好地照顾自己，让每一天的生活更加自如。在生活自理劳动的过程中，孩子们需要处理生活中的各种任务，对遇到的各种问题见招拆招，在思考与尝试中不断收获新的知识与能力。在生活自理劳动的过程中，孩子们还会面对困难和挑战，体验成功的喜悦，感受帮助别人的快乐，收获内心成长的强大动力。生活自理劳动的教育价值，具体体现在以下四个方面：

（一）生活自理劳动教育是幼儿劳动教育的起点

陶行知先生说：“生活教育是给生活以教育，用生活来教育，为生活向前向上的需要而教育。”幼儿园劳动教育也应遵循“生活教育”的原则，突出内容的生活化，选择贴近幼儿生活、力所能及的劳动作为教育内容。只有幼儿经历过的，或者可以经历的劳动才能有效激发他们的劳动热情与意愿，使他们具有劳动胜任力，更容易获得积极的劳动情感态度，习得良好的劳动习惯。苏联教育家苏霍姆林斯基在《帕夫雷什中学》中提到：“劳动教育一般都从自我服务开始，而且日后不管每个人从事何种生产劳动，自我服务都将成为他的义务和习惯。”由此可见，生活自理劳动是幼儿劳动教育的起点，幼儿劳动是从自我服务劳动开始的。

三至六岁的幼儿，由于身心的发展，已经具有从事一些简单的、力所能及的劳动的基础。随着幼儿体力逐渐增强，身体活动更加自如，手的动作已较灵活，有了一些简单的知识经验，再加上幼儿好奇、好动、好模仿，他们开始有了劳动的愿望。而生活自理劳动和幼儿的生活紧密联系，为幼儿日常生活所必需，每天都要重复同样的动作，因而也是幼儿最容易理解和掌握的劳动。根据幼儿生活和学习的需要，通过有目的、有计划的生活自理劳动教育，能够让幼儿的动作技能逐渐熟练协调，空间方位知觉逐渐发展，从而不断提高他们的独立活动能力。比如：

在衣物整理方面——小、中班的幼儿只需成人稍加帮助就可以自己穿脱衣裤；大班幼儿则能独立地穿脱衣裤，并在户外活动前后，逐步做到根据室外温度自己增减衣服并整齐地放置好。小、中班幼儿在成人帮他分清左右后，能自己穿好鞋；大班幼儿则基本上能分清左右，自己穿好鞋……

在进餐环节——小班的幼儿首先做到自己拿好小碗小勺独立进餐，进而能够自己来端饭，自己剥鸡蛋、橘子，饭后把餐具一样一样放到指定位置；到了中班，幼儿就可以自己用公勺和夹子取餐，用汤勺舀汤，餐后用抹布将桌面擦拭干净；大班的幼儿，用筷子吃饭、用捞面漏勺抓舀面条也逐渐熟练，收拾整理餐具和擦桌子已经没有问题，更多的孩子开始尝试扫地、拖地等劳动……

在区域活动的过程中——小班的幼儿首先学会自己取放玩具，能够根据标志的引导将玩具放回原处；涂完颜色，将彩笔盖好笔帽，放到彩笔盒中，将剪下来的碎纸屑放到盛垃圾的小盒子里。中班幼儿开始锻炼分类整理区域材料，能够将美工区里的颜料、画笔、纸张和各种废旧材料归放整齐，并开始尝试自己清洗调色盘，将桌面擦拭干净。大班的幼儿能够与同伴分工合作搬运桌椅和材料，调整区域的空间布局，摆放作品，设计展示活动的布置方案……

这些生活中点点滴滴、细细碎碎的劳动内容，通过成人的用心引导和幼儿的积极参与，在日积月累中积淀着孩子们的劳动素养。通过生活自理劳动，幼儿获得了由依赖成人照顾到自己独立生活，生活自理能力不断增强，幼儿能够更加自如地拓展自己的生活空间，逐渐接触到更为丰富的劳动内容。通过生活自理劳动，幼儿的动作发展，尤其是手指小肌肉得到了充分的锻炼，小手更加灵活，动作更加协调，并使幼儿在参与过程中获得了更为丰富的劳动体验，能够为以后参与种植劳动、养殖劳动、工艺劳动和工程劳动等诸多其他类型的劳动提供劳动技能和劳动经验的支持，让这些劳动开展得更加顺利，从而使幼儿汲取更有价值的成长能量。通过生活自理劳动，幼儿逐渐感受到自理自立的快乐，感受到劳动带给自己的独立自主，体验到不断克服困难、完成任务的成功与快乐，这些积极的情绪体验也为他们从事其他劳动奠定了昂扬向上的情感基调。

（二）生活自理劳动教育是帮助幼儿提高生活能力的必然途径

关于劳动，陈鹤琴先生说：“小孩子要自己做，自己生活，自己从做中得着快乐，从做中获得各种知识，学习各种技能。”劳动蕴含在生活中，劳动是生活的一部分，孩子们一日生活的过程，就是不断掌握劳动技能、积累劳动经验、培养劳动品质的劳动过程。引导幼儿在生活自理劳动中亲力亲为、点点积累，正是帮助他们提高生活能力的最为重要的途径。

2021 年 3 月，教育部印发了《幼儿园入学准备教育指导要点》，在生活准备部分中对于幼儿生活自理有这样的表述——较强的生活自理能力有助于幼儿做好入学后学习和生活的自我管理和服务，增强独立性和自信心。其中包括：

1. 能按需喝水、如厕、增减衣服。
2. 坚持自己的事情自己做，能分类整理和保管好自己的物品。
3. 有初步的时间观念，做事不拖沓。

在幼儿园阶段，学前准备并不是从大班才开始的，而是贯穿在整个学前三年。

而要做好这种准备，离不开生活自理劳动教育的有效开展。

生活自理劳动教育，可以帮助幼儿树立自我服务的意识。比如，小班的幼儿在适应幼儿园生活的过程中，逐渐学习自己端餐盘，自己接水喝，午睡时自己动手或是在同伴的帮助下穿、脱裤子……这些劳动教育内容都伴随着一日活动和季节的更迭依次展开，锻炼着孩子们的自我服务能力，也让他们在“我能行”“我很棒”的自我认可中体验成长的自豪感，从而更加喜欢幼儿园独立自主的生活，同时也激励着他们不断迈向更加宽广的生活空间。

生活自理劳动教育，可以帮助幼儿在一日生活中逐渐习得各种劳动技能，更好地照顾自己。生活自理劳动，首先就是穿衣服、扣扣子、端杯子接水、搬椅子等基本劳动技能的习得。这些基础性的、操作性的、程序性的劳动属于初级学习，需要成人基于对幼儿劳动技能的准确解读，通过说做一体的教学方式，引导幼儿通过相互的讨论、成人的示范和自己的尝试，在日积月累中不断习得和提高（特别是其中的动作技能）。例如：入园整理是幼儿每天入园时都要做的事情，随着季节的变化和能力的不断提升，孩子们在老师的指导下整理自己的物品，“叠叠乐”的系列活动应运而生——叠口罩、叠围巾、叠外套……叠整齐后，再将这些物品按一定顺序摆放进衣橱里。在幼儿熟练掌握之后，“叠”的技能又可以辐射到更广阔的生活活动内容之中：午睡前自己叠衣服放整齐、午睡后尝试自己叠被子、学习活动中叠放区域的材料等，技能难度逐渐加大，与其他劳动的连接和配合也越来越多。这些关于“叠”的生活自理劳动内容（见表 1.1）不同程度地使孩子们获得上肢的大动作发展和小肌肉的精细动作发展，也让他们逐渐熟悉并掌握不同的折叠方法，体验着自我服务带来的快乐，感受着照顾自己、照顾环境的成就感。

表 1–1　不同年龄段有关“叠”的生活自理劳动教育内容

年龄段	活动环节	活动名称		活动目标
小班	入园	整理我的宝贝	1. 手套娃娃 2. 帽子整整 3. 口罩宝宝	1. 学习将手套、帽子、口罩等叠整齐并放好。 2. 知道保管好自己的物品，不随意摆放
	午睡	我会叠衣服	1. 脱下小外套 2. 我会叠上衣	1. 学习脱下小外套并折叠整齐的正确方法。 2. 知道将脱下来的外套折叠整齐
	户外活动	脱下外套去运动	1. 脱下外套 2. 外套叠整齐	1. 能自己脱下外套并叠放起来。 2. 知道天气热了，户外活动时要脱下外套

续表

<table>
<tr><th>年龄段</th><th>活动环节</th><th colspan="2">活动名称</th><th>活动目标</th></tr>
<tr><td rowspan="5">中班</td><td>入园</td><td>来整理</td><td>1. 叠毛巾
2. 叠餐纸
3. 叠手纸</td><td>学习用对折的方法折叠毛巾、餐纸等（值日生工作）</td></tr>
<tr><td>午睡</td><td>叠一叠，放放好</td><td></td><td>1. 午睡时，知道将脱下来的衣服折叠整齐。
2. 按照从大到小的顺序放好</td></tr>
<tr><td rowspan="3">学习活动</td><td>叠叠乐</td><td>1. 叠口罩
2. 叠帽子
3. 叠手套
4. 叠外套
5. 叠围巾
6. 小衣橱真整齐</td><td>1. 学习用折叠的方法，将各种衣物整理整齐。
2. 能将衣物按照由大到小的顺序整齐摆放进衣橱中。
3. 体验整洁的衣橱带来的愉悦等美好感受</td></tr>
<tr><td>围裙叠放好</td><td></td><td>知道将围裙叠整齐，放好</td></tr>
<tr><td>整理表演区</td><td>1. 整理表演服装
2. 整理道具</td><td>根据表演服装的款式，学习用悬挂、折叠等方式整理整齐。</td></tr>
<tr><td>大班</td><td>午睡</td><td>巧叠小花被</td><td></td><td>1. 能用平铺、对折、整平的方法将被子叠整齐。
2. 感受自主探索、同伴学习带来的乐趣</td></tr>
</table>

生活自理劳动教育，还可以帮助幼儿在日积月累中一点点地学习如何处理好生活、学习中的日常事务，整理、归纳、统筹等与生活自理相关的能力也会不断得到提升。学会做事是 21 世纪的关键能力之一，其中就包括生活自理、管理时间、学以致用、解决问题等能力。伴随着生活、学习空间的不断拓展和能力的不断提升，幼儿将会接触到更加广阔的生活内容，面临更多需要自主解决的问题。这些在一日生活自理、生活物品整理、学习用品管理等生活自理劳动教育中积累的经验、养成的习惯、培养的技能、积淀的能力将为他们后续的发展提供源源不断的能量，让他们逐渐从一个需要家长、教师贴身呵护的小宝宝，成长为独立自主、能够照顾好自己的小学生，面向未来，自信地开始快乐的小学生活。

（三）生活自理劳动教育支持幼儿劳力劳心增长生活智慧

劳动是劳力与劳心的结合。苏霍姆林斯基认为："幼儿的能力和才干来自他们的指尖。形象地说正是来自手指的那些细小溪流在补充创造性思维的源泉。幼儿两手动作的把握性和创造性越大，手和劳动工具配合得越精细，这种配合所需要的动作越复杂，幼儿智力的创造精神就越鲜明，这种配合所要求的那些动作也就更准确、更细致、更复杂。”《3—6岁儿童学习与发展指南》（下文简称为《指南》）提出，幼儿通过直接感知、实际操作和亲身体验获取经验。幼儿劳动教育的主旨是让幼儿在做中体验、感悟和反思，强调幼儿主动构建自我的精神世界。

教育视域下的幼儿劳动，不仅仅是体力活动，更需要思维的积极参与。在生活自理劳动的过程中，幼儿的四肢、五感和大脑等经常处于积极的活动中，他们通过视、听、触等感觉器官的活动，直接认识物体的性质、用途，并在实际操作中学到初步的劳动知识和简单的操作技能以及解决实际问题的方法，同时也促进了注意力、记忆力、观察力、想象力、思维力和语言表达能力的发展。在劳动的过程中，大脑皮层分析和综合来自感觉器官的信息，首要的是来自手的信息，劳动就成为促进大脑皮层迅速发展的重要条件。大脑皮层的发展又促进神经系统的迅速发展，为儿童的智力发展提供了先决条件。这些都有助于幼儿机体的成长发育，既提高了动作操作的能力，也让他们的感觉能力变得更加准确和灵敏，表象更丰富，思维更活跃。

孩子们的劳动都发生在真实的生活场景中，他们会面临纷繁复杂的问题，这些问题中往往蕴含着极其宝贵的学习资源。而幼儿劳动教育中融合了很多认知与技能，比如物品的整理，涉及分类能力、逻辑能力、统筹能力、时间管理能力。劳动教育是培养“完整儿童”的有效途径，将劳动教育与健康、语言、科学、社会、艺术五大领域教育相结合，可以促进幼儿身体、认知、情感、社会性全面发展。因此，教师在指导幼儿进行生活自理劳动的过程中，要注重引导他们在遇到问题时进行讨论和辨析，从而使他们学会思考，学会选择，乐于尝试，不断提高其自主学习能力。比如：孩子们上了大班，起床后怎样把被子两边向下，对着中心线叠好，是一个不小的挑战。孩子们通过观察保育老师叠被筒的场景，根据自己中班对边折叠被子的已有经验和平时折纸的经验，开始了自己的尝试。他们经过一次次失误、反思、调整，也在观察和交流中不断对比别人的做法，修正自己的方法，探索出了各种各样适合自己的、快速有效的叠被筒方法，并用他们喜闻乐见的方式进行命名，比如“翻翻乐”“拧麻花”“悟空翻跟头”“躲猫猫”“小鱼翻身”“小蛋卷”“千层饼”等。通过实际操作，“二等分”“四等分”等数学知识也在不经意中领会。正是在这样的尝试中，孩子们的思维经历了关联、拓展、迁移、应用的深度学习过程，表现出了持久的好奇心、投入的探究状态，他们体验着成功的自豪感。

（四）生活自理劳动教育引导幼儿热爱生活，积聚美好情感

苏霍姆林斯基说：“儿童高尚的心灵是在劳动中逐渐培养起来的，关键是要使幼儿从小就参加劳动，使劳动成为人的天性和习惯。”劳动教育的价值，不仅在于劳动技能的获得，更在于体验劳动创造的喜悦。通过生活中的劳动体验，幼儿的心灵将在劳动的过程中得到更多的滋养，这将有助于幼儿理解劳动的意义，涵养良好的劳动品质。

在生活自理劳动中，幼儿要学会自己整理衣物、保持整洁，正确使用一些生活用品和工具，保持生活用具、玩具等物品的秩序。这些都能让幼儿感受到事物的美，使幼儿学会创造美，体验到美带来的愉快，认识到爱劳动是一种美德，是心灵美、行为美的体现，并能激发幼儿自己用劳动去创造、追求美的愿望。在幼儿的生活自理劳动中，我们常常可以看到他们为自己终于掌握了一项劳动技能而雀跃不已，也可以发现他们会一遍又一遍去欣赏自己的劳动成果。

【观察记录】

餐后整理小能手

伴随着温馨的进餐音乐，中一班的孩子们享受着营养又美味的午餐。浩浩第一个吃完了，他收好餐具，轻轻地站起来，离开小椅子，把用过的餐具一一放到整理区的相应位置。接着，他又回到桌子旁边，左手拿起放在桌上的残渣盘，右手拿起抹布，努力把刚才吃饭时掉落在桌子上的米粒和菜汤擦拭到残渣盘里面。动作虽然有点稚拙，但浩浩擦得很认真。有个米粒擦不下来，浩浩放下抹布，小心地用手指捏起来，放进了残渣盘。最后，浩浩看看干干净净的桌面，把抹布和残渣盘放好，满意地去盥洗室洗手去了。

（思考：良好的劳动习惯的养成，离不开生活自理劳动教育的引导。这其中，有环境的支持，有教师的用心引导，有幼儿的不断尝试。幼儿也在身体力行、日积月累的实践中，熟悉这些劳动的内容，内化这些劳动的流程，逐步感受着劳动带来的成功和快乐。）

在生活自理劳动中，幼儿能够逐渐产生对劳动的兴趣和爱劳动的情感，并懂得爱护劳动成果和尊重别人的劳动。比如：中大班的幼儿，开始对某一项劳动有计划能力和预知能力，知道想把事情做好要付出努力，能够认识到积极劳动带来的成果以及消极劳动带来的后果。当孩子在劳动中去不断地判定、评估这种因果关系的时候，他们的逻辑思维能力也在不断发展，他们的劳动品质和社会情感也在其中不断得到提升。

生活自理劳动教育还可以培养幼儿勇敢克服困难、做事坚持到底等意志品质。在劳动过程中，幼儿要完成一定的任务，这也有利于培养幼儿认真的工作态度及团结友爱、遵守纪律等良好品质。在冬日，以小地垫为工具，用毛线给自己和爸爸妈妈织一条围巾，是大班孩子们特别喜欢的一项劳动内容。从一开始的绕线总是出错，到后来的编织日渐得心应手，从围巾的一寸寸增长，到颜色的搭配和装饰物的加入，直至最后孩子们戴着自己亲手编织的围巾到新年活动中去走“秀”，或是在家长开放活动时将围巾作为一份惊喜送给爸爸妈妈，这个过程对孩子们来说，不仅仅是掌握了一项劳动技能，收获了创造美的满足感，也培养了耐心细致的品质和勇敢展示自我的自信心，同时更体验到了同伴间相互帮助的温暖、克服困难坚持完成任务的勇气以及关爱家人的拳拳之心。这些，都让孩子们的精神成长更加丰满厚实。

由此可见，作为幼儿劳动教育起点的生活自理劳动教育，能够让幼儿面对真实的劳动任务，以劳动过程中遇到的真实问题为核心，在劳力中劳心，在劳心中致力，在劳力和劳心中获得态度情感的萌发。通过这样一个深度学习的过程，孩子们收获了生活的本领、生活的智慧，感受了生活的美好，他们的童年生活也因此更有品质。

第二章

幼儿生活自理劳动教育的内容体系

劳动教育的目的，在谋手脑相长，以增进自立之能力，获得事物之真知，及了解劳动者之甘苦。

——陶行知

陶行知先生认为，劳动教育不能仅仅停留于口头说教，关键是要在“做”的过程中培养幼儿良好的劳动习惯。虞永平教授在关于幼儿劳动教育的文章中指出，劳动是幼儿的综合学习。对幼儿来说，所谓“劳动”，主要是指以自我服务为主的体力活动。这里的自我服务是就单个儿童为他自己服务而言的。这种劳动从小班幼儿就开始了，主要涉及日常生活的方方面面，与幼儿的生活息息相关。

由此可见，我们在幼儿园开展的生活自理劳动是幼儿劳动的起点，是幼儿阶段最为重要的劳动教育内容。孩子进行的各种力所能及的劳动，正是幼儿生活自理劳动指向所在，涉及一日生活中洗手、漱口、喝水、进餐、穿脱衣服鞋袜、搬椅子、擦桌子、整理物品、做简单食物等劳动内容。这些劳动看似简单繁琐，其实蕴含着非常重要的价值。在幼儿阶段开展生活自理劳动的目标主要包含以下三个方面。

首先，帮助幼儿在劳动中树立正确的劳动观念。

在生活自理劳动中，幼儿通过参与各种各样的自理劳动，如整理物品、擦拭桌面、修补图画书等，来不断学习和增强照顾自己的知识和能力，逐渐学会自理和自立。这是一个让幼儿感受劳动精神、体验劳动成就、认同劳动价值的契机，幼儿会体验到劳动过程的辛苦付出，学会认真对待自己和他人的劳动成果，逐渐认识到劳动是每个人都应该参与的一种行动，这对于增强幼儿的社会责任感和自我价值有积极的作用。

其次，培养幼儿良好的劳动习惯和劳动品质。

生活自理劳动是幼儿亲力亲为的一种活动，幼儿需要尝试不同的生活自理劳动内容，勇于克服劳动中遇到的困难。这些劳动中的亲身经历，能够让他们明白做事不半途而废，感受坚持做完一件事情的自豪感，了解认真完成生活自理任务的重要性，意识到不认真劳动会带来的不便和麻烦，从而培养幼儿良好的劳动习惯和生活习惯，让他们初步具有服务家庭和班级等群体的意识。

最后，引导幼儿掌握生活自理劳动的基本知识与技能。

生活自理劳动也是劳力劳心的活动。幼儿要完成一定的劳动任务，需要不断了解和掌握关于自理劳动的新知识、新方法，能在劳动中分析问题、解决问题，从而学会劳动、善于劳动、科学劳动。

学龄前幼儿尚处于身体的成长时期，各方面的认知与能力也处于启蒙阶段。基于幼儿的年龄特点及身心发展规律，根据《纲要》及《指南》的引领，需要教师将生活自理劳动的内容进行细化，梳理出每一种生活自理劳动所涉及的动作技能、发展目标、劳动品质等，才能更有目的、更有计划、更有策略地开展劳动教育，循序渐进地帮助幼儿发展动作技能、提炼劳动经验、获取劳动知识、培养劳动情感，从而更好地促进幼儿的全面发展。我们借助精致教学理论，将庞杂的生活自理劳动内容按照“一般到细节、简单到复杂、抽象到具体”的方式予以呈现，通过逐级细化，一直分解到可以操作的活动目标为止，使幼儿自理劳动的内容越来越具体、深入、细致。由此，幼儿生活自理劳动可以分为自我整理劳动、物品整理劳动、清洁劳动、餐饮劳动、搬运劳动和修补劳动六种类型，每种类型之下又有更为详细的分类和与之对应的活动群。

一、自我整理劳动

（一）自我整理劳动的概述

在幼儿的一日生活中，处处蕴含着丰富的自我整理劳动内容。早上起床、晚上入睡、入园离园、户外活动、如厕午睡等生活环节中，都需要幼儿逐步学会自己动手穿脱衣服、整理衣物、整理仪表，让自己整整齐齐、清清爽爽。在这些自我整理的劳动过程中，幼儿可以逐步掌握各种穿脱衣服、整理衣物的知识与技能，不仅能够培养整洁有序的生活习惯，还能感受好习惯带给自己的舒适和愉悦。

（二）自我整理劳动的具体内容

幼儿的自我整理劳动，主要包括穿脱衣服、整理衣物和整理仪表，这些都是幼儿最基本的生活自理劳动内容，幼儿每天在起床、如厕、出门、入园、离园前后都会不断重复进行。这些不同类型的自我整理劳动，需要手部精细的配合，大多是从小班就开始了，幼儿在不断为自己服务的过程中逐渐做到得心应手。随着年龄的增长，幼儿能够完成的自我整理的劳动内容范围会不断扩展，难度也在不断提高，他们正是在这一点一滴的进步中不断提升自己的劳动能力，逐步养成各种自我整理的好习惯。

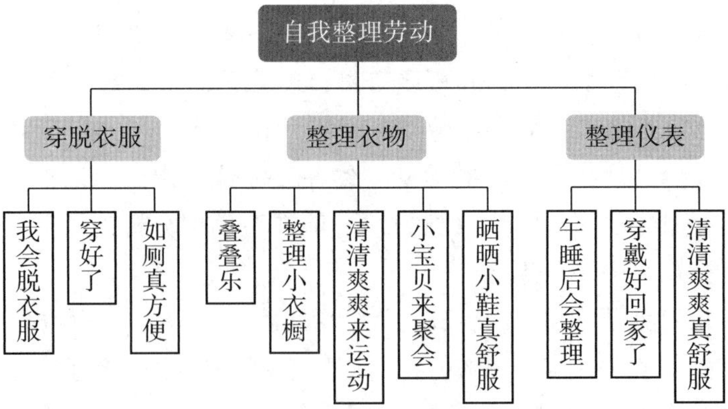

1. 穿脱衣服

掌握基本的穿脱衣服的技能，对幼儿来说不仅能提高手眼的协调能力，还能在穿穿脱脱、扣纽扣、拉拉链等过程中锻炼手部肌肉的灵活性，提高解决问题的能力，培养他们的独立意识和责任意识。在幼儿园阶段，幼儿穿脱衣服的劳动主要包含下面三个小的活动群。

我会脱衣服	穿好了	如厕真方便
脱开衫 脱套头衫 脱裤子 脱袜子	穿好袜子 穿好套头衫 扣好纽扣 穿上裤子 穿好开衫	裤子脱到膝盖处 裤子提好了 整理好了真舒服

活动群一　我会脱衣服

幼儿在学习穿脱衣服时，由易到难一般是先会脱衣服，再学习穿衣服。从幼儿的生活实际考虑，一般主要有脱开衫、套头衫、裤子、袜子，以及将脱下的衣物叠放整齐等具体的自理劳动内容。脱开衫、脱裤子、脱袜子和叠放衣服从小班起就可以引导幼儿学习，脱套头衫难度相对大一些，可以作为中班年龄段幼儿的劳动内容。

活动群二　穿好了

穿衣服，在小班阶段主要有穿好袜子、穿好套头衫、扣好纽扣、穿上裤子、穿好开衫等生活自理劳动内容。教师可以通过各种有趣的小游戏，引导幼儿逐步掌握一系列关于穿衣服的劳动知识和劳动技能。这其中，穿套头衫的难度大一些，可以根据班级幼儿的发展实际，放到小班下学期或是中班上学期来进行。

【案例】

我会穿鞋了

1. 润润不会穿鞋子

小班入园第一天，午睡起床时，润润拿着自己的鞋往脚上穿。脚掌塞进去了，鞋后跟却怎么也提不上，润润急得汗水和眼泪一起往下淌。孙老师赶快安慰他：“别着急，孙老师来帮你！”说着就帮润润穿好了鞋。

2. 润润不想上幼儿园了

第一天上幼儿园很开心的润润，第二天却不愿意进活动室的门了。他趴在奶奶肩上，一个劲地念叨：“我不上幼儿园，我不喜欢睡觉！”孙老师好不容易把他抱过来，耐心地帮他擦擦眼泪，柔声问：“润润，你可是最懂事的宝宝，为什么不想上幼儿园啊？”润润看着自己的小脚不说话，孙老师明白原因了。

（思考：通过和奶奶的简短交流，孙老师得知，润润作为奶奶的心肝宝贝，上幼儿园之前一直过的是“饭来张口、衣来伸手”的日子，没有自己动手的机会，自理能力比较差。因为第一次自己穿鞋失败，遭遇挫折，自尊心又比较强，润润便不想在幼儿园午睡，也不想上幼儿园了。）

3. 穿鞋子原来并不难

心病还需心药医。孙老师对润润说：“自己穿鞋一点都不难，我们来试试吧！”孙老师让润润脱下鞋，学着自己穿：“我们先把脚伸到鞋子里，对——小脚掌，伸进去，扭呀扭呀钻一钻。好，脚掌进去了，脚后跟也快进去了，现在我们要请手指头来帮忙了！小食指，塞进去，勾着后跟提一提。哇，鞋跟也提上了，润润自己把鞋子穿上了！”在孙老师的鼓励下，润润又尝试了几次，逐渐掌握了穿鞋子的方法，鞋子穿得越来越轻松，他的脸上露出了开心的笑容。

（思考：对于一些平时家长包办过多的幼儿来说，因为缺乏自己动手尝试的机会，会对一些生活自理内容产生畏难情绪。对于这些幼儿，教师要了解他们的困难在哪里，并将难点分解，一点点、手把手地教给他们怎样去做。这个时候，朗朗上口的儿歌和细致入微的指导相辅相成，能够让幼儿在具身学习过程中一点点体会应用，最终成为自己能够掌握的动作技能。再加上教师及时的表扬，能够让幼儿明白，原来自己做也没有那么难，自己也很能干。这份成功的喜悦会激励着他们乐于尝试，焦虑情绪也会随之减轻。）

4. 奶奶，你看我会穿鞋了

离园时间到了，润润看到来接他的奶奶，可高兴了。他脱下鞋子，又穿上鞋子，一连穿了好几次，迫不及待地把新学到的本领展示给奶奶看。奶奶惊喜地说：“哎呀，我这大孙子长本事了，自己会穿鞋了！”孙老师连忙对着奶奶表扬他：“润润真是个聪明的孩子，今天我教他怎么穿鞋，刚教了一遍他就学会了。润润说了，以后要自己穿鞋子，不用奶奶帮忙了。还有啊，润润还要学着自己穿衣服、穿裤子呢，是不是？”润润高兴地点点头。

（思考：与祖辈交流的重点可以放在让他们感受孩子自己能够穿好鞋的成就感上，让祖辈家长看到孩子的能力，感受到孩子自己做事情的愿望，由此来减少生活中的包办代替。）

活动群三　如厕真方便

如厕是一日生活中的重要组成部分，是幼儿每天都要进行且必不可少的活动。幼儿在如厕后，经常会出现裤腰歪歪扭扭、内裤没有提起等情况，不仅不美观，孩子还会非常不舒服。善于表达的孩子会主动找老师帮忙整理，也有的孩子就任由衣服凌乱。因此，如厕后的衣物整理也是幼儿自我整理劳动的一项重要内容，主要包括裤子脱到膝盖处、裤子提好了、整理好了真舒服等几个小活动。这些活动可以帮助幼儿了解如厕前后整理衣服的方法，巩固穿、脱衣服的技能，体验整理后舒适的感受，更好地照顾自己的生活。

2. 整理衣物

教育家叶圣陶说过："教育就是习惯的培养。"整理习惯的养成绝非一朝一夕之事，整理能力的培养也需要点滴积累。在整理衣物的自理劳动中，可以引导幼儿学习如何叠放各种衣物，如何整理衣橱，如何在户外活动和午睡时放置好自己的衣物，如何管理好自己随身携带的物品……从而不断提高自我服务能力，有方法、有步骤地做好衣服、鞋子、帽子、手套、发卡、眼镜等随身物品的整理。在一日生活中，幼儿可以参与的关于整理自己衣物的劳动内容非常丰富，包含以下五个小的活动群。

叠叠乐
叠外套
叠口罩
叠帽子
叠围巾
叠手套
叠一叠，放放好

整理小衣橱
开关小橱子
小衣橱真整齐
衣服挂整齐（使用衣架）

清清爽爽来运动
系鞋带
塞好小秋衣
脱下外套去运动
整理吸汗巾

小宝贝来聚会
摘发卡
解皮筋
小眼镜擦干净
小眼镜睡觉了
发卡皮筋放放好

晒晒小鞋真舒服
脱下小鞋子
换上小拖鞋
小鞋车上放放好
晒小鞋
放好小拖鞋

活动群一 叠叠乐

叠叠乐这一活动群，主要是围绕各种衣物的折叠整理来进行的，包含叠外套、叠口罩、叠帽子、叠围巾、叠手套等生活自理劳动内容。这些劳动，从小班阶段就可以逐步引导幼儿进行尝试练习。随着幼儿年龄的增长，教师可鼓励幼儿不断探究更加便捷的折叠方式、更加有序的整理方法，在巩固劳动技能的同时，帮助幼儿发散思维，思考还可如何"叠"，培养他们耐心细致的品质。

【案例】

叠一叠，放放好

活动由来

天气一天天冷起来，孩子们穿的衣服也一天天多起来。在午睡前，如何脱下外衣并摆放整齐，保证每一个孩子舒舒服服地入睡，是这段时间中三班老师最关注的生活自理劳动内容。对于中班幼儿来说，自己穿、脱衣服已经不是大问题，但如何整理、放置好脱下来的衣服，却有很多的学问在里面。

活动目标

1. 午睡时，能有序脱下外面的衣服，并将脱下来的衣服折叠整齐。

2. 按照穿脱衣服的顺序，将衣服叠放在合适的位置。

活动实录

1. 整理百态

仔细观察，可以发现孩子在脱衣服和叠放衣服时以下几种不同的方式：

脱衣服时，有的先脱裤子，再脱上衣；有的先脱上衣，再脱裤子。

叠衣服时，有的上衣在上，裤子在下；有的裤子在上，上衣在下。

放衣服时，有的放在床尾，有的放在床头，有的则放在枕头下面。

（思考：因为老师鼓励孩子们尝试叠放自己脱下来的衣服，所以孩子们都在用已有的生活经验解决问题。幼儿的自理水平不同、考虑问题的角度不同，来自每个家庭的习惯要求不同，孩子们会有不同的表现。）

2. 细致梳理

这么多方式，到底哪种最合适呢？张老师拍下了照片，开了一个有趣的“我会整理辨析会”，一起来研究最佳的脱衣顺序和叠放方式。

茜茜：我是先脱裤子，再脱上衣，奶奶说这样不冷。

乐乐：我们起床肯定是先穿上衣啊！穿上衣的时候，腿可以放在被窝里，这样就不冷；要是先穿裤子，你还能把胳膊放在被子里吗？胳膊、后背就会冷的。

多多：我发现了一个秘密！睡觉前，我们是先脱裤子，后脱上衣；睡觉后，变成了先穿上衣，后穿裤子。睡了一觉，前面的成了后面的，后面的又成了前面的。真有意思。

张老师：大家都同意睡前先脱裤子，再脱上衣，起床时先穿上衣，再穿裤子。那你们觉得，摆放上衣、裤子的时候，应该谁在上面，谁在下面呢？

多多：裤子放下面，上衣放上面，就和我们穿的时候一样。

晨晨：我的裤子放在上面，这样很整齐。

传奇：我脱下裤子来，我就叠好了；我再脱下上衣，我也叠好了。大的放在下面，小的放在上面。

张老师：你们的办法都不错。再想一想，上衣和裤子谁在上面，谁在下面，我们起床的时候穿起来更方便呢？

晨浩：我们起床先穿上衣，当然是上衣放上面呀！

依依：是呀，我们睡觉前先脱裤子，裤子先叠好了放在下面，再脱上衣，上衣不就是应该在上面吗？

经过讨论，孩子们一致认为叠放时裤子在下，上衣在上比较方便；然后又一起确定了放衣服的位置——床上放小脚那一头的里面位置，因为这里地方大一点，衣物放在里面一侧不会掉下去。

（思考：在这次辨析会中，幼儿通过分析判断、统筹安排、细节考虑等方式，合理地安排生活中的具体事务，也提高了他们辩证地思考问题的意识和能力。）

3. 愉悦分享

由此，张老师和孩子们一起梳理好了午睡前后穿脱衣服和叠放衣服的顺序，并和孩子们一起制作了顺序图，放在寝室里：

（1）做睡前准备时，按照从下到上的顺序来脱衣服，先脱裤子，叠好裤子后再脱上衣，叠好上衣后，将衣服整齐地摆放在床尾内侧的位置，然后钻进被窝，准备睡觉。

（2）午睡起床后，按照从上到下的顺序来穿衣服，先穿上衣，再穿裤子。

4. 家庭延续

生活自理劳动教育要在家庭中得到延续。张老师给孩子们提出了新的挑战，请孩子们记录并讲一讲自己在家中睡觉的时候怎样放置自己的衣服。在家庭中，环境不一样，孩子们在整理方式上也各不相同：有的会在进入卧室前把脱下来的衣服叠放好；有的会在小床边上放一个小凳子，将脱下来的衣服整齐放好；还有的会把明天起来要穿的衣服按照穿的顺序提前摆放在床边。但不管方式如何，睡前整理衣物、按照方便穿脱的原则有顺序叠放衣服的意识已经初步形成。

活动群二　整理小衣橱

幼儿将自己的衣物叠整齐后，便需要将衣物有序放进衣橱或是挂到衣架上，主要的劳动内容有开关小橱子、小衣橱真整齐、衣服挂整齐（使用衣架）等。这些劳动内容都需要从小班开始，引导幼儿逐步养成有序的整理习惯。在这个过程中，先开橱子门还是先拿衣服，种类不同、大小不同的衣服如何放置，厚厚的羽绒服如何塞进小小的橱子，衣架如何使用，都是可以引导幼儿探讨、掌握的劳动内容。

活动群三　清清爽爽来运动

幼儿在每天户外运动前后，都不可避免地要整理一下自己的衣物。这一过程包含的劳动内容主要有脱下外套去运动、整理吸汗巾、塞好小秋衣、系鞋带等。其中，塞好小秋衣的活动可根据班级幼儿的实际水平放到中班开展。系鞋带劳动难度较大，建议放到大班年龄段进行。在这一活动群中，幼儿还会在自理劳动的过程中逐渐了解如何根据天气情况增减衣服、吸汗巾用了以后怎样晾晒等，从而引发他们对天气、健康以及安全等知识内容的关注。

【案例】

我会系鞋带

进入大班，很多幼儿穿起了系鞋带的鞋子。究其原因，有的幼儿觉得系鞋带的鞋子好看、很“酷”，有的幼儿觉得自己长大了，可以自己系鞋带。但是，问题来了——

1. 鞋带打结了

户外活动回来的路上，成成的鞋带开了，他自己不会系，就乱系一通，鞋带由原来的蝴蝶结变成了一个大大的疙瘩球，被系成疙瘩的鞋带让鞋子变得松松垮垮，不合脚了，成成只好向老师求助。

老师：你是怎么系成这样的？

成成（沮丧）：我拉起绳子系一下，又系一下，系了很多次，就这样了。

老师：谁有办法帮助成成解决一下？

棠宝：那再一层一层解开就可以了。

明明：不行，他系得太紧了，我刚才试过了，解不开。

子怡：我来试试……哎，好乱呀，哪一根都拉不动。

（思考：成成遇到的鞋带系不上的困难，正是孩子们生活中面对的真实问题，可以作为一个很好的切入点，引发他们一起去探究系鞋带的秘密。）

2. 怎样系鞋带

郑老师拿出了一个系鞋带的训练模型，和孩子们展开了讨论：怎样系鞋带呢？你跟爸爸妈妈都学会了哪些系法？

子怡：就是系成蝴蝶结。我们在中班学过一个故事《漂亮的蝴蝶结》，故事里面的美佳就教过我们系蝴蝶结。

明明：你看这两根鞋带，要先这样绕一下系在一起，再绕一下，用手拉住两根鞋带的一点点部分，系住就可以了。

老师：明明的办法你们看明白了吗？谁还有不一样的办法？

棠宝：用手捏住两根绳子，交叉绕一下，系在一起，然后把两根绳子变成长长的兔耳朵，再让两只耳朵抱在一起，交叉钻过小洞洞，拉一下就可以了。

老师：哦，棠宝讲解得很清楚，还想到了小兔子的耳朵，这是个不错的办法，谁还有好办法？

子怡：我也是这样系一个蝴蝶结的——用大拇指和食指捏住绳子，让两根绳子交叉在一起，用大拇指和食指拉住绳子，就系好了一个扣。接下来再用食指和大拇指捏起一段绳子，就像是小兔子的长耳朵，再交叉系一下，最后用大拇指和食指拉一下就可以了。

老师：子怡讲得更清楚了。谁注意到系鞋带的时候要用什么动作？

麟鳞：要用我们的手指头捏住绳子。

老师：谁还注意到还要怎样做？

闪闪：要从一个洞洞里钻过去，系住。

老师：我发现你们观察得很仔细，说得也很清楚，那就一起来试试吧。

（思考：孩子们曾和爸爸妈妈一起了解过系鞋带的方法，还回忆起曾经听过的故事《美丽的蝴蝶结》，对鞋带的系法已经积累了一定的经验，有的幼儿还能用语言把系鞋带中的捏、绕、钻、系等关键技能说出来。这种边讨论边实践的方式可以轻松、直观地引导幼儿掌握技能，同时也发挥了同伴间相互学习的作用。）

3. 系鞋带中遇到的麻烦

区域活动时间，孩子们拿着系鞋带的模型练习起来。

岳岳：老师我怎么也系不起来，这两根绳子不太听话，我不会绕。

棠宝走了过来说：我帮你吧！

她一点一点地给岳岳做示范：你先用手指捏住两根鞋带，让它们交叉，把上面的这根绕下去，再用手捏起小耳朵交叉，再把上面的绕一下就行了。

岳岳按照棠宝的做法，一遍一遍地尝试起来，可是他总在绕的过程中犯迷糊，最终还是没有学会。

（思考：学习系鞋带的过程中，除了手部的技能，对空间方位的经验认知也是很重要的，既要利用手部动作的技能技巧，又要结合对空间方位的辨认，来完成整个劳动。）

4. 巧方法系鞋带

为了更好地让幼儿明晰系鞋带的方法，郑老师从网上搜集了直观明了的动画视频，让幼儿反复观看学习，把重要的技能巩固好，同时也启发幼儿观察两根鞋带的方位变化。郑老师还把鞋带由原来的一种颜色，换成两种颜色，通过颜色的辨认来慢慢区分系的位置。

老师：谁发现我们系鞋带的材料发生了哪些变化？

晗涵：本来鞋带只有一种颜色，现在两根鞋带分别是不同颜色。

老师：为什么会这样呢？有什么用处？

棠宝：这样可以更方便地知道谁在上面，再绕一下。

老师：你们真是爱思考的孩子，两根鞋带两种颜色，可以让小朋友们更好地辨别系的方位，知道到底是谁来钻洞洞。

（思考：通过颜色的帮助，幼儿可以很轻松地掌握系鞋带的动作技巧，学会辨别系的方位。经过一段时间的尝试，大部分孩子都掌握了系的方法。）

5. 花样系鞋带

除了这些系法，老师还从网上搜集了很多花样系鞋带的方法，把这些视频投放在生活区，供孩子们自己探究学习。信息化的加入，激发了孩子们持续探究下去的兴趣和信心，孩子们也逐渐学会了毛毛虫钻洞、蝴蝶钻洞、麻花钻洞等多种系鞋带的方法。

活动群四　小宝贝来聚会

每天午睡前后，引导幼儿将自己的皮筋、眼镜等一些随身物品有序管理，一方面能够确保午睡环节的安全，另一方面也能让幼儿在整理这些物品的劳动中锻炼手部的精细动作，培养耐心细致的品质。具体的劳动内容包括摘发卡、解皮筋、小眼镜擦干净、小眼镜睡觉了、发卡皮筋放放好等。

活动群五　晒晒小鞋真舒服

从卫生和舒适的角度考虑，幼儿每天午睡前可将鞋子脱下，换上小拖鞋，将穿了一上午的鞋子放到通风处晾晒，午睡起床后再换上晾晒后的鞋子。在这一环节中，所包含的劳动内容主要有脱下小鞋子、换上小拖鞋、小鞋车上放放好、晒小鞋、放好小拖鞋等。

3. 整理仪表

拥有良好的仪容仪表，不仅是对他人的尊重，更是自爱的表现。幼儿在午睡后和离园前都要对仪容仪表进行自我整理，让自己清爽又舒适。根据整理时间和整理情境的不同，整理仪表的劳动内容可以从午睡后会整理、穿戴好回家了、清清爽爽真舒服三方面来开展。

午睡后会整理	穿戴好回家了	清清爽爽真舒服
五步整理歌 扎个马尾辫 给朋友编个麻花辫 梳梳小平头	穿外套 戴口罩 戴帽子 戴围巾 套手套 背上小背包	擦擦小汗珠 擦鼻涕

活动群一　午睡后会整理

午睡起床后，孩子们在穿戴好衣物之后，还需要梳理自己的头发，让自己的发型整齐又美观，带着愉悦的心情参与下午的各项活动。这其中包含的劳动内容有五步整理歌、扎个马尾辫、给朋友编个麻花辫、梳梳小平头。整理发型的劳动有一定难度，需要幼儿具备较高的手眼协调能力，因此这部分内容可以放到中班后期和大班阶段来进行。

【案例】

梳梳小平头

女孩子每天起床后要梳小辫，这个再正常不过。那么，男生要不要梳头发？男生的头发又该怎么梳呢？大三班的刘老师和孩子们进行了一次有趣的讨论和尝试。

1. 男生要不要梳头发

琳琳：男生头发短啊，不用梳头发。

落落：男生的头发又不散开。

承承：小男生头发也会乱啊，要是乱了，就得梳一梳啊。

石川：要是其他男生的头发和承承的头发一样长，就可以用梳子梳。

刘老师把梳子往头发很短的石川头上梳了几下，问他：舒服吗？

石川一缩脖子，说：还挺像按摩呢。

刘老师回应：是呀，用梳子梳梳头皮，就像按摩一样。小男生想不想试一试？

男生都跃跃欲试。

2. 自己梳头试一试

刘老师在生活区中投放了一些带把儿的小梳子，请男生拿梳子自己梳头试一试。经过观察，发现初次尝试梳头发的男生有两个比较集中的问题：

（1）不知道顺着头发的方向梳。有的从额头的位置从前往后梳，有的从脖子的位置从后往前梳，还有的孩子无规律地乱梳。

（2）梳头发的时候，梳齿不会立起来。梳齿的方向五花八门，大部分是“平躺”的，有两个孩子甚至用梳子背梳头发。

3. 男生这样梳头发

发现男生梳头发的问题后，刘老师和孩子们及时进行了交流。通过交流，孩子们提到了以下几个方面：梳头发时要轻轻地梳；要用梳子齿梳，因为梳子齿能把头发梳开；要从前往后梳，两边的头发也这样梳。

在讨论的基础上，刘老师请头发相对较长的果果和宏毅坐到椅子上，引导男生们一起观察：头发是怎么长的？它们的方向有什么特点？

国文边沿着头发的方向比画边说：头发是这样、这样、这样的。

承承：中间有个洞，像龙卷风。

灏涵：它从中间开始长，长前面，又长后面，又长两边。

老师：哦，头上的头发长的方向不一样吗？

灏涵：不一样，前面的往前，后面的往后，两边的往两边。

老师：我们再一起看看，是灏涵说的这样吗？你们看看头发的方向，感觉像什么呀？

宁宁：像花呀，中间一个花心，头发就是花瓣。

孩子们的想象力真是丰富，一会儿又有人说：像过山车，像很多线，像喷泉……

一起观察、了解了头发的方向后，刘老师又抛出了前面提到的问题：怎么梳才能把头发梳顺呢？这次，孩子们有了新的方法。

承承：前面的往前梳，后面的往后、往下梳，两边的就往下梳。

老师：哦，顺着头发的方向梳，就能把头发梳顺，你们都去试试看。

（思考：即使是男生的小平头，在梳的过程中其实也有很多学问。孩子们在老师的引导下，总结出了梳头发的正确方法，不断练习使用梳子的技能技巧，从而更好地完成自我服务。）

4. 编首梳头发儿歌

孩子自由梳头发的过程中，仍旧会出现梳子“躺”下了、方向梳逆了的情况，所以刘老师又和孩子们一起尝试编了一首梳头发的小儿歌，帮助他们更好地掌握梳头发的技能技巧。

梳头歌

小梳子手中拿，我们都来梳头发。

梳子齿立起来，顺着头发往下滑。

往前顺着梳，往后向下梳，

两边都要梳一梳，头发听话又顺滑。

（思考：儿歌为孩子们的梳头增加了乐趣，并且在孩子们的自主练习中发挥了很好的支架作用，对于孩子的正确练习非常有帮助。）

活动群二　穿戴好回家了

离园前也是幼儿进行仪表整理的重要时刻，这时候幼儿需要将自己的外套等衣物全都穿戴整齐，做好离园准备。主要的劳动内容有穿外套、戴口罩、戴帽子、戴围巾、套手套、背上小背包等。也可以根据幼儿的实际穿戴情况，及时增加适宜的仪表整理劳动内容。

活动群三　清清爽爽真舒服

幼儿在运动过后会出汗，身体不舒服时会有流鼻涕的情况。无论是汗水还是鼻涕，不仅会让幼儿不舒服，还会影响幼儿的仪容仪表，让他人同样产生不舒适的感觉。因此，“擦擦小汗珠”和“擦鼻涕”也是重要的自我整理劳动内容。

（三）自我整理劳动的教育价值解读

综上所述，在穿脱衣服的劳动过程中，幼儿会掌握脱、拽、套、提、拉、伸、压、绕、捏等动作技能，在尝试中了解穿袜子、裤子、套头衫的小诀窍，能够熟练地扣纽扣、系鞋带、拉拉链、挂衣服，了解按什么样的顺序、用什么样的方法穿脱衣服会既舒服又方便；在整理衣物的劳动过程中，幼儿能够掌握平铺、捋、对折、装、压、摞、抖、开、关、推、托等有关动作技能，探索、发现折叠和归纳整理中蕴含的对称、排序、分类等秘密；在整理仪表的劳动过程中，幼儿可以习得穿、戴、套、背、拧、抻、梳、编、擦等动作技能，在自主探索过程中熟练掌握梳头发、扎花辫、穿衣戴帽、整理衣服、擦鼻涕、擦汗的不同方法。

如此，在自我整理劳动中，幼儿通过穿脱衣服、整理衣物和整理仪表的各项劳动，不仅能够习得动作技能，锻炼手眼协调能力，从而更加心灵手巧，更重要的是，他们能够从小建立良好的分类和收纳意识，在反复的尝试操作中提升解决自我整理方面各种问题的能力，从而增强自信心和成就感。

二、物品整理劳动

（一）物品整理劳动的概述

一日生活中的材料和环境，时时处处与幼儿的活动发生着联系，幼儿在拿取物品、规整材料、整理环境的过程中，必然伴随着一系列与物品整理相关的自理劳动内容。与自我整理劳动主要面向自身衣物、仪表的整理相比，物品整理更关注物品的有序和归位、环境的整洁和舒适，因而幼儿不仅能掌握整理的方法和技能，解决在整理过程中遇到的诸如“物品怎样放置拿取更方便”“按什么标准给材料分类更合适”等问题，更能够在整理的过程中逐渐养成分类摆放、及时归位的好习惯，感受到因动手让环境和物品整洁有序而产生的愉悦感和成就感。

（二）物品整理劳动的具体内容

幼儿的物品整理劳动，内容非常丰富：集体活动中，幼儿要对自己的操作玩具进行操作和整理；区域游戏后，幼儿要对自己所选择的活动区内的玩具按类规放；户外活动时，玩完的体育玩具要及时收回原处；进餐中使用的餐具，用完要分类摆放好；班级公用的清理用品，如手套、小抹布、纸巾盒、小扫把等，用完要放到指定位置；还有午睡后的床单、被子、枕巾等床上用品，要及时整理……这些物品整理劳动的内容，每一样都与幼儿的生活、学习、游戏的顺利开展息息相关，可以划分为材料整理和环境整理两个方面的内容。

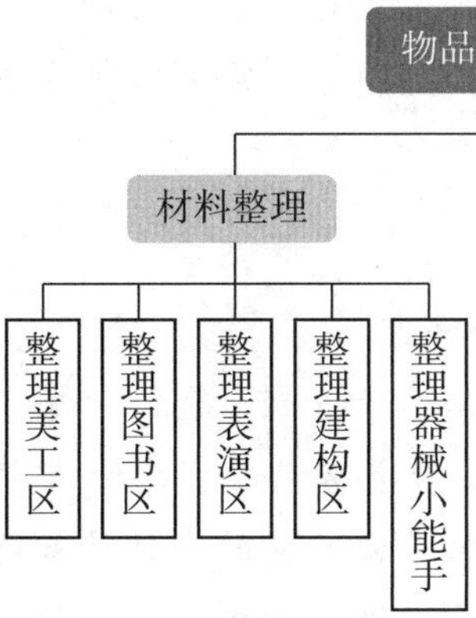

1. 材料整理

幼儿游戏活动、学习活动和户外体育活动，都离不开丰富多彩的操作材料。这些材料的收集、分类与存放，为幼儿的物品整理劳动提供了丰富的实践内容。随着年龄的增长，幼儿会越来越多地参与到区域材料和户外器械的归纳整理之中，他们既是游戏和学习的主人，也在不断地通过尝试和探索，让自己成为更有责任感、更有能力的小小劳动者。根据材料整理场域的不同，可以分为以下五个活动群。

整理美工区
开关彩笔盒
彩笔戴帽子
彩笔盒里排排队
彩笔送回家
剪刀排排站
纸宝宝放整齐
碎纸屑不乱跑
垃圾桶倒干净
围裙叠放好

整理图书区
取图书
图书排排队
小靠垫放放好
清理地毯

整理表演区
整理乐器
整理服装
整理道具

整理建构区
材料回家了
这样摆放真整齐
清理地垫

整理器械小能手
小器械回家了
整理跳绳
整理器材筐

活动群一　整理美工区

美工区是幼儿使用率最高的一个区，也是材料最多、最复杂的区域。为了保证活动的有序开展，各类物品摆放方式和及时归位非常重要。例如：剪刀在摆放时，最好要尖头向下，整齐排列；各种各样的纸张需要归类摆放，用于折纸的彩纸、画画用的白纸、画水墨画用的宣纸、美工用的皱纹纸等不同纸张有不同的存放要求；桌面的颜料要及时用抹布擦拭干净，随时保持桌面卫生；将颜料收放好，垃圾要及时清理；美工区的围裙使用完后，要及时按要求叠放好，方便下一次使用，不能随便一摆，更不能卷一团直接一扔。这些材料的整理，需要教师根据幼儿的情况，因地制宜地开展相应的劳动教育活动。

【案例】

彩笔小管家

在美工区，幼儿使用最多的学习材料莫过于五颜六色的彩笔了。整理彩笔的自理劳动看似简单，其实每一个小细节中都蕴含着劳动教育的价值。

首先，使用彩笔时，帮助幼儿掌握好彩笔盒开关的动作技能就很重要。通过亲身体验，孩子们逐渐掌握了好办法，其中一种就是：把彩笔盒放在桌面上，拇指、食指互相配合，捏住开关，轻轻打开并放好，而不是使劲掰开撒一地。

其次，使用彩笔和整理彩笔过程中的小小细节，能够让幼儿逐渐累积劳动的智慧。

用完彩笔之后要盖好笔帽，怎样才能保护好自己的笔帽，确保不会弄丢呢？小班的孩子们积极开动脑筋，想到了四个小妙招。

珂珂：我是把笔帽放在桌子上，画完了以后赶紧盖上笔帽。

玉凡：可以拔下笔帽来，插在另外一头。

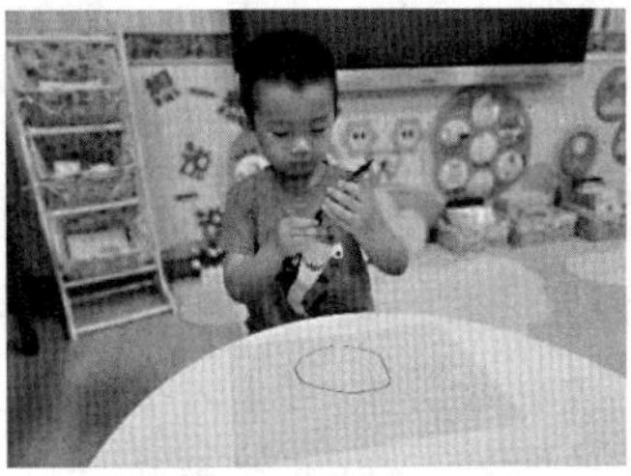

旺仔：我有个好办法，把笔帽放在彩笔的格子里。

蓓萱：我画画的时候，把笔帽攥在手里，画完以后就赶紧盖上，一定不会丢。

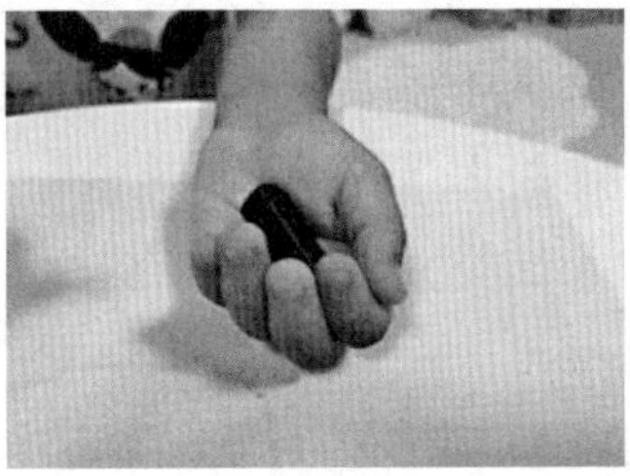

除了管理笔帽的四个好办法以外，孩子们还发现：彩笔用完后，放回彩笔盒时应该尽量有规则、有秩序，比如按照颜色或深浅等规律摆放，这样能为选色和整理带来方便。

最后，通过环境的引导，帮助幼儿逐渐养成良好的整理习惯。比如：彩笔盒要根据约定好的规则摆放在指定的位置，小班可以有一一对应的标记，中、大班可以由幼儿自主商量而制订。摆放时，横竖要统一，方向要一致，这样会更加整齐美观。

活动群二　整理图书区

图书区的物品整理劳动，主要是图书的收放和整理，涉及幼儿精细动作的锻炼和良好劳动习惯的养成。比如：在取书时，两手手指要捏住书的两侧，轻轻地将图书从书架上取出来，同时还要整理和摆放好旁边其他的书；在摆放图书时，可以根据图书的不同分类进行摆放，比如大小、功能、内容、颜色等等，幼儿可以先达成共识，然后制订规则摆放。此外，阅读区中的小靠垫的整理、地毯的清洁，也是劳动内容的一部分。

活动群三　整理表演区

表演区的材料包括各种乐器、服装、道具等，同样需要幼儿在活动前后将各种物品一一归类、整齐摆放，同时也涉及表演服装的放置、折叠等内容。

活动群四　整理建构区

建构区材料的整理可以锻炼幼儿的分类和空间想象能力，尤其是区域玩具的整理，最能锻炼和体现幼儿的整理能力。建构区的玩具多是分筐、分类摆放，指导幼儿遵守区域规则的同时，还可以把玩具筐与玩具柜里面的位置贴上一一对应的标识，方便幼儿整理。每次玩完后，还要整理清洁好活动区里的地垫。

活动群五　整理器械小能手

户外活动器械也是幼儿每天都要使用的物品，用完后随时放回原处，个别用品要学会收纳技巧。比如跳绳，使用完毕后，要双手握住两个手柄，将绳子整齐地缠绕在手柄上，放在指定位置。小班幼儿需要老师的帮助一起整理，中、大班的幼儿可以自己或是与同伴一起进行整理。

【案例】

整理器械小能手

最近，足球场地添置了很多新器械，深受孩子们的喜爱。如何分类整理，给孩子们的器械整理提出了新的挑战。在老师的引导下，孩子们动手动脑，积极尝试，在劳动中积累着经验，增长着智慧。

1. **随意地排排队**

足球游戏结束了，劳动周的小当家开始整理器械了。他们将用到的跨栏、锥形筒整齐地送回家，摆放在周围。

老师：这么多的器械，你们觉得应该怎么摆更整齐、有序呢？

小迈：锥形筒要一个一个摞起来摆。

睿睿：它们还有不同的颜色，我们还应该按颜色分类。

梓润：还有大小。

老师：大小？仔细想想，能不能找到更准确的说法？

赫赫：不是大小，是高矮不一样。

哲哲：跨栏要和跨栏挨着，锥形筒要和锥形筒挨着。

老师：嗯，你们说得都对。现在需要重新调整吗？

（思考：归位已经是大班幼儿养成的良好习惯。因为足球训练器材色彩、大小规格、种类都有不同，这是习得分类整理非常好的劳动契机。教师利用问题引导，引发幼儿思考，帮助幼儿发散有关整理的多元思维。）

2. 按什么规律排列更整齐

幼儿纷纷走到器械区开始重新规划。睿睿、一诺、梓润、渲渲将锥形筒按颜色重新摞起来，但在叠摞的过程中出现了问题。

渲渲指着旁边睿睿整理的锥形筒，说："你这样不行。你看，下面有角，每个角都要对齐，再放下。"睿睿看了看渲渲整理的，刚要一个一个打开，重新整理，渲渲立刻伸手阻止："不用重新弄，你这样一只手扶着上面，另一只手捏紧角，拧一拧、转一转就可以了！"睿睿照着渲渲的办法开始调整，很快就调整完了。

按照颜色都分好组了，接下来该怎么放呢？他们产生了矛盾。梓润认为应该按高矮分，同样高度的放在一起。睿睿认为应该把所有摞好的锥形筒按照从高到矮的顺序摆放好。两人各抒己见，僵持不下。

老师：你们可以把自己的想法摆出来，让其他小伙伴来说说，哪种摆法看起来更整齐、更有序呀。

他们两个各自摆好后，找来了小迈、哲哲、安妮等，请大家来选择。经过小伙伴的投票，大家一致认为睿睿摆得看起来更整齐一些。

（思考：分类方式有很多，选择不同特征作为分类依据，就会出现不同的分类结果。睿睿和梓润的矛盾点在于物体的排列次序，明显可以看出，睿睿将锥形桶按从高到矮的顺序排列，反映出他思维的可逆性和传递性，他对序列结构的认知和理解也有一定的经验，因此他的排列方法更容易得到同伴的肯定。）

3. 有趣的彩虹塔排列

经过锥形筒的讨论和摆放，孩子们开始检查其他器械的整理，标志盘的摆放方式是首先被孩子们提出异议的。怎么把标志盘摆放得更整齐？这是最快达成统一意见的一组器械——抓住物体的主要特征，按颜色分。他们分组，一人负责一个颜色，最后决定按照彩虹的颜色（红橙黄绿青蓝紫）这一顺序来收纳，并取名为彩虹塔。

（思考：按颜色分组是幼儿最熟悉的分组依据。因标志盘收纳方式的特殊性，颜色之间的摆放次序成为整理的冲突点，最终达成以彩虹颜色的排列顺序来整理，是基于幼儿共同的生活经验，同时映射出彩虹在幼儿心中的地位，审美需求使他们在收纳整理标志盘的过程中快速达成共识。）

2. 环境整理

一日生活中，幼儿除了要进行物品整理的劳动，环境整理的劳动也同样重要。在晨间环境整理、区域环境整理等整理中，幼儿都会习得不同的劳动技能。在环境整理的劳动中，包含了以下四个活动群。

晨间整理	**床铺真整齐**	**盥洗室整理**	**离园整理**
区域材料摆摆好 清洁工具真有序 整理花草	枕头枕巾放放好 一起对折毛巾被 巧叠小花被 整整小床	整理手纸 纸篓摆放好 工具箱整理好	玩具图书回家喽 小椅子放放好 小书包整理好

活动群一：晨间整理

每天的入园时光，是幼儿进行活动区物品摆放、为一天的学习生活做好准备的时间。在这个过程中，值日生的活动更为重要，幼儿可以根据值日生版面的内容提示，自选摆椅子、整理餐具、摆放口杯、整理区域材料、照顾花草等内容。通过这些劳动，幼儿学会打理自己的生活环境，体验着当小主人的感觉。

活动群二：床铺真整齐

幼儿每天都要在幼儿园午睡，整理午睡时用到的枕头、床单、被子，其中蕴含着非常丰富的劳动内容。幼儿在将床上用品整理和归位的过程中，会习得多种劳动技能，也能逐步养成整洁有序的好习惯。小班的幼儿，可以学习将枕巾和枕头的四个角对齐，双手平铺整理整齐，放在床头中间；两个好朋友合作，将毛巾被对折再对折，四四方方折叠起来。中班的幼儿，可以自己用对折的方法叠被子，用平铺、捋等相关技能，把床单铺整齐。大班的幼儿，在掌握以上技能的基础上，还可以用擦一擦、扫一扫等方法，把自己的小床清理干净。

活动群三：盥洗室整理

盥洗室的物品属于公共物品，需要大家共同整理。这不仅可以培养幼儿保持公共环境卫生的意识，还能促进合作交往。可以开展整理手纸、纸篓摆放好、工具箱整理好等劳动活动，让幼儿了解每种物品的用途和放置位置，并在用完后及时归放到原来的位置上。

活动群四：离园整理

下午离园，不仅幼儿要回家，玩具、图书和各种区域材料同样要“回家”。小班的幼儿，首先要引导他们做到将小椅子放放好，把玩具图书送回家。随着能力和集体意识的增强，可以鼓励中大班的幼儿更多地关注区域材料的一一归位，班级环境的整洁有序。作为幼小衔接的一个重要内容，还要帮助大班幼儿学会有序整理自己的小背包。

（三）物品整理劳动的教育价值解读

物品整理劳动，能够让幼儿在反复尝试中逐渐掌握拿取、摆放、收拢、归位等整理技能，锻炼耐心和细心的品质，有助于建立责任意识和与他人合作的团队意识。幼儿在对玩具和材料等进行归类放置的过程中，他们的思维要经历“分类—组合—归纳”的过程，要思考物品整体的先后顺序，要探究有序整理、摆放材料的方法，这也是提升理性思维和立体空间思维的好途径。物品整理劳动还能够让幼儿在摆放、规整物品的过程中培养良好的秩序感，不断提升审美能力。

三、清洁劳动

（一）清洁劳动的概述

清洁乃“洁净、清澄”之意，干干净净的自己和清爽整洁的环境能够带给幼儿健康的生活和愉悦的心理。如何让幼儿掌握科学的清洁知识和能力，养成良好的清洁习惯，其中有很多的诀窍和值得探究之处，需要教师深入挖掘清洁劳动中所蕴含的自我服务劳动内容，通过一系列妙趣横生的清洁劳动活动，帮助幼儿习得各种清洁技能，养成良好的卫生习惯，感受清洁劳动带来的身体上的愉悦以及环境上的舒适，在喜欢和乐于参与劳动的过程中不断提高自我服务能力。

（二）清洁劳动的具体内容

在清洁劳动中，幼儿首先要学会怎样通过“洗”“漱”“擦拭”等动作让自己清清爽爽、干干净净，开开心心地参与生活和学习。其次，他们要逐渐通过自己的努力，尝试借助多种多样的工具和材料来清洁整理周围环境中的物品，并在此过程中不断探究清洁整理的好方法，不断提高清洁整理的效果，让自己和周围人的生活更整洁、更舒服。清洁劳动主要包括洗漱、擦拭、清洗和如厕清理这四种不同的类型。

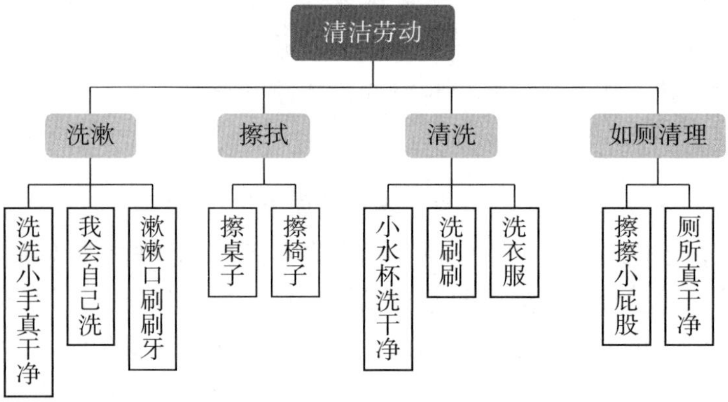

1. 洗漱

这一类清洁劳动主要是面向幼儿自己，包含“洗”和“漱”两大内容，是幼儿每天都要做，甚至一天要反复做好多次的事情，对呵护幼儿的身体健康非常重要。其中主要包含洗洗小手真干净、我会自己洗和漱漱口刷刷牙三个活动群。

洗洗小手真干净	我会自己洗	漱漱口刷刷牙
挽袖口	打圈圈来洗脸	咕噜咕噜来漱口
开开水龙头	抹面霜	挤牙膏
冲冲小手	搓搓搓，洗小脚	刷牙去
搓泡泡	洗屁股	刷刷小口杯
搓搓小手	噜啦啦洗澡喽	
冲冲肥皂泡		
冲冲水龙头		
关好水龙头		
甩甩小手		
小手擦干净		
抹香香		

活动群一 洗洗小手真干净

洗手是幼儿每天都要进行且需要进行多次的一件事情，饭前便后要洗手，户外活动回来要洗手，回家之后先洗手，等等。看似简单的一件事，却对身体健康十分重要。在洗手的过程中，幼儿要掌握挽袖子、提压水龙头、搓肥皂泡泡、搓洗小手各个部位、冲泡泡、捧水冲水龙头、甩干手上的水、用毛巾擦手等动作技能，掌握“彻底”和“有效”洗干净小手的方法。其中，如何将袖口挽至胳膊肘以上位置，怎样灵活运用提、压等方式控制水流大小，洗漱结束后怎样清理水龙头上的泡沫，怎样用毛巾把小手擦拭干净……这些都需要教师从小班开始就精心组织、用心引导。

【案例】

说说儿歌、洗洗小手

在小班幼儿正式入园之前的亲子约谈、亲子活动中，可以将整个洗手过程分解成挽袖口、开关水龙头、搓泡泡、冲泡泡、擦小手等一个个小的点状活动，引导幼儿一步步学起来，帮助他们按照一定的流程和要求来把自己的小手清洗干净。比如：

第一天，先来练习挽袖子：小袖子呀爬高山，一爬爬到胳膊中间，袖子高高露手腕，洗洗小手真方便。

第二天，重点练习怎样搓小手：手心搓搓，手背搓搓，指缝搓搓，拇指搓搓，指尖搓搓，手腕搓搓，泡泡白白多又多。

第三天，再提醒孩子们：小毛巾，手中拿，先擦小手心，再擦小手背，手腕、胳膊最后擦，再把毛巾送回家。把小手里里外外，连同手腕一起擦干净。

……

儿歌朗朗上口，孩子们一边说一边洗，在说做一体中不断习得搓洗的正确方法。这样一点一点学习，一点一点积累，既有重点，也没有遗漏，孩子们就会循序渐进地掌握正确的洗手方式，逐渐养成良好的卫生习惯。

（思考：在洗手的过程中，幼儿不可避免地要接触到水、肥皂、洗手液这些物品，他们对玩的兴趣往往要超过洗手本身。针对这一现象，老师们会利用生动形象的比喻，将幼儿“玩”的兴趣与“洗”的动作紧紧联系在一起。如把“挽袖子”的动作比喻为“爬高山”，幼儿在爬高山的游戏中其实完成的是挽袖子的动作；再比如搓泡泡、冲泡泡，则是引导孩子把玩肥皂、玩水的兴趣集中到泡泡上面，用搓出泡泡、冲走泡泡这两个动作来达到搓手干净、冲手彻底的目的。通过这种因势利导的方式，幼儿的兴趣就可以聚焦在洗手的动作上面，从而保证洗手的效果。）

活动群二　我会自己洗

除了在幼儿园生活中多次进行的洗手之外，洗脸、洗脚、洗屁股、洗澡也是幼儿需要逐步掌握的洗漱劳动内容。在这些服务自己的劳动中，幼儿要学习运用双手捧水或撩水的方式打湿面部，洗脸时能用左右两手的指腹打圈、揉搓面部，能用单指蘸面霜、双手涂抹面霜，进而提高自我服务的能力，逐步养成良好的个人卫生习惯。这其中，大部分内容需要放在家庭中进行，幼儿园活动的引导固不可少，家园的配合也是关键一环。

活动群三　漱漱口刷刷牙

饭后漱口、早晚刷牙既是健康常识，也是一项清洁劳动，能够很好地保护幼儿发育中的、稚嫩的牙齿。在这个活动群中，包括了咕噜咕噜来漱口、挤牙膏、刷牙去、刷刷小口杯等清洁劳动内容，帮助幼儿掌握正确的漱口、刷牙动作要领，并在此过程中锻炼拧盖子、挤牙膏、刷杯子等动作技能，了解保护牙齿的知识，培养良好的卫生习惯。比如漱口，正确方法是将水含在口内，闭口，然后鼓动两腮，使漱口水与牙齿、牙龈及口腔黏膜表面充分接触，利用水力反复冲洗口腔内各个部位，使牙齿表面、牙缝和牙龈等处的食物碎屑得以清除。但是在日常生活中，仔细观察就会发现，有的幼儿漱口草草了事，有的没有让水在口腔中“咕噜咕噜”就吐出来，还有的甚至干脆不漱口。针对这些情况，教师在一日生活中的关注提示、有目的的活动引导、有重点的个别指导和家园共育就非常重要。

2. 擦拭

在生活中，幼儿有很多机会能接触到擦拭这一清洁劳动，比如：小椅子脏了，自己擦一擦；美工区颜料洒到桌子上了，需要清理干净；他们还经常热心地帮助成人擦擦这里，抹抹那里。但是仔细观察，就会发现，很多幼儿拿着抹布乱擦一气，不仅拿抹布的姿势不对，擦起来也没有章法。因此，在这一活动中，有不少问题值得关注：怎样使用抹布？如何有顺序地擦拭？小小的缝隙该怎样擦？除了抹布还需要什么工具或材料？不同的污渍该怎样擦干净？我们要引导幼儿通过亲身体验和不断尝试去寻找这些问题的答案。这些劳动内容，既指向了劳动技能的学习，也能帮助幼儿了解到：要做好一件事，既要动手，更要动脑，既要下力气，还要有方法。

擦桌子	擦椅子
从左往右擦桌面 上上下下擦桌腿 颜料洒了我会擦	椅子脏了怎么办 怎样清理更干净 哪些工具最好用 擦椅子工具箱

活动群一　擦桌子

从小班开始，在擦拭各种家具的劳动过程中，幼儿要掌握洗、搓、擦、抹、摁、挤、喷、抠、刮等动作技能，在擦拭劳动中了解清洁剂、清洁工具的使用方法，能够根据不同家具的结构、外形特征选择合适的擦拭工具进行擦拭活动。掌握上下擦、左右擦、转圈擦等不同方位的擦拭技巧，体会从不同的擦拭方位，用不同的擦拭力量清理污垢的小诀窍。

活动群二　擦椅子

相对于擦桌子，擦椅子时幼儿遇到的问题会更多。幼儿需要根据小椅子的结构、外形特征，选择合适的擦拭工具进行擦拭活动。掌握上下擦、左右擦、转圈擦等不同方位的擦拭技巧，体会从不同的擦拭方位，用不同的擦拭力量清理污垢的小诀窍。

3. 清洗

在生活中，随着动作协调能力的发展和自我服务意识的不断增强，幼儿开始学习清洗自己的水杯，帮助老师清洗活动区的材料，在家主动要求洗菜洗碗，尝试洗一些诸如袜子、内裤等小的衣物。这些清洗类的劳动，能够帮助幼儿掌握清洗的要领，培养讲卫生、爱清洁的好习惯，感受关心照顾家人的快乐，体验成长的自豪感。

小水杯洗干净	洗刷刷	洗衣服
哗啦啦冲一冲	洗碗	洗洗小袜子
洗洗杯身	洗筷子	洗洗小内裤
刷刷杯壁	洗抹布	刷刷小鞋子
清洁杯口	洗菜	给玩具洗个澡
水杯冲干净	洗水果	给娃娃洗个澡
水杯晾干净	调色盘洗个澡	
	颜料擦干净	

活动群一　小水杯洗干净

在清洗水杯过程中，幼儿要掌握冲、转、夹、洗、搓、擦、控、甩等动作技能，在不断的探索操作中了解洗餐具的小诀窍，学会使用不同的清洗工具，掌握不同的清洗方法、清洗步骤，更好地锻炼小肌肉。

活动群二　洗刷刷

在清洗餐具的劳动过程中，指导幼儿有秩序地分类清洗，适当使用一些清洁洗涤用品，必须彻底清除残留污渍与洗涤液，并把餐具分类摆放整齐。在清洗蔬菜水果时，要尽量把蔬菜水果分别浸泡在清水中一段时间，除去表面残留的农药，然后用流水清洗干净。厨房使用的清洁小抹布，必须做到每次使用后及时清洗干净，或用肥皂，或用水煮沸等方法，不能随意放置一边，否则非常容易滋生细菌。

【案例】

洗刷刷

活动由来

疫情居家期间，老师们通过线上的“心”课堂来指导幼儿的居家生活。“心”课堂共有5个活动板块，其中的“做家务”板块正是对应着幼儿的生活自理劳动。“洗刷刷”这个活动就是一个关于清洁劳动的内容，精心录制的视频加上教师细致的讲解，帮助大班幼儿了解洗碗等家务劳动的步骤和方法，培养幼儿爱清洁、讲卫生的好习惯，激发他们喜欢自己做事、乐于照顾家人的美好情感。

活动文案

亲爱的宝贝们，过完了春节，你们又长大了一岁，在家里能帮爸爸妈妈做更多的家务了。每次吃饭的时候，我们都会用到筷子和碗，今天我们就一起来洗刷刷，了解一下怎样洗筷子、洗碗吧！

需要的材料有：小盆、洗洁精、清洁布、小板凳、防水围裙、套袖或者防水罩。洗碗筷之前一定要记得挽好袖子，接下来我们一起来洗筷子、洗碗吧。

需要四个步骤：

第一步，清理。首先要用流动水把筷子上和碗里的食物残渣冲干净，也可以用纸巾把残渣擦干净。

第二步，浸泡。接上半盆温水，把筷子和碗放在水里泡一泡，这样能够软化上面的残渣，便于清洗。

第三步，细致清洁。清洗筷子的时候，可以同时清洗两到三根。用清洁布依次清洗筷尖和筷尾，筷尖的位置一定要多洗一洗，因为我们用筷子夹食物的时候，筷尖的位置是用得最多的。洗碗的时候，可以用转圈的方法，先把碗的里面洗干净，碗口一定要多洗一洗，再洗碗的外面，最后要记得清洗碗底。喝稀饭的筷子和碗没有油，在清洗这类没有油的碗筷时，可以直接用温水清洗；清洗有油的碗筷时，可以用上一点洗洁精或者别的清洁剂。

第四步，冲洗。用流动水把碗筷冲洗干净，筷子的筷尖和筷尾，碗的里面、碗口、外面、碗底都要冲洗干净呀。

看小鱼小朋友洗好的筷子和碗多干净呀，吃完饭以后，你们也快快行动起来吧，也可以试一试帮家里更多的人洗筷子和洗碗。

宝贝们，想要赶走病毒这个坏家伙，一定要讲卫生。我们把筷子和碗洗干净以后，可以让爸爸妈妈放到家里的消毒柜里高温消毒，也可以放到锅里用开水煮一煮消毒。

为了你们的安全，一定要让爸爸妈妈消毒。相信我们马上就能战胜大病毒了，一起加油吧！

活动群三　洗衣服

随着年龄的增长，幼儿的清洗劳动就不仅仅是洗干净小手、洗洗小脸蛋等直接作用到自身的一些活动内容了，他们可以尝试自己洗袜子、洗小内裤，进而拓展到刷刷小鞋子、给玩具洗个澡、给娃娃洗个澡。在这一类的清洗劳动中，幼儿要学习搓洗、刷洗、拧干、挂衣服等劳动技能，了解洗衣服、刷鞋子的工具和材料有哪些，在反复尝试中掌握一定的清洗步骤和方法，逐步培养爱清洁、讲卫生的好习惯，体验用自己的劳动创造美好生活的自豪感。

4. 如厕清理

如厕后的清理，既是讲卫生的要求，也是幼儿在如厕环节自理劳动的一项内容。这其中，既包括指向自己的“擦擦小屁股”系列活动，也有指向环境的“厕所真干净”活动群，需要教师根据幼儿的能力，引导他们先照顾好自己，再逐渐做到力所能及地清理好便后的环境，让幼儿在提高自我服务能力的同时，一起维护盥洗室的整洁清爽，激发文明如厕的意识，养成文明如厕的好习惯。

擦擦小屁股	厕所真干净
取手纸 自己擦屁股 手纸进纸篓	哗啦啦冲干净 便池刷干净 便池周围擦干净 清理厕纸篓 马桶洗个澡（家庭中）

活动群一　擦擦小屁股

在“擦擦小屁股”的自理劳动过程中，幼儿要习得撕手纸、擦屁股、折手纸、按按钮冲马桶等动作技能，了解便后清理的必要性和具体做法，更好地照顾自己。

擦屁股对幼儿来说难度比较大，教师可以运用“模拟—实践”策略，逐步引导幼儿通过尝试操作，掌握从前往后擦屁股的方法技巧。具体包括：

活动一　贝贝会擦屁股了

通过卡通形象的 PPT 演示，帮助幼儿了解擦屁股的流程。

活动二　我来帮帮你

引导幼儿在娃娃家模拟给娃娃擦屁股，了解手纸的使用方法。

活动三　干净的小屁股

在成人的指导和鼓励下，幼儿学习用前面了解到的方法自己擦屁股。

活动群二　厕所真干净

厕所是一日生活中必不可少的场所，厕所的干净卫生直接影响人们的身体健康，在引导幼儿做好便后自身清理的同时，让他们了解生活环境卫生与身体健康之间的关系也是必要的。根据能力的不同，小班幼儿可以引导他们做到便后及时冲水，中大班幼儿可以根据实际情况，做一些清理周围卫生的内容。比如：引导幼儿思考便池表面、冲水阀、便池周围等用什么清理工具更合适，明白清理便池不只是简单的冲，还有刷、擦、拖等，由此形成一套“一冲、二刷、三擦、四拖、五冲”的清理便池的好办法。

（三）清洁劳动的教育价值解读

通过清洁劳动，幼儿可以获得挽、抬、推、拧、冲、搓、捧、按、拉、擦、抹、鼓、漱等劳动技能，尤其是搓的技能，又细分为旋转搓洗、相对搓洗、交叉搓洗、转动搓洗等各种精细动作，不仅让幼儿获得劳动技能，还能通过劳动有效促进小肌肉精细动作的发展。对幼儿进行清洁劳动教育，不仅是为树立和培养幼儿清洁劳动的意识和技能，更重要的是为促进幼儿全面发展打下良好的基础。在清洁劳动的过程中，幼儿的意义感、专注度、创造力等都能获得充分锻炼。

四、餐饮劳动

（一）餐饮劳动的概述

“饥而食，渴而饮”，进餐和喝水是维持生命的基本活动。这里所说的餐饮劳动，指的是幼儿在进餐、喝水以及简单的饮食制作过程中所产生的一系列生活自理劳动内容。对幼儿来说，如何“食”得健康、“饮”得舒适，如何在此过程中既满足身体的需求，又能照顾好自己的一日三餐，如何养成良好的饮食习惯，如何解决在餐饮过程中遇到的问题，这其实涵盖了多方面的劳动知识和劳动能力。

（二）餐饮劳动的具体内容

在幼儿的一日生活中，进餐是生活活动的重要内容。进餐前餐具的准备，用餐时使用餐具、自己取餐，以及进餐后的清洁整理，都是需要幼儿独立来完成的。同时在整个活动中，幼儿通过习得和掌握多种劳动技能，逐渐提高自我服务意识，比如自己盛饭、剥各种食物、正确使用餐具、清理桌面、制作简单的食物和饮品等。在餐饮劳动中，包含了进餐、喝水和制作三项劳动内容。

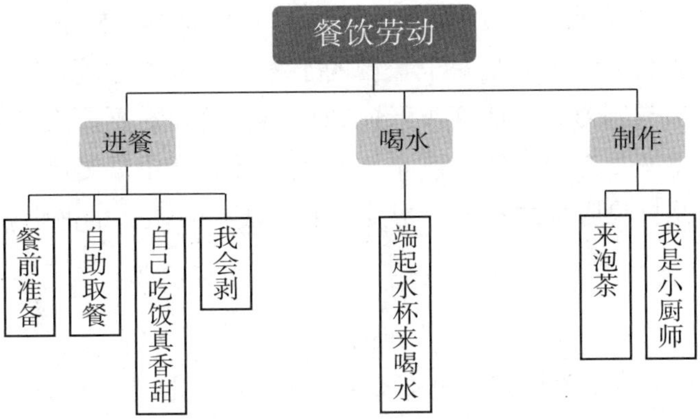

1. 进餐

小班幼儿刚入园时，很多家长最关心的就是孩子在幼儿园吃饭怎么样。究其原因，除了挑食、偏食，最主要的就是许多幼儿不会自己进餐。因此，如何让幼儿自己使用餐具进餐，做到吃饱、吃好，是小班教师在进餐环节的一项重要工作，其实这也是幼儿自我服务劳动的一项重要内容。

餐前准备

擦桌子
分发残渣盘、纸巾
摆放餐具
叠毛巾
叠餐纸

自助取餐

取餐盘
夹夹乐
舀小菜
盛汤
舀面条
倒牛奶

自己吃饭真香甜

我会用小勺
我会用筷子
细细嚼，慢慢咽

我会剥

剥鸡蛋（鹌鹑蛋）
剥香蕉（橘子）
剥芒果
剥花生
剥毛豆

活动群一　餐前准备

餐前活动，幼儿要掌握擦、摆、叠等动作技能，探索用抹布按照一定顺序将桌子擦拭干净；能将残渣盘和纸巾摆放到餐桌的合适位置；练习将纸巾和小毛巾折叠成适合的大小和形状。

活动群二　自助取餐

自助取餐时，幼儿要掌握的动作技能有端、夹、舀、盛、倒等，练习双手端稳餐盘；能运用工具夹面食、舀小菜、盛汤，将牛奶倒入口杯中，逐步完成自助取餐。幼儿自我服务水平的提高是一个缓慢的过程，它必须通过教师经常的、细致的引导及幼儿的参加与练习，才能逐步形成和巩固。教师既要善于抓机会帮助幼儿习得新的劳动技能，又要为幼儿创造条件，让幼儿在无意中反复练习。我们要采用多种形式，激发幼儿自我服务的兴趣，帮助幼儿养成自我服务的习惯。

【案例】

倒牛奶

进入中班，随着孩子们能力的增长，在吃午点时，老师开始让他们自己尝试倒牛奶了。老师在牛奶袋的一角剪好一个小口，在小盆里摆好牛奶袋并请幼儿自己取回。

1. 怎样拿取牛奶

方法一：芯语两只手都拿着牛奶袋的上边，一只手捏住剪口那里，一只手捏住另一个角。

方法二：小柚子一只手拿着袋子上面的一个角（避开了剪口的那个角），另一只手拿着袋子下面的一个角。

方法三：渼雨取牛奶时只用了一只手，捏住牛奶袋子上边中间的位置。

方法四：轩轩用两只手捏住牛奶袋上边，但剪口的位置手指没有接触到。

针对这些不同的方法，老师和孩子们展开了讨论：

岁岁：芯语，你拿牛奶的时候不能捏着剪口那里。

老师：为什么？

岁岁：因为手捏着剪口那里不讲卫生。

修言补充：如果手上有细菌，又拿了剪口，细菌就粘上了，倒到杯子里，细菌就进杯子里了。

恩十反驳：洗完手了，哪还有细菌？

霖霖：有的小朋友不好好洗手，就有细菌。

老师：看来好好洗手、洗干净小手很重要。那你们觉得取牛奶的时候，小手是捏住剪口位置还是不捏？

孩子们异口同声：不捏。

老师：看来我们拿牛奶袋的时候，要注意不要捏到剪开的那个小口。

（思考：在自主探索怎么取牛奶的过程中，有孩子自己发现了不合适的方法，于是我们一起结合照片讨论、分析，最终得出答案。最后孩子们一致同意取牛奶时不应该捏剪口位置。在接下来的午点时间里，取牛奶时，没有再捏住剪口的孩子了。在探究的过程中，孩子们发现问题、解决问题的能力不断提升。）

2. 倒牛奶有技巧

孩子们取牛奶回来后，就开始尝试把牛奶倒入杯子中。仔细观察，可以看出他们大致用了两种方法。

方法一：晰晰将牛奶袋横过来，一只手捏牛奶袋上方，一只手往杯中挤牛奶。霖霖也是用了这个方法，但挤得太快，牛奶洒了一些到杯子外。

方法二：暖暖一只手捏住牛奶袋上方的一角，一只手捏住下方的一角，剪口一边低，慢慢往杯子里倒牛奶，最后两只手一上一下挤一挤，看看是否干净了。鹏鹏也用了同样的方法，但倒牛奶的速度更慢了，牛奶全都倒入杯中，一滴也没洒。露涵和暖暖用的方法稍有不同，她是把牛奶袋一侧靠在杯子上，这样看上去更省力。

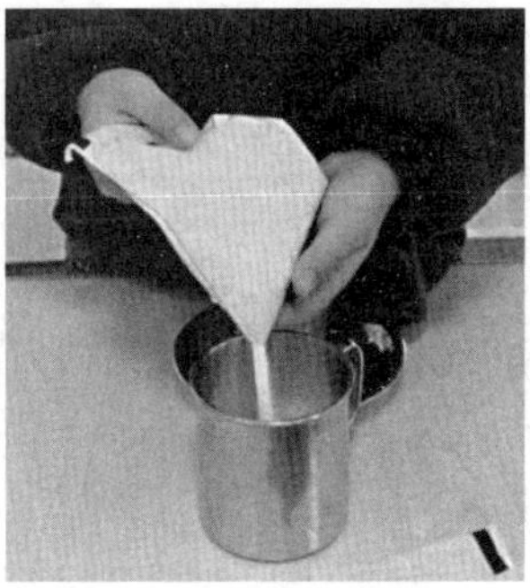

老师把孩子们倒牛奶的过程拍成视频，和孩子们一起观看、讨论。通过讨论，孩子们觉得这两种倒牛奶的方法都可以，就是第一种方法挤牛奶时要慢一些。

仔细分析，就可以发现这两种方法所用的动作技能不同：一种是一手捏住牛奶袋，一手将牛奶挤入杯子中；另一种是一手捏住牛奶袋上方的一角，一只手捏住下方的一角，剪口一边低，不用手挤，慢慢往杯子里倒牛奶。虽然不同的幼儿倾向的动作方式不同，但只要能很好地完成倒牛奶的任务，都是可以的。

3. 整理小妙招

倒完牛奶后，有的孩子将袋子整理、铺平，摞整齐放到残渣盘中，有的孩子直接将牛奶袋放进残渣盘，不管是否整齐。

老师和孩子们一起观看了每组的整理照片，孩子们纷纷表示，还是整理得整齐好。有了这次讨论，孩子们主动将奶袋放整齐的意识就慢慢养成了。

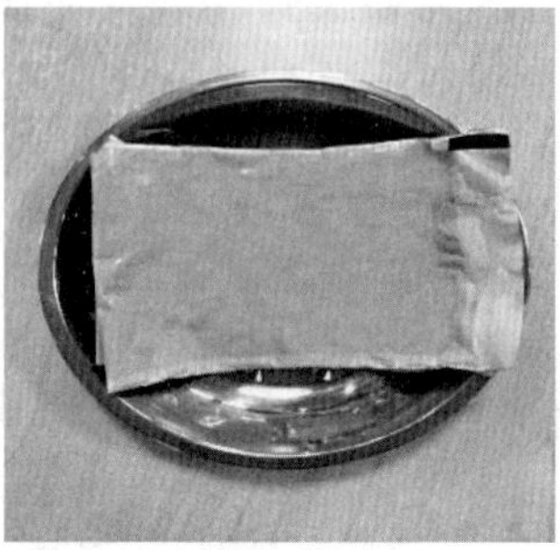

活动群三　自己吃饭真香甜

幼儿独立进餐是一项基本的生活本领，进餐时细嚼慢咽是一种良好的生活习惯。通过进餐，幼儿能够掌握咀嚼、吞咽、剥等多种动作技能。小班及中班的幼儿手部肌肉还在发展中，神经肌肉也不够协调，对手的管控能力较弱，所以进餐工具以勺子为主，而大班的幼儿手部肌肉发展得比较成熟，可以鼓励他们使用筷子进餐。

【案例】

筷子兄弟

中班的幼儿在幼儿园进餐时开始尝试使用筷子了，可以发现，幼儿使用筷子的水平差异很大：少数幼儿可以正确地使用，大部分幼儿存在使用的方法不正确、用筷子夹取饭菜时不灵活、手部使用筷子的动作不协调等现实状况。

针对这一情况，中一班开展了“筷子兄弟”这一劳动系列活动。

1. 你喜欢使用筷子吗

馨蕊：我不喜欢使用筷子，因为在吃饭的时候，饭菜太滑了，我夹不起来。

牛牛：我也不太喜欢，因为吃面条的时候，面条太滑，用筷子夹起来的面条，一下子又掉回碗里，还是勺子比较方便。

墨轩：有时勺子盛不了一些大的食物，只有用筷子才可以夹起来。

羽晨：大人都用筷子，小孩儿才用勺子。我喜欢用筷子，因为这样可以证明我长大了。

滢滢：如果用筷子的时候不小心夹到嘴巴怎么办？

博博：使用筷子的时候，我的手有点累。

（思考：孩子们对使用筷子的感受和认识都不一样，从孩子们聊天中可以看出，喜欢使用筷子的幼儿自己能够熟练地夹取饭菜，很有成就感。而在夹菜时掉菜和夹不起饭菜的幼儿，还是缺乏使用筷子的劳动技能。所以老师很有必要引导幼儿去了解筷子，认识筷子的结构，学习正确使用筷子的技能。）

2. 筷子的故事

通过有趣的传说故事，让幼儿了解了筷子的起源，知道人们为什么会使用筷子，知道筷子不仅是中国人使用的餐具，还承载着我们中华民族的优良传统和文化。

馨蕊：原来使用筷子还有故事呀！

石头：对呀，在很久很久以前大家就使用筷子了。

早早：我爸爸也给我讲过很多使用筷子的注意事项，我们要很文明地使用筷子。

子豪：有一次我拿着筷子敲盘子，我姥爷就告诉我这样不好，吃饭时不能用筷子敲盘子。

3. 如何正确使用筷子

鼓励幼儿仔细地观察图片，学习筷子的正确拿法；在儿歌的帮助下，知道五根手指在使用筷子时应如何配合。

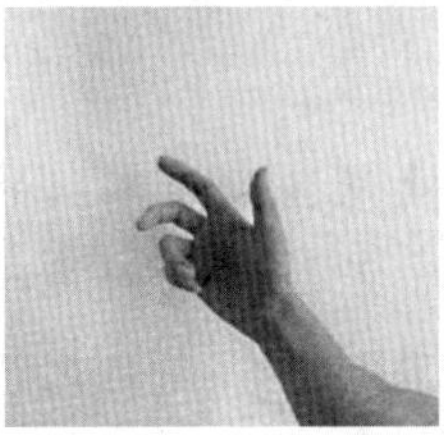
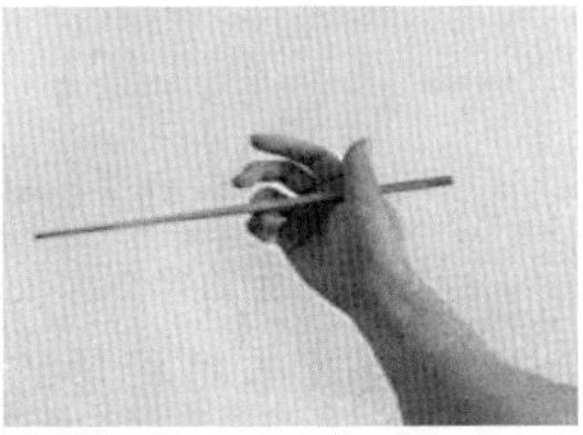
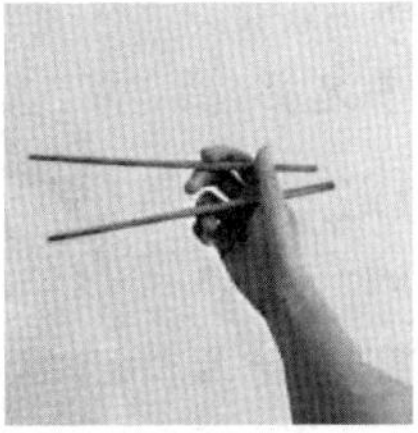
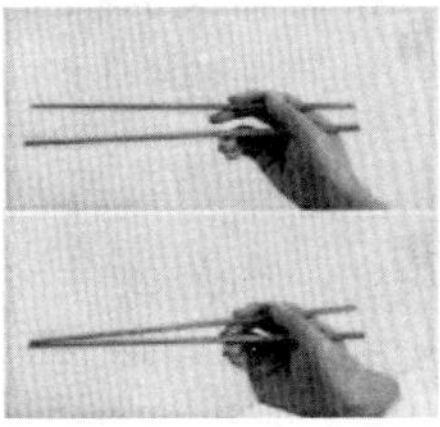

步骤 1：右手伸出来，无名小指弯，三指全分开。

步骤 2：一根筷子手中拿，无名将士抵中间，拇指食指握在上，无名拇指齐用力。（取一根筷子，用无名指第一节抵住筷子中部，筷子的四分之三处落入拇指与食指之间。以无名指和拇指的力量将筷子夹紧。）

步骤 3：两根筷子手中拿，中指将士抵中间，拇指食指握在上，食指轻轻落上面。（在第二步的基础上，加入另一根筷子。用中指抵住筷子中部，另一端落入拇指与食指之间。食指轻搭在筷子上即可。）

步骤 4：拇指将士为支点，中指食指巧运动，筷子兄弟忙得欢。（以拇指为支点，中指与食指灵活运动，再配合下面的那根筷子来夹取食物。）

博博：用筷子时，我们的五根手指都得运动起来。

石头：我妈妈给我买了一双学习筷，上面有个圆圈，把拇指和无名指都伸到圈里，就能使用筷子了。

早早：我现在也是使用这种筷子。

文文：用筷子真不是一件容易的事情，不过大人都会，我们也能学会的。

（思考：使用筷子需要五根手指的灵活配合和手指力量的控制，利用图片、儿歌、视频等不同方式，幼儿能够更加直观地了解到筷子的正确拿法和夹取的动作。）

4. 筷子兄弟动起来

筷子兄弟怎样夹起香喷喷的饭菜呢？在进餐的过程中，孩子们尝试使用筷子夹取饭菜。教师要关注幼儿的情况，利用儿歌让幼儿试一试拿筷子的正确方法，指导幼儿手指配合的力度。

梓宇：为什么我夹菜的时候，筷子分得很开，不太容易夹起来呢？

浩明：你看你的手，筷子拿得太靠下了。

格羽：你看看我拿的筷子，筷子拿得上下正好才行。

墨轩：我怎么就夹不起来呢？

正轩：你的拇指和无名指得同时动，你才能夹起饭菜。

（思考：在体验劳动的过程中，教师鼓励孩子们及时把自己的问题说出来，让同伴和教师一起来寻找原因，帮助他们纠正不正确的方法。教师的指导和同伴的影响可以激发幼儿学习劳动技能的兴趣，同时也可以帮助幼儿熟练掌握劳动技能，感受劳动带来的愉悦体验。）

5. 活动延伸：筷子兄弟

劳动活动可以延伸到其他区域中，与区域活动同时进行，在生活区设置不同的游戏。比如投放方形的筷子、圆形的筷子、金属筷子、竹子筷子、长的筷子、短的筷子等等，让幼儿了解各种各样的筷子；同时投放不同材质的夹取材料，让幼儿练习手部动作，感受手指的灵活配合，进一步体验劳动带来的乐趣。

6. 亲子小任务

请家长给幼儿自主锻炼的机会，在进餐时鼓励并认真指导幼儿自己练习使用筷子，同时鼓励幼儿把使用筷子的方法讲给家长听。

活动群四　我会剥

幼儿每天吃的食物多种多样、营养丰富，有的食物做熟后可以直接食用，而鸡蛋、香蕉、花生等食物需要剥皮后才能食用。幼儿通过学习捏、压、滚、掰等劳动技能，锻炼手眼协调能力，吃到自己剥的食物后，也会充满自豪感。

2. 喝水

幼儿在园喝水时，不仅要用自己的水杯去接水、喝水，喝完后还要将杯子放回有自己标志的水杯橱上。在这个过程中，小杯子如何拿取最方便？怎样接水不会接到杯子外面？接水时接多少最合适？杯子怎样做到轻拿轻放？这其中既有生活的常识，也有动作的要领，都是需要幼儿了解和掌握的内容。小班的幼儿由于个子矮，动作的协调性还比较差，所以前期需要教师帮忙接水，水量也由教师控制。随着对生活的了解加深及身体的发育，接水的劳动幼儿完全可以独立来完成。

端起水杯来喝水
小水杯放整齐
轻轻取水杯
自己接水喽
端好水杯来喝水
小水杯放放好
收水杯（值日生）

“端起水杯来喝水”这个活动群主要有小水杯放整齐、轻轻取水杯、自己接水喽、端好水杯来喝水、小水杯放放好、收水杯等劳动内容。教师需要根据幼儿的年龄、能力和班级活动的常规来有序组织，帮助幼儿在这一劳动中习得取放杯子、开关水龙头、准确接水等劳动技能，并养成轻拿轻放、不推不挤、安静有序的好习惯，更好地照顾自己的生活。

3. 制作

餐饮劳动既包括如何喝水、进餐，也包含一些适合幼儿参与的简单的饮食制作活动——在茶艺吧尝试自己泡一壶清香四溢的花茶，在生活馆和伙伴们共同动手蒸一笼白胖暄腾的大馒头，用种植区刚收获的红薯晒一筛香甜的红薯干，或是在家中和爸爸妈妈学做一盘西红柿炒鸡蛋……这些有关美食制作的劳动，总会让孩子们跃跃欲试，兴致盎然。当孩子们在厨艺劳动的过程中接触到制作食品的一样样真材实料，当他们通过“真刀真枪”的操作，了解一粥一饭如何制作时，对于蔬菜营养、膳食搭配的知识会更丰富，爱惜粮食、好好吃饭的意识也就会更强烈。

来泡茶
端茶具
学泡茶
会倒茶
洗茶具

我是小厨师
做沙拉
做水果拼盘
包水饺
蒸馒头
烤饼干
晒红薯干
做糖葫芦
……

活动群一　来泡茶

泡茶，是我国的传统文化，泡茶、喝茶都需要借助茶具来完成，茶具的端拿、清洗，茶叶的冲泡以及倒茶都蕴藏着许多劳动契机。“来泡茶”这一活动群有端茶具、学泡茶、会倒茶、洗茶具等劳动内容。通过这几个小活动，幼儿能够习得端、捏、倒、冲、洗等动作技能，学会端茶、泡茶的生活本领，感受茶文化的魅力。

活动群二　我是小厨师

厨艺劳动一直深受孩子们的喜爱，简单的厨艺劳动可以让幼儿习得技能，体验成人劳动的辛苦。“我是小厨师”可以根据节日、孩子们的兴趣或者班级种植的蔬菜等实际情况，开展诸如做沙拉、做水果拼盘、包水饺、蒸馒头、烤饼干、晒红薯干等丰富多彩的活动。通过这些活动，幼儿可以掌握择菜、揉面、洗菜、切菜、包一包、卷一卷等劳动技能，也能够探索发面、晾晒等制作过程中蕴含的科学内容，了解健康饮食的相关知识。幼儿既能参与劳动过程，也能品尝劳动成果，收获多多，自信满满。

（三）餐饮劳动的教育价值解读

民以食为天，在餐饮劳动中，幼儿通过进餐、喝水、制作等各项有趣的活动，不仅发展了端、夹、洗、捏、摘等多种动作技能，还养成了良好有序的进餐、饮水的好习惯，在帮助家人做事情的同时，体验了家长照顾自己的辛苦，增进了亲子感情。这些技能和习惯，将使幼儿终身受益。

五、搬运劳动

（一）搬运劳动的概述

搬运的意思是承受负载并运送到另一个地方，或是通过一段较长距离，将物品从一个地方运送到另一个地方。在生活中，幼儿经常需要搬桌子、椅子、手工材料，以便开展不同的活动。大一点的孩子还会在户外搬运梯子、木板、轮胎等，来搭建自己的游戏场域。升班的时候，幼儿还会力所能及地和老师一起搬运班级的物品去新的活动室。在这些搬运劳动中，幼儿既要有体力的付出，也要不断摸索搬运的技能，会遇到许多困难和挑战，比如：如何与同伴合作将器材运到目的地？如何将攀登架组装完成？这些都需要教师观察幼儿的状态并及时给予引导，从而在劳动中提高幼儿的问题解决能力，培养幼儿不怕困难、相互合作的良好品质。

（二）搬运劳动的具体内容

幼儿的搬运劳动主要包括两个部分：第一部分是个体性搬运劳动，主要是搬椅子、积木。这些活动可以由幼儿独立完成，不仅可以培养幼儿独立自主的动手能力，而且在一定程度上可增强幼儿的自信心，使他们从劳动中获得成就感。第二部分是集体性搬运劳动，主要有抬桌子、搬运器材、合作抬大筐、搭建攀登架。这些活动需要幼儿与其他同伴合作完成，在锻炼幼儿动手能力的同时，也培养幼儿的合作意识，使他们感受合作的乐趣与意义。搬运劳动包含以下三个活动群。

搬过来搬过去	小小搬运工	搬新家喽
搬椅子 搬运积木 搬书	搬桌子 搬运器材 合作抬大筐 搭建攀登架	搬什么去新活动室 不同物品怎么搬 寻找搬运工具 分工合作来搬运

活动群一　搬过来搬过去

搬过来搬过去是幼儿园最常见的搬运劳动，一般由搬椅子、搬运积木、搬书的小活动组成。在活动中，幼儿发展了抬、搬、运等动作技能，发展了身体的协调性，增强了腹部及下肢力量，感受到了劳动的付出与快乐。

活动群二　小小搬运工

小小搬运工是幼儿园最常见的合作性搬运劳动游戏，主要由搬桌子、搬运器材、合作抬大筐、搭建攀登架组合而成。这类搬运劳动需要幼儿与同伴合作进行，将需要搬运的东西合力搬运到目的地，或者是合作将东西组合好。这样的搬运劳动很考验幼儿的耐心和毅力，培养幼儿不放弃、不怕困难的精神，让幼儿积极寻找办法去解决问题。

【案例】

搬桌子之上台阶、下台阶

活动由来

大一班准备在室外开展一周的写生活动，需要每天上午从一楼活动室搬两张桌子到外面去，午饭前再搬回活动室。这正是一个开展搬运劳动的好机会，于是郑老师就把这个任务交给了每天的值日生。

活动实录

1. 两个小伙伴的尝试

周一承担搬桌子任务的值日生是奇奇和二牛。别看平时孩子们在活动室没少搬运桌椅，但这一次因为要经过门口，并且要下两个台阶到户外，他俩还是遇到了不少问题。

一开始从活动室搬起桌子出发时，两个人是面对面一起抬着横着走的，快到门口的时候，看看横着走不出去了，奇奇离门比较近，就倒着往后退。因为对面的二牛走得比较快，奇奇这边就开始有点踉跄，站立不稳，差点摔倒。郑老师手疾眼快，赶快让两个孩子放下桌子，想想怎样才能安全地把桌子抬出去。

奇奇想了想，转过身背对着桌子，两只胳膊往后，把手放到了桌子前侧的下面。

奇奇：我在前面，我可以这样，就能看路了。

郑老师：抬桌子出门的时候，手放在哪里更安全？

二牛：我刚才手放得不对（手放在桌子两边了），出门不小心会碰到的，应该放这里才行（手挪到了桌子后侧的下方）。

郑老师：还有要注意的地方吗？（见两个孩子交换着懵懂的眼神，郑老师就提示他们：刚才奇奇为啥差点摔倒？）

二牛：是我太快了！

奇奇：二牛得慢一点，还有我这样往前看就没事了，我们后面又没长眼睛！

郑老师：你们想得不错。奇奇在前面走，眼睛要看前方；二牛的手不要放在两边，还要走得慢一点，这样出门就安全了。出了门还要下台阶，你们还得动动脑筋，看看两个人怎么合作更好。

两个孩子按刚才提到的方法，顺利地把桌子搬到门口。郑老师的目光追随着他们，关注他们接下来如何下台阶。

有了刚才的经历，奇奇和二牛明显小心多了，奇奇在前面小心翼翼地走，二牛动作也没有那么猛了。奇奇下了一个台阶，感觉桌子一下子落下来，变沉了，他下意识地抬抬胳膊，尽力往上用劲顶起桌子。后面的二牛则弯下腰，蹲下来一点，放低身体，尽力使桌面不过度向前倾斜。两个人试探着慢慢走下了两个台阶。

看到两个孩子的表现，郑老师松了一口气，笑盈盈地送去鼓励。接下来，奇奇和二牛又用刚才的经验，顺利地搬出了第二张桌子。

（思考：一日生活中有丰富的劳动契机，教师要善于根据幼儿的能力，把这些参与劳动、收获经验的机会给予孩子，并注意观察他们在劳动过程中的表现，适时进行指导，帮助他们避开危险，关注难点，寻找解决问题的办法。）

2. 好经验一起梳理

能够靠着自己的探索，成功地把两张桌子搬下台阶运到室外，奇奇和二牛很有成就感。郑老师要求他们在分享环节给小朋友讲讲自己的经验，他们也很开心地答应下来了。

怎么才能给大家讲清楚呢？奇奇和二牛商量一下，很快做出了分工——由善于画画的二牛来画图，奇奇负责讲解。于是，两个人一边商量一边画起来。

奇奇：你先画个门，我在前面，你在后面，我的手往后伸，你的手往前伸。

二牛：手要放在这里，不能放两边。对了，还要走慢一点，咋画？

奇奇：在旁边画个蜗牛，大家就明白了！哈哈，画蜗牛，我咋这么聪明！

二牛：这是出门的，下台阶呢？（说着，他开始在另一张纸上画台阶，然后准备画走在前面的奇奇。）

奇奇：我的胳膊是使劲往上撑着的，用了好多劲儿呢，你给我额头上画几个汗珠子。

二牛：那我呢？

奇奇：下台阶，你咋做的？

二牛：我咋做的？我忘了啊！

奇奇：唉，那我们再去找找感觉吧！

两个人跑到室外台阶那儿。

二牛：我想起来了，你一往下走，桌子一下子就歪到你那头了，我不是怕桌子掉下去吗，我就弯下腰了，就好点了。走，快回去画上。

（思考：劳动不仅需要体力的付出，更要有脑力的参与。在搬桌子的过程中，如何避免桌子的过度倾斜，如何协调两个人的速度，都需要幼儿通过自己的亲身体验寻找有效的办法。根据年龄特点，鼓励他们通过口语、绘画等形式记录劳动过程，把这些办法说出来、表征出来，表达自己的劳动感受，也是一种积极的思维锻炼。）

3. 新问题新办法

上午的活动结束了，两个好伙伴又承担起了把桌子搬回活动室的任务。和原来不同的是，这一次需要他们一起搬桌子上台阶。奇奇还是走在前面，他对二牛说："我使劲拽着这一边呢，你在后面也使劲啊，别让桌子把你压下去！"二牛皱着眉头："没事，我可是大力士！"他一边"吹牛"，一边使劲往上抬着桌面。两个人默契配合，很快就把桌子抬到了台阶上面，顺利地通过门口，搬进了活动室。

郑老师：干得不错啊！你们有没有发现，上台阶和下台阶有什么不一样？

二牛：上台阶，后面的人要多使劲。

郑老师：为什么要多使劲？

二牛：不使劲，不把桌子抬高一点，桌子不就掉下来了？

奇奇：我在前面也得使劲拉着，要不桌子就真掉下去了。

郑老师：不管是上台阶，还是下台阶，两个人都要配合好。你们想的这些办法，都能让桌面保持平衡，搬起来就容易了。待会你们讲给大家听一听！

二牛：对了，我们还得把怎么上台阶也画一下呢！哎呀，没时间了，下午再画！

（思考：同样是搬桌子，搬下去和搬上来需要的搬运技能是有差别的，但不变的是需要两个人的密切配合：下面的人要往上用劲顶起来，上面的人要尽量把桌子放低，尽可能让桌面保持平衡。这一点，两个孩子在搬运的过程中有深刻的体会，更感受到了协同用力的重要性。教师要及时鼓励幼儿在劳动中学会分工、合作、交流和分享。）

4. 好经验齐分享

上午自主游戏的分享时间到了，郑老师请奇奇和二牛来介绍搬桌子的经验。

二牛把画好的图贴在小黑板上，奇奇开始介绍经验："我和二牛今天搬着桌子出了这个门，门很小，我在前面，我就转过来看着门，可别碰着桌子。二牛在后面，他不能快，我们要慢一点走。看见这个蜗牛了吗？就是要慢点走。还有，看到这里了吗？手不能放在桌子两边，不小心会撞到门，很疼。第二张是我们搬着桌子下台阶。前面是我，我使劲往上抬；后面是二牛，他弯下腰了，这样桌子不会掉到前面，就能好好地抬下去了。往上搬桌子，我们还没画，我是在前面拽着桌子，二牛使劲举着桌子，就上来了。”

郑老师表扬了他们，并给大家提出了继续探索的建议：“奇奇和二牛配合得非常好，介绍得也非常清楚，让我们了解了搬桌子时要注意的三个地方：一是手要放在哪里最安全，二是两个人怎样一前一后抬桌子出门，第三个也是最重要的，上下台阶的时候要怎样一起配合用力。以后几天，小值日生还要负责搬桌子，你们可以试试他们的办法，也可以看看有没有更好的办法。”

（思考：在一起回顾动作、一起梳理语言、一起研究怎样表征的用心准备下，奇奇和二牛的这次分享很成功，也为其他幼儿尝试搬运劳动提供了经验。通过这样的分享，他们的收获不仅仅是掌握了一项劳动技能，还有口语表达能力的提升和分享经验的成功感。）

5. 还有新办法

周三，安安和浩浩是值日生，他们把桌子搬出活动室的时候，在门口的小平台上休息了一下，然后两个人又一左一右抬起了桌子，接着很自然地一起侧身，将桌子搬下台阶。这两个台阶，他俩都走得非常小心，都是两步一个台阶。等把桌子搬下台阶，安安突然想起了什么，他对浩浩说：“哎，咱们是咋下来的？好像和奇奇他们不一样？”浩浩也高兴地说：“我觉得我们的办法更好！咱们再搬一张试一试！”

一周过去了，生活区的版面中增加了“搬下去、搬上来”的内容，用图画和照片生动展现了搬运桌子上下台阶的方法，有奇奇和二牛的“一前一后法”，也有安安和浩浩的“左右并行法”。

（思考：同样一个劳动场景中的问题，可以有不同的解决办法，这正是引导孩子们创新的好机会。对于幼儿在劳动过程中出现的创造性思维和方法，教师要及时发现并给予积极的鼓励，有意识地带着孩子们一块进行梳理，帮助孩子们打开思路，总结办法，积累劳动经验，提升劳动技能，增长生活智慧。生活区版面呈现的内容，也非常直观地让孩子们感受到，一个问题可以有多种解决办法，每一种创新都值得肯定，这将激励着他们去动脑解决生活自理劳动中遇到的更多问题。）

活动群三　搬新家喽

升班了，幼儿和教师一起搬运物品去新的活动室，这不仅仅是一次搬运劳动，也是一种成长的仪式。在这个活动群中，教师可以根据搬运物品的种类、数量，以及搬运路径的长短、是否需要上下楼梯等实际情况来和幼儿进行讨论，确定幼儿可以搬什么，不同的物品怎样搬运，幼儿可以怎样分工，可以使用什么样的搬运工具，上下楼梯怎样搬运更方便、更安全……这些活动，不仅能够锻炼幼儿搬运物品的体力和技能，也能让幼儿根据搬运的具体任务来学会分析问题、解决问题，发现、使用或改进搬运工具，也能很好地促进幼儿统筹、合作能力的提升，感受为集体服务的自豪感。

（三）搬运劳动的教育价值解读

幼儿在搬运劳动中，不仅习得了抬、运、搬、搭、握等多种劳动技能，还能够锻炼体力，培养坚持不懈、吃苦耐劳的品质。在与同伴的合作搬运中，幼儿需要通过观察、思考、尝试来解决问题，用语言来交流如何互相配合，协商合作的能力得到了提升，也在身体力行中更好地感受"合作力量大""坚持就是胜利"的含义。

六、修补劳动

（一）修补劳动的概述

图画书和玩具是幼儿游戏、学习的好伙伴，但时间久了，难免会出现破旧、损坏等情况，这时候引导幼儿尝试动手进行材料的修补劳动，便可将图画书、玩具，甚至是衣物等的破损之处修理好。在修补劳动中，幼儿遇到的困难会比较多。比如剪刀的正确使用，透明胶找不到开口，手眼协调能力和耐心的考验，以及针线等工具的安全使用等。因此在开展修补劳动的过程中，教师在放手让幼儿自主探究解决问题的同时，更要关注幼儿在劳动中的认真专注、不怕困难、乐于想象和积极创造等相关学习品质的养成。

（二）修补劳动的具体内容

幼儿的修补劳动，主要包括修补图画书、修补玩具和简单的衣物修补，这些都是幼儿每天都会接触到的，也很容易发生破损的物品。习得了简单的修补技能，这些物品和材料便能继续发挥其价值，为幼儿带来更多的快乐和收获。由于幼儿受手部精细动作发展的影响，修补劳动的活动内容大都在中大班开展。幼儿阶段可以开展的修补劳动主要有图书小医生、修玩具和缝缝补补三个活动群。

图书小医生	修玩具	缝缝补补
检查图书	修补玩具	钉扣子
揭透明胶	修补娃娃服装	补袜洞
对齐了，粘好喽		缝沙包
图书送回家		织围巾

活动群一　图书小医生

修补图画书是幼儿园里最常见的修补劳动之一。图画书在翻看的过程中极易发生破损，因此在幼儿园的图书角一般都会设置“图书小医生”的材料，鼓励幼儿动手将破损的图画书进行修补。按照修补的过程，这个活动群包括检查图书、揭透明胶、对齐了粘好喽、图书送回家等小活动。这其中，揭透明胶和对齐粘贴难度较大，非常考验幼儿的耐心和手部的控制能力，同时还需要幼儿相互配合，共同完成任务。

【案例】

修补图画书

1. 讨论修补图书的方法

老师：图画书有好几页破损了，你们有什么好的方法能把它们修补好吗？

默仔：我们可以用透明胶把它们粘好。

智祥：还可以用双面胶。

多多：我们可以合作来修补。

老师：怎样合作呢？

多多：修补之前可以先来商量一下，每个人都做什么事。

老师：就像多多说的那样，当你们选择合作来完成这个工作时，可以先来商量一下，谁负责找损坏的图书，谁负责来摁住破损的裂口，谁负责粘，谁负责剪断透明胶。这样合作来完成，不仅节约了时间，还能让整个修补工作变得更容易。

2. 怎样快速找到透明胶的开口部位

老师：你们平常在用透明胶的时候，有没有遇到过困难？

糖糖：我之前在撕开透明胶的时候，它们容易粘到一起。

灏俊：我在用的时候，经常找不到开口。

老师：谁有好办法呢？

春颖：可以用一个长长的、前面有刀片的那种工具，我在爸爸的工地上见过这种工具。

糖宝：用完透明胶后，可以把最上面折起来，让透明胶弯起腰来，这样再用的时候，很容易就能找到开口的地方了。

正正：还可以在剪完透明胶后，把冰糕棒粘在开口的地方，这样下一次用也能很快就找到开口了。

3. 快乐分享

糖糖：我们四个一起合作完成的，我们用到了正正的方法，这样找开口很方便。

正正：我们是分工来完成的，小诺负责找损坏的图书，一一负责摁住坏的地方，我负责用透明胶粘裂口，糖糖负责剪断透明胶。

小诺：我希望大家以后在看书的时候能够做到爱惜书本，翻书的时候慢慢翻，一页一页地看，看书的时候还不能争抢。

活动群二　修玩具

玩具是幼儿最喜欢的玩伴，在和玩具的互动中，幼儿不断收获各方面的发展。修补玩具的劳动内容主要有修补玩具、修补服装（主要是指表演区和生活区的各种服装类操作材料）等。在修补区中，可投放剪刀、胶棒、透明胶、海绵胶、较大一些的缝衣针、线、布料等材料，供幼儿自主探索修补各类玩具材料的方法，提升修补的技能。幼儿在参与修补的过程中，不断收获成就感。

活动群三　缝缝补补

修补衣服的劳动内容，一般是指生活操作区的一些针线活动，主要包括钉扣子、补袜洞、缝沙包、织围巾等。这其中，织围巾是大班幼儿非常喜欢的一个劳动内容，借助一个四条边上有若干凸起的小地垫，再准备一团比较粗的毛线，幼儿就可以用一两周的时间织出一条漂亮实用的围巾，用自己的劳动温暖冬日的时光。

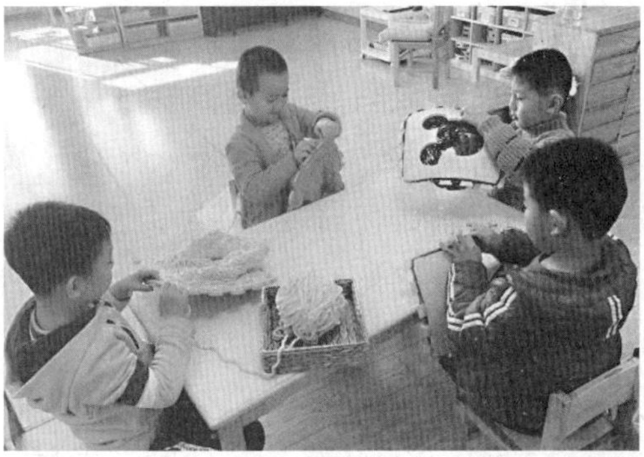

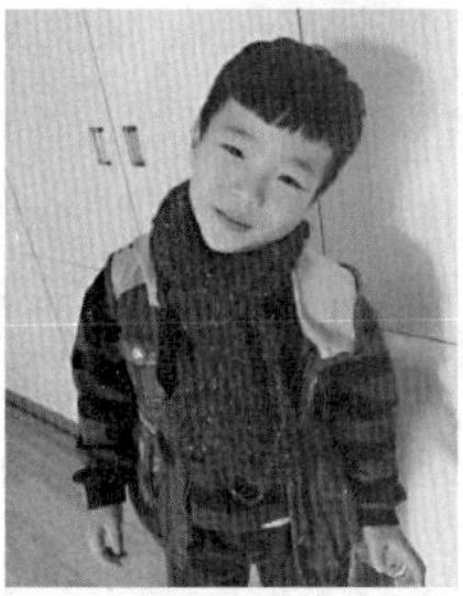

考虑到针线活动的难度和安全性，以及织围巾需要的技巧和耐心，这些劳动内容一般在大班开展。在进行缝补劳动时，除了要关注幼儿劳动技能的习得和提升，还要特别关注活动过程的安全，引导幼儿在劳动实践中丰富安全意识，提升动手能力。

【案例】

生活区　钉双眼纽扣

活动经验

1. 学习用一上一下的方法钉双眼纽扣。

2. 培养耐心细致的品质。

活动材料

颜色、大小不同的两孔纽扣，不织布做成的小衣服，十字绣用的圆头针，线，剪刀；钉双眼纽扣步骤图。

活动指导

1. 推荐材料，提出活动要求

生活区新添了很多冬装，需要小朋友帮忙钉上纽扣。这一次，小朋友要尝试自己穿针、打结、钉双眼纽扣。钉纽扣的时候要耐心仔细，不光要把纽扣钉好、钉结实，还要注意安全。

2. 幼儿自主选择材料，教师观察指导

（1）观察幼儿在穿针过程中是否能将线头捻得又尖又直，启发幼儿用两根手指顺着线的纹理捻线头。

（2）根据针眼的位置，右手大拇指、食指捏住靠近线头的位置，提醒幼儿两手平稳，用线头顶端穿过针眼，两线头打结。

（3）观察幼儿是否能手眼一致地把针线从布的背面穿过扣眼，感知软而空的位置，接近或找到扣眼，轻而慢地小心穿过。

（4）提醒幼儿注意使用缝衣针的安全，要远离眼睛，避免扎到自己或同伴。

3. 分享活动经验

（1）穿针经验的分享。请幼儿说一说怎样才能准确地穿针引线。知道顺着线的纹理捻线头，捻得又尖又直，穿针时手要稳，有耐心。

（2）分享钉双眼纽扣时遇到的问题。当针从布的背面找不到扣眼的时候，你有什么好的方法？懂得用手去感知软而空的位置，接近或找到扣眼，轻而慢地小心穿过。

（三）修补劳动的教育价值解读

在修补劳动中，幼儿通过修补图画书、修补玩具、修补简单衣物、缝沙包、织围巾等活动，可以逐步掌握剪贴、缝补、编织等劳动技能，在缝缝补补中提升更加精细的手眼协调能力和同伴合作能力；也能在探索中发现玩具、图书等的材质、构造等奥秘，丰富相关知识；还能够激发他们爱护玩具、珍惜材料、勤俭节约的情感，体验劳动的辛劳与不易，可谓是一举多得。

七、幼儿园生活自理劳动教育计划

上述六种类型的生活自理劳动，构成了幼儿阶段生活自理劳动教育的基本内容。

这其中，哪些适合小班幼儿完成，哪些适合中大班幼儿探究，需要我们根据《指南》的要求和幼儿的年龄特点，仔细规划，将不同的内容合理分配到小、中、大三个不同年龄段的劳动教育活动之中，形成一套内容全面、体系完整的生活自理劳动教育课程内容，让劳动教育有机融合在幼儿的生活活动、游戏活动和学习活动之中。教师要对一日生活中各个环节的劳动内容，对适合各个年龄段幼儿能力水平的劳动评价标准做到心中有数，以期在最合适的时间，用有准备的环境、材料，通过最适宜的方式，来指导幼儿的自理劳动，带给幼儿更多的劳动体验和劳动收获，让劳动成为幼儿乐于承担、主动探究、不断成长的创造性活动，让童年生活更有品质。

（一）小班生活自理劳动计划表

表 2-1　小班生活自理劳动表

月份	生活自理劳动内容			
	活动名称		类型	核心经验
9月	开关小橱子	1. 轻轻打开小橱子 2. 小背包放好啦 3. 轻轻关上小橱子	自我整理	1. 能够找到把手，轻轻地打开、关上橱门。 2. 能把自己的小背包等物品在橱子中放置好
	洗洗小手真干净	1. 打开水龙头 2. 冲冲小手 3. 泡泡多又多 4. 搓一搓真干净 5. 泡泡冲干净 6. 冲冲水龙头 7. 关好水龙头 8. 甩甩小手 9. 擦擦小手 10. 毛巾放放好	清洁	1. 能运用洗手六步法的正确方式洗手。 2. 了解洗手的重要性，知道饭前便后要洗手。 3. 喜欢将自己的小手洗干净，感受洗手的过程
	自己来端饭	1. 小椅子轻轻放 2. 稳稳端餐盘 3. 轻轻放好啦	餐饮	1. 能自己端取盛好饭菜的餐盘，比较平稳地端到餐桌上。 2. 知道要将餐盘轻轻地放到餐桌上。 3. 体验在进餐过程中服务自己的快乐
	自己吃饭真香甜	1. 小碗小勺 2. 我会用小勺 3. 嚼嚼碎、慢慢咽 4. 自己吃饭最香甜	餐饮	1. 学习一只手拿小勺、一只手扶盘（碗）吃饭的基本方法。 2. 懂得要自己吃饭，不要别人喂
	小碗小勺送回家		餐饮	能够把餐盘、小碗、小勺分类放到指定位置
	拿起水杯喝水啦	1. 拿起小水杯 2. 自己接水喽 3. 端好水杯来喝水 4. 小口喝，慢慢咽 5. 快乐干杯 6. 小水杯放回家	餐饮	1. 知道端好水杯，一口一口喝完杯中适量的水。 2. 懂得喝适量的水对身体健康有好处

续表

月份	生活自理劳动内容			
	活动名称		类型	核心经验
9月	我会如厕	1. 脱好裤子再小便 2. 便后提好小裤子	自我整理	1. 学习将裤子脱到合适的位置再小便，便后知道提好小裤子。 2. 感受独立做事的快乐和满足
	搬椅子		搬运	1. 能够一手端着椅子面，一手扶着椅子背，轻轻搬起小椅子。 2. 把椅子轻轻放到指定位置
10月	小袖子爬高山		清洁	知道将袖子挽到高处再洗手的正确方法
	夹夹乐	1. 夹馒头 2. 夹水果 3. 夹夹子（区域）	餐饮	1. 能自己用夹子夹取或舀取面食、水果。 2. 知道要从靠近自己的一边夹取食物，公用的餐具用后要轻轻放回原来的位置
	剥鸡蛋	1. 剥鸡蛋 2. 蛋壳放进残渣盘	餐饮	1. 能通过磕一磕、滚一滚、剥一剥等方法把鸡蛋剥干净。 2 能把剥下来的蛋壳放到残渣盘，保持桌面整洁
	晒小鞋	1. 会脱小鞋子 2. 换上小拖鞋 3. 拖鞋摆整齐 4. 晒晒小鞋子 5. 穿上小鞋子	自我整理	1. 学习先脱鞋子再换拖鞋的正确方法。 2. 能把小鞋子摆放整齐，晒鞋子
	我会用彩笔	1. 开关彩笔盒 2. 彩笔戴帽子 3. 彩笔盒里排排队 4. 彩笔回家喽	物品整理	1. 能自己打开、关上彩笔盒。 2. 能给用过的彩笔盖好笔帽，在彩笔盒中整齐排好并放回原来的位置
11月	抹护手霜	1. 拧一拧、挤一挤 2. 抹上香香搓一搓	清洁	1. 学习涂抹护手霜的正确方法。 2. 知道洗手后涂抹护手霜能保护小手
	剥水果	1. 剥香蕉 2. 剥橘子	餐饮	1. 学习用手剥开香蕉、橘子等带皮水果的方法。 2. 感受用手剥开水果的过程
	脱裤子自己来	1. 自己脱裤子 2. 裤子叠好了	自我整理	1. 学习脱裤子、穿裤子的正确方法。 2. 能把裤子折叠整齐
	轻轻翻书看	1. 图书轻轻拿 2. 捏着标记翻书看 3. 翻过来，捋一捋 4. 对着标记放图书	物品整理	1. 知道图书要轻拿轻放，根据标记放在指定位置。 2. 了解翻书的正确方法，能根据书上贴好的小标记，捏着书页的右下角翻书，并轻轻捋好书页
	小器械回家了		物品整理	1. 能把器械放到指定的容器里或位置上。 2. 有主动整理器械的意识
12月	整理我的宝贝	1. 手套娃娃 2. 帽子整整 3. 口罩宝宝	自我整理	1. 学习将手套、帽子、口罩等叠整齐并放好。 2. 知道保管好自己的物品，不随意摆放
	我会盖被子	1. 钻进小被筒 2. 掖一掖、盖盖好	物品整理	1. 学习盖好小花被的正确方法。 2. 知道盖好小花被不会着凉

续表

月份	生活自理劳动内容			
	活动名称		类型	核心经验
12月	擦擦小鼻子	1. 对折小纸巾 2. 轻轻擦一擦 3. 鼻涕擦干净 4. 纸巾放到纸篓中	自我整理	1. 学习将纸巾对折后，捏住鼻子擦鼻涕的正确方法。 2. 知道要轻轻擦鼻涕，擦干净。 3. 能把擦过鼻涕的纸巾放到纸篓中
	戴好了	1. 戴口罩 2. 戴帽子 3. 戴手套	自我整理	1. 学习戴手套、帽子、口罩等的小技巧，能自己戴好。 2. 知道冬季要注意保暖，愿意自己的事情自己做
1月	咕噜噜来漱口	1. 漱漱口 2. 擦小嘴	清洁	1. 学习喝一口水、漱漱口、吐出来的正确方法。 2. 知道饭后漱口对保护牙齿的重要性
	小椅子放放好		搬运	能把自己的小椅子整齐放好
3月	小菜自己取		餐饮	1. 练习用勺子盛适量小菜放进餐盘中。 2. 知道盛菜时把餐盘靠近取餐的容器放好，盛菜时不掉东西
	我来分	1. 分发残渣盘 2. 分发纸巾盒	餐饮	能分组分发残渣盘和纸巾盒，并放在合适的位置
	我会叠衣服	1. 脱下小外套 2. 我会叠上衣 3. 卷卷小袜子	自我整理	1. 学习脱下小外套并折叠整齐的正确方法。 2. 知道将脱下来的小外套折叠整齐
	玩具图书送回家	1. 找找小标记 2. 玩具送回家 3. 图书摆摆好 4. 整整齐齐真舒服	物品整理	1. 能将不同的玩具、图书分类送回家。 2. 养成物归原位的好习惯
4月	宝贝来聚会	1. 摘发卡 2. 宝贝放进宝贝盒 3. 我的小眼镜	自我整理	1. 知道午睡前要把自己的小物品放到固定的地方。 2. 具有物品整理的初步意识
	盛米饭	1. 自己盛米饭 2. 不掉饭	餐饮	学习用小勺盛米饭不撒饭的正确方法
	穿裤子		自我整理	能分清裤子的正反面，自己穿上裤子并提好裤子
	整理吸汗巾	1. 取出吸汗巾 2. 晾晾吸汗巾	自我整理	运动后能自己取出吸汗巾，并用夹子夹起来晾好
	脱下外套去运动	1. 脱下外套 2. 外套叠整齐	自我整理	1. 能自己脱下外套并叠放起来。 2. 知道天气热了，户外活动时要脱下外套
5月	雨鞋摆摆好	1. 脱下雨鞋 2. 雨鞋摆整齐	自我整理	雨天时，能在老师的帮助下脱下雨鞋并摆放整齐
	小枕头找朋友	1. 枕头枕巾来看齐 2. 捋一捋更平整	物品整理	知道枕头和枕巾边对边摆放整齐的正确方法
	剥剥乐	1. 剥鹌鹑蛋 2. 剥毛豆	餐饮	1. 学习用手剥开鹌鹑蛋、毛豆的正确方法。 2. 感受用手剥开鹌鹑蛋、毛豆的过程

续表

月份	生活自理劳动内容			
	活动名称		类型	核心经验
5月	我会用剪刀	1. 剪刀排排站 2. 递剪刀 3. 剪短直线 4. 剪长直线	物品整理	1. 知道放剪刀和递剪刀的方法和注意事项。 2. 学习使用剪刀，能用剪刀剪短的直线，练习连续开合剪刀剪长的直线
	我给玩具洗个澡	1. 玩具洗澡 2. 冲洗一下更干净 3. 玩具晒太阳	清洁	1. 学习通过清洗、冲洗和晾晒等方式，让玩具变得更干净。 2. 学习按顺序做事情
6月	纸篓摆好了		物品整理	能把美工区、生活区的纸篓摆放好，为一天的活动做准备
	哗啦啦冲一冲		清洁	能用清水清洗喝过奶的口杯，洗干净杯沿和杯壁
	我会擦屁股	1. 我会叠手纸 2. 我给娃娃擦屁股 3. 我会擦屁股 4. 手纸进纸篓	清洁	学习用纸巾将小屁股擦干净的正确方法
	宝贝带回家		自我整理	知道将带来的小物品带回家

（二）中班生活自理劳动计划表

表 2-2　中班生活自理劳动计划表

月份	生活自理劳动内容			
	活动名称		类型	核心经验
9月	夹水果	1. 夹西红柿 2. 夹苹果（切块）	餐饮	能熟练使用夹子，把水果夹到小餐盘中
	餐具我会用	1. 摆放餐具 2. 盛汤	餐饮	1. 能根据饭菜整齐地摆放合适的餐具。 2. 学习一手端碗，一手盛汤的基本方法，能够不洒汤
	整理残渣有办法	1. 手套小抹布 2. 残渣送回家	物品整理	能把手套小抹布套在手上，将桌面上的残渣擦拭进盘子
	会吃饭	1. 饭前喝点汤 2. 吃饭菜有先后 3. 肚子里的火车站	餐饮	1. 知道吃饭时要先吃菜和面食，再吃鱼或者肉。 2. 养成按一定顺序吃饭的习惯
	擦擦汗		自我整理	1. 学习将纸巾、毛巾折叠后擦拭汗珠。 2. 知道出汗后及时擦汗，养成自我整理的好习惯
	清理碎纸屑	1. 碎纸屑不乱跑 2. 垃圾桶倒干净	物品整理	1. 学习使用简单的工具将碎纸屑收拾干净。 2. 能把垃圾桶内的垃圾清理干净
10月	来整理	1. 叠毛巾 2. 叠餐纸 3. 叠手纸	物品整理	学习用对折的方法折叠毛巾、餐纸等
	擦擦小桌子	1. 擦擦桌面 2. 擦擦桌腿	清洁	学习使用抹布按照一定的顺序将桌子擦干净

续表

月份	生活自理劳动内容			
	活动名称		类型	核心经验
10月	我会剥花生	1. 剥花生 2. 硬硬的花生皮 3. 轧花生 4. 花生怎么生长	餐饮	1. 学习两手配合摁开外皮、剥出花生的方法。 2. 感受自己动手的成就感，萌发对花生的探索兴趣
	清洗小水杯	1. 洗洗小杯子 2. 水杯冲干净 3. 晾晾小水杯	清洁	1. 学习使用简单的工具把杯口、杯壁、杯底清洗干净。 2. 知道水杯用过后要及时清洗，并晾晒干净
	整理语言区	1. 图书排排队 2. 清理地垫	物品整理	1. 能够根据图书大小，把书摆放整齐。 2. 学习使用抹布、刷子，按照一定的顺序，将地垫清理干净
	穿脱我能行	1. 脱套头衫 2. 穿好套头衫 3. 穿好小袜子	自我整理	1. 学习按照一定的顺序穿脱套头衫。 2. 能够分清袜子的正反面，学习用正确的方法把袜子穿整齐。 3. 体验自己穿脱衣服的自豪感
11月	来清理	1. 擦擦鞋橱真干净 2. 清理玩具橱 3. 擦擦小椅子 4. 擦擦小叶子	清洁	1. 学习使用小抹布擦拭桌椅、教具橱、花草叶子的方法。 2. 建立初步的责任感
	我会自己洗	1. 搓搓搓，洗小脚 2. 打圈圈来洗脸 3. 抹面霜	清洁	1. 学习用搓洗、打圈的方式自己洗脚、洗脸。 2. 能取适量的面霜擦拭脸部
	塞好小秋衣		自我整理	1. 学习将小衬衣塞到衬裤里的简单方法。 2. 知道随时把裤子提好，不露小肚脐
	搬桌子		搬运	学习与同伴合作搬桌子，能平稳地把桌子放好
	叠一叠放放好		自我整理	午睡时，知道将脱下来的衣服折叠整齐、按照从大到小的顺序放好
	盖好小被子	1. 钻进小花被 2. 被角塞塞好	物品整理	能掀开被角钻进被子，将被子盖好后塞好被角
12月	叠叠乐	1. 叠口罩 2. 叠帽子 3. 叠手套 4. 叠外套 5. 叠围巾 6. 小衣橱真整齐 7. 外套挂整齐	自我整理	1. 学习用折叠的方法，将各种衣物整理整齐。 2. 能将衣物按照由大到小的顺序整齐摆放进衣橱中。 3. 体验整洁的衣橱给自己带来的愉悦和美好感受
	刷牙啦	1. 挤牙膏 2. 刷牙去	清洁	1. 能一只手捏住牙膏，一只手握住牙刷，将牙膏适量地挤在牙刷上。 2. 知道早晚刷牙，养成良好的生活习惯
	小眼镜放放好	1. 小眼镜擦干净 2. 小眼镜睡觉了	自我整理	1. 知道午睡前把自己的小眼镜放到固定的地方。 2. 能轻轻地开关眼镜盒

续表

月份	生活自理劳动内容		
	活动名称	类型	核心经验
12月	穿好小外套	1. 衣服上的小秘密 2. 衣服前后要分清 3. 穿好小外套 4. 拉拉小拉链 5. 扣好小纽扣	自我整理	1. 学会穿开身上衣，能拉拉链、扣扣子，整理好上衣。 2. 能正确区分衣服的前后、里外，体验自我服务的愉悦
	整理表演区	1. 整理表演服装 2. 整理道具	物品整理	1. 根据表演服装的款式，学习用悬挂、折叠等方式将衣服整理整齐。 2. 能够将不同的道具分类放置整齐
1月	离园前整理	1. 穿好小外套 2. 套手套 3. 自己戴口罩	自我整理	离园时，能够整理自己的仪表，将自己的衣服穿戴整齐
	玩具图书送回家		物品整理	能够根据玩具材料的不同位置，准确、整齐地把它们送回原处
3月	倒垃圾		物品整理	能够将簸箕内的垃圾倒入垃圾桶，不掉落
	洗刷刷	1. 洗碗 2. 洗筷子	清洁	能使用简单的清洗工具，学习洗碗、洗筷子的基本方法
	我会用筷子	1. 筷子的故事 2. 怎么拿筷子 3. 我会用筷子	餐饮	1. 学习用拇指、食指和中指拿住筷子，在无名指和小指的配合下，动作较为协调地夹取饭菜。 2. 知道筷子是中国人用餐的主要工具，初步体验使用筷子的乐趣
4月	整理游戏区	1. 整理书橱 2. 整理玩具橱 3. 整理乐器橱	物品整理	1. 学习将区域中的活动材料按照顺序摆放整齐。 2. 感受整洁有序带来的舒适体验
	洗洗小袜子		清洁	学习用双手来回搓洗的方法洗袜子
	倒牛奶		餐饮	能双手协同合作，将牛奶倒入杯中，不洒奶
	我是小厨师	1. 洗水果 2. 剥芒果 3. 做沙拉 4. 水果拼盘	餐饮	1. 能够根据水果表皮的不同，选择合适的清洗方法，将水果清洗干净。 2. 了解剥芒果的方法，尝试自己剥芒果。 3. 喜欢参与制作，学习安全切水果的方法
5月	我是清扫小能手	1. 清扫美工区 2. 清扫花草	清洁	1. 尝试使用工具进行简单的除尘和清扫，学习将垃圾聚拢并收集。 2. 体验清扫干净后带来的成功感
	包粽子	1. 剥粽子 2. 粽子的传说 3. 粽子的种类 4. 包粽子	制作	1. 能解下系粽子的绳线，打开粽叶，剥出粽子，体验自己剥粽子的快乐。 2. 了解粽子的传说，尝试学习包粽子的简单方法
	整整小床		物品整理	学习使用清扫工具整理小床
	灌满小水壶		物品整理	户外活动时，知道把水壶灌满，能接好适量的水，不溢出

续表

月份	生活自理劳动内容			
	活动名称		类型	核心经验
6月	晒晒小睡衣		自我整理	午睡后，学习用衣架撑好睡衣晾晒
	调色盘洗个澡		清洁	能使用简单的工具将调色盘清洗干净
	我会挑鱼刺	1. 挑鲅鱼 2. 挑刀鱼 3. 挑沙丁鱼	餐饮	1. 能将鱼背、鱼腹和中间的鱼刺挑除干净，锻炼手指的灵活性。 2. 体验自己挑鱼刺的成就感
	搬家喽	1. 搬什么去新活动室 2. 不同物品怎么搬 3. 寻找搬运工具 4. 分工合作来搬运	搬运	1. 锻炼搬运物品的体力和技能。 2. 能根据搬运的具体任务来学习分析问题、解决问题

（三）大班生活自理劳动计划表

表 2-3　大班生活自理劳动计划表

月份	生活自理劳动内容			
	活动名称		类型	核心经验
9月	清洁小能手	1. 清洁工具真有序 2. 清洁玩具橱 3. 擦擦小椅子	清洁	1. 能使用抹布、喷壶、刷子等工具将物品清理干净。 2. 工具使用后，能够将工具摆放整齐
	我会用筷子	1. 筷子的故事 2. 怎么拿筷子 3. 我会用筷子	餐饮	1. 学习用拇指、食指和中指拿住筷子，在无名指和小指的配合下，动作较为协调地夹取饭菜。 2. 知道筷子是中国人用餐的主要工具，初步体验使用筷子的乐趣
	洗洗小抹布		清洁	能使用双手搓洗的方法把抹布清洗干净
	整理跳绳		物品整理	1. 能够用缠绕、重复对折的方法收纳跳绳。 2. 感受整齐放置物品的重要性
	洗手我来教	1. 教弟弟妹妹洗手 2. 毛巾这样叠	清洗	1. 教小班弟弟妹妹用正确的方法叠毛巾、洗手。 2. 巩固良好的习惯，体会做哥哥姐姐的自豪感
10月	区域材料摆摆好		物品整理	能够将玩具橱内的材料分类摆放整齐
	洗刷刷	1. 洗小勺 2. 洗筷子	清洁	1. 学习洗干净小勺、筷子的正确方法。 2. 感受帮忙做家务的成就感
	颜料擦干净		清洁	绘画后，能使用抹布把桌面的颜料擦干净
	搬运积木		搬运	1. 能将积木分类摆放整齐。 2. 学习搬运不同大小积木的方法，以免砸伤自己

续表

月份	生活自理劳动内容			
	活动名称		类型	核心经验
10月	扎个小花辫	1. 梳头梳整齐 2. 扎个马尾辫 3. 清理小梳子 4. 给朋友编个麻花辫	自我整理	1. 学习从上向下梳短发的方法，尝试自己梳头发。 2. 练习将头发聚拢，扎成马尾辫。 3. 感受头发整齐带来的舒爽和愉悦
11月	清扫小能手	1. 扫地 2. 擦地	清洁	1. 学习正确使用简单工具扫地、拖地的方法。 2. 能够按照一定的方向和顺序扫地和拖地
	我来舀面条		餐饮	1. 认识捞面勺，会使用三指捏的方法捞面。 2. 锻炼手眼协调能力
	巧叠小花被	1. 被子叠整齐 2. 晒晒小被子 3. 小被套（小枕套）我来折	物品整理	1. 能用平铺、对折、整平的方法将被子叠整齐。 2. 知道晒被子对身体有益，尝试自己折被套、晒被子。 3. 感受自主探索、同伴学习带来的乐趣
	钉扣子		修补	1. 学习用一上一下的方法钉双眼纽扣。 2. 培养耐心细致的品质
	厕所真干净	1. 哗啦啦冲干净 2. 便池刷干净 3. 便池周围擦干净 4. 清理厕纸篓 5. 马桶洗个澡（家庭） 6. 工具箱整理好	清洁	1. 学习使用厕刷清洗便池、马桶。 2. 如厕后，知道将便池周围擦干净。 3. 能清理厕所卫生，分类整理工具
12月	户外器械我来理	1. 整理器材筐 2. 搬运器材 3. 合作抬大筐	搬运	1. 能将器械分类后有序地收纳到筐里。 2. 学习与同伴合作搬运器材、器械筐的方法
	自己来配餐	1. 营养金字塔 2. 自己来配餐	餐饮	1. 能够自己搭配食物，做到营养均衡。 2. 了解有关合理膳食的知识
	我会择芹菜	1. 择芹菜 2. 奇妙的茎 3. 芹菜有营养 4. 做芹菜馒头 5. 包芹菜水饺	餐饮	1. 学习择芹菜的方法。 2. 认识芹菜的根茎叶，了解其营养
	戴围巾		自我整理	能将围巾舒适地缠绕在脖子上，并打结系好
1月	擦擦小床	1. 小床擦干净 2. 床下也要扫干净 3. 能干的小拖把	清洁	1. 学习清理日常生活环境和物品卫生的正确方法。 2. 懂得讲究卫生、爱清洁的重要性
	图书小医生	1. 检查图书 2. 揭透明胶 3. 对齐了，粘好喽 4. 图书回家	修补	学习用胶带、剪刀等工具，将破损的图书修补好
3月	三步整理歌	1. 我会拉拉链 2. 戴上小帽子 3. 衣领翻出来	自我整理	1. 学习整理仪表，将自己收拾装扮整洁的方法。 2. 感受仪表整洁带来的舒适

续表

月份	生活自理劳动内容			
	活动名称		类型	核心经验
3月	系鞋带	1. 系蝴蝶结 2. 系上小鞋带（玩具） 3. 自己系鞋带（自己的鞋子）	自我整理	1. 学习使用系蝴蝶结的方法系鞋带。 2. 锻炼手眼协调能力，发展精细动作
	剪指甲	1. 指甲怎样长出来 2. 巧剪指甲 3. 指甲里的秘密	清洁	学习安全使用剪指刀，能用按压的方法剪长指甲
	整理小书包	1. 书包的用途 2. 小书包里真整齐 3. 背上小背包	物品整理	1. 能将自己的学习用品分类并整齐地放进书包中。 2. 了解书包的用途，知道书包各个“口袋”的功能
4月	我爱洗澡	1. 洗澡的好处 2. 洗澡分几步（家园）	清洁	1. 在家长的指导下，学习自己洗澡的基本方法。 2. 有主动自我清洁的意识
	缝沙包		修补	尝试自己缝制沙包
	搭建攀登架		搬运	能与同伴一起合作搬运攀登架，知道两人同向搬运
	给娃娃洗个澡		清洁	能用浴巾、肥皂等给玩具娃娃清洗干净
5月	自己洗衣服	1. 洗洗小内裤（家园） 2. 刷刷小鞋子	清洁	1. 学习用打上肥皂，两手搓洗的方法清洗小内裤。 2. 学习使用鞋刷清洗鞋子。 3. 喜欢做力所能及的事情，感受劳动的快乐
	泡茶	1. 取茶叶 2. 放茶叶 3. 沏茶 4. 倒茶	餐饮	学习取茶、沏茶的方法，能够为家人泡茶
	清理地毯		清洁	学习使用扫帚、刷子等清理工具，按照一定的顺序把地毯清理干净
	修理小能手	1. 修补玩具 2. 修补服装	修补	能用简单的工具，如胶枪、针线等修补玩具、衣服

第三章

创设蕴含生活自理劳动契机的环境

儿童通过练习得以生长。他那建设性的努力构成了一种发生在外界环境中的真正的工作。儿童通过练习和运动获得经验。他协调自己的运动，记录了他在跟外部世界接触时所体验到的情感。这一切有助于形成他的智慧。

——蒙台梭利

陈鹤琴指出，幼儿园环境是儿童所接触的、能给他刺激的一切物质。环境对学前儿童的发展具有潜移默化的影响，良好的环境可以促进学前儿童身心健康发展。生活自理劳动教育的有效开展，离不开蕴含生活自理劳动契机的环境。蕴含着丰富劳动契机的生活环境，能够从物质和精神两个层面为幼儿提供足够的支持，提升幼儿对劳动的兴趣，让他们积极地参与其中，在劳心劳力的过程中增加体验，获得发展。这些劳动契机主要包括以下三个方面的内容。

一、获得劳动机会、参与自理劳动过程的契机

幼儿的劳动具有具身性，是以自身的行动为基础的。在一日生活中，教师首先要有意识地把劳动的机会还给孩子，让他们在生活中亲力亲为，从而在身体力行的实践过程中获得学习与发展。比如：小班的幼儿在逐渐适应幼儿园生活的过程中，引导他们逐步学习自己端餐盘，自己接水喝，午睡时自己动手，或是在同伴帮助下脱下裤子……教师一点一点放手的过程，正是让幼儿获得充分劳动体验的过程，让他们通过自己的努力，在“我能行”“我很棒”的自我认可中体验成长的自豪感，感受劳动的快乐。

要让幼儿获得充分的自理劳动机会，积极地参与自理劳动过程，教师在生活自理劳动教育中找准自己正确的定位是非常重要的。在实际的劳动教育过程中，为了给幼儿创造更多的劳动契机，教师的定位也是多种多样的：可以是“放手”的行动者，也可以是“麻烦”的制造者，既是及时的示范者，又是经验的推动者。教师需要根据具体的情况做好自身的定位，给幼儿提供丰富多样的参与生活自理劳动的契机。

（一）“放手”的行动者

陈鹤琴的学前教育思想重视儿童在教学活动中的主体地位，从儿童的天性出发，培养他们的自主意识。他认为，儿童的世界应该由他们自己去探索、发现，这样得来的知识才是真知识，所以凡是儿童能自己做的就让他们自己做。只有让孩子放手去实践，孩子的经验才能不断增加，能力才能不断发展。幼儿天生具有劳动意识，3 岁左右的幼儿在日常生活中常常提出“我来做”“我要自己做”的劳动要求，即便没有完美的劳作结果，幼儿也会乐在其中。

在自理劳动的过程中，教师结合不同年龄段幼儿的特点，为他们创设了自主发

现问题、寻找办法解决问题的机会。教师的放手满足了孩子探究的欲望，激发了幼儿持续参与自理劳动的兴趣。

小班幼儿正处于适应幼儿园生活的重要阶段，动作能力发展不够完善，做事情对成人有依赖性。因此，教师可以通过亲身示范，“说做一体”，用趣味儿歌，鼓励幼儿学会自己进餐、自己穿脱衣服、自己将玩具物归原处，学会自己的事情自己做。中班幼儿经历了小班一年生活自理能力的养成，教师可以鼓励幼儿主动承担值日生的小任务，在此基础上开始学习服务他人。大班幼儿随着年龄的增长，自主意识不断增强，在自理劳动中有了解决问题的能力，教师可以通过适当的介入方式，支持幼儿自主解决问题。同时，在参与自理劳动的过程中，教师要维护好平等的师幼关系，尊重孩子在自理劳动中的想法，也要从侧面鼓励幼儿大胆实践，放手支持幼儿去尝试和验证自己的猜想。

老师的放手，成就了孩子们的行动。

【案例】

小七班的宝贝们入园第三个月，准备吃香喷喷的点心喽。老师把牛奶包装袋剪好口之后，准备给每一个宝贝倒牛奶。翟老师来到草莓组，把白白的牛奶倒在丫丫的杯子里，在旁边认真观察的于宝宝有了自己尝试倒奶的想法。听到宝贝的想法，翟老师满足了她想探索、尝试的需求。只见她用一只小手捏住袋子的上面，另外一只手捏住袋子的底部，对准杯口，慢慢地倒了起来。在倒的时候，由于手部动作控制不好，小手一动，牛奶就倒在桌子上了。老师在旁边边观察边指导：“眼睛看好牛奶口，一只手捏住牛奶口，一只手捏住牛奶袋下面，慢慢地往里倒。”虽然一开始洒出来一些，但是大部分牛奶都成功地倒进了杯子里。倒完奶的于宝宝脸上带着骄傲的表情，这是在告诉大家：我可以自己倒奶了。在同伴的影响下，更多的宝贝也开始练习自己倒奶，从牛奶花开满桌子，到牛奶全部倒进杯子，孩子们在探究倒奶的过程中，锻炼了手眼协调能力以及手部动作的控制能力，同时也为自己能倒奶而感到自豪。

【案例】

暖暖小鞋车

活动由来

午睡时晒晒小鞋子是一件幸福的事情，让小鞋子来一场日光浴，既保证健康，又能让孩子体验劳动中的趣味。慢慢地，它成为我们生活课程中最有特色的活动。

许多小朋友的鞋子放在一起晒，可是最开始投放和使用的“鞋车”，孩子们想拉却拉不动，劳动工具的缺陷让孩子们失去了自理劳动的机会。郑老师灵机一动：何不让孩子们自己设计一款能推动的小鞋车呢？

活动记录

1. 设计小鞋车需要哪些材料

设计鞋车说说容易，做起来难，设计一个立体的事物对大班的孩子而言是有难度的。郑老师一边在前面引导，一边在背后给孩子们提供支持。夏夏的姥爷是一个木匠，专门制作家具，这对孩子们制作鞋车可是一个很好的资源。经过和夏夏妈妈的沟通，郑老师准备邀请夏夏姥爷进园来助推孩子一把。

夏夏姥爷先了解了孩子们的想法——

夏夏姥爷：你们想把鞋车做成什么样子？

句号：我们要设计一个能晒很多双鞋的鞋车。

旭旭：我们原来的鞋车很好，但是太沉了，我们拉不动，这个鞋车最好是能跑起来的。

佳木：我们现在找来了废旧的地垫，可是不知道该怎样做鞋车。

嘉怡：我们这里有纸壳和地垫，也不知道哪一种材料更好。

夏夏姥爷：纸壳使用的时间不长，一见到水就坏了；泡沫地垫比较结实，也很轻，用泡沫地垫怎么样？

孩子们同意了夏夏姥爷提出建议，于是他们跟着老师一起到仓库中去找大小合适的地垫，准备制作材料。

在选择材料的过程中，郑老师和夏夏姥爷一直在询问孩子们的想法，并且根据他们的意愿提出了一些合理建议，但最终的决定权还是在孩子们手上。制作鞋车商议的过程，让孩子们进一步明确了自己的职责和定位，从主观能动性上激发了孩子们参与设计鞋车的积极性。

2. 设计鞋车图纸

夏夏姥爷：我做了一辈子的家具，我觉得做鞋车要先画图，画图很重要，只有把图画好了，比着图制作出来的东西才行。

在夏夏姥爷的帮助下，孩子们开始在泡沫垫上这里画一下，那里画一下……

田田：我好像明白了，就像搭积木，两边需要“放”两个三角形，再让前面和后面的两个正方形粘在一起，就有鞋车的样子了。

晓棠：这个三角形怎么弄呢？太难画了！

郑老师：三角形有什么特点？

晓棠：有三条边，还有三个角呢！

香香：三角形应该是一个很高的三角形，这样鞋车也会变得很高。

郑老师：三角形也是分很多种的，你们需要去了解一下有哪几种三角形，你们最想画的是哪一种三角形？

孩子们在设计图纸的过程中遇到了难题。三角形对于他们来说并不陌生，要画好却不容易。为了进一步帮助孩子们丰富经验，郑老师也鼓励家长和孩子一起了解三角形的特点。

孩子们想象的鞋车，受到原来已有的鞋车外形特点的影响，两侧是等腰三角形，前面和后面是正方形的造型，有点类似一个金字塔。所以，孩子们是在仿照原来的鞋车进行画图。

经过夏夏姥爷的介绍，孩子们知道，要想把鞋车的图纸画好，需要工具的帮助。夏夏姥爷带来了很多形状各异的工具，据说这只是制作家具所需的一小部分工具。有了工具的帮助就容易多了，孩子们只需要把工具固定好了，在垫子上找到合适的位置，就可以画出自己想要的形状。晓棠、香香、田田三个人，一会儿蹲下，一会儿围起来，香香负责按住三角形尺子，晓棠负责沿着尺子画图。在夏夏姥爷的帮助下，等腰三角形画出来了。

3. 组装鞋车

三角形、正方形的泡沫框架做好了，可是该如何组装起来呢？

嘉怡、林林、田田、晓棠几个人围着原来的鞋车转了又转，仔细研究这个鞋车是怎样组合的。

嘉怡：田田你扶着这两片正方形的垫子，我先把它们粘成一个房顶。

林林：我在这一面扶着。（田田在左侧扶着两片正方形的垫子，林林在右侧扶着。）

嘉怡：你们使劲扶好呀，老是松开，我可怎么看到底行不行？

晓棠：我也来帮忙。

经过一番操作，左右两片三角形地垫和前后两片正方形地垫拼在一起，终于能看到鞋车的雏形了。在夏夏姥爷的帮助下，孩子们用热熔胶把鞋车框架粘了起来。

一个星期过去了，孩子们在夏夏姥爷的帮助下寻找轮子，制作鞋车剩余的部件，终于在设计、调整、制造、改造的过程中，他们做出了属于自己的小鞋车。哇，自己制作的小鞋车终于能推动起来了。

4. 鞋子怎样摆

鞋车做好了，鞋子怎么摆才能放得又多又好？

郑老师：你们的小鞋车能把小朋友的鞋子都摆上吗？

昱昱：不行，鞋太多了，鞋车一拉动，就有鞋子掉下来了。

郑老师：鞋车哪里出了问题呢？

佳佳：他们的鞋子都放得太挤了，鞋车一动，鞋子就掉下来了。

滢滢：还有的小朋友没有把两只鞋子对齐，把别人的鞋子弄掉了。

郑老师：怎样才能放更多的鞋子呢？

艺麟：我们在摆鞋子的时候，每两双之间可以稍微有一点空隙，每双鞋子要保证对齐了，这样才能放更多的鞋子。

郑老师：中午晒鞋子的时候，我们一起试一试。

郑老师还是鼓励孩子们在劳动的过程中自己动手动脑想办法，孩子们在尝试中了解了排列的秘密，发现了推动时让鞋子不掉下来的办法。这下子，孩子们就可以快乐地推着鞋车，让小鞋子去晒太阳，多么开心，多么自豪。这些都是借助劳动体验才能在亲自操作和反复尝试中不断获得的真知灼见，是孩子们从生活自理劳动中得到的收获。

在这里，教师是“放手”的行动者。正是有了教师的放手，幼儿才能获得自理劳动的机会。他们在一定的劳动情境中，通过自主探究，得到快乐充实的收获。

（二）“麻烦”的制造者

在生活自理劳动中，教师不仅是“放手”的行动者，同样也可以是“麻烦”的制造者。教师结合幼儿当下进行的自理活动以及孩子自身的劳动能力，给他们增设一些繁琐的问题，让幼儿与新的问题发生关联，通过同化、顺应，不断修改自己原有的认知。在解决麻烦的挑战中，幼儿能够不断提高对劳动过程的感知和认识，他们在自理劳动中生发深度思考，保持持续的探究兴趣。教师作为“麻烦”的制造者，在自理劳动中为幼儿提供了更多试错的机会，从而让他们多次尝试、多次修正，引导幼儿发现事物的特点和关系，进一步激发了他们对自理劳动探究的兴趣，优化了劳动中的思维质量，促进了良好认知结构的形成。

制造“麻烦”，成就了孩子们的探索。

【案例】

刷刷水果盘

活动由来

每天的甜蜜水果是孩子们的最爱，吃完水果，他们会把水果盘整齐地摆成一摞，接下来由老师清洗消毒。升入中班，随着他们自理能力的提高，陈老师决定给孩子们创设一项“麻烦”，鼓励他们自己清洗水果盘。这样既可以增加孩子们的劳动体验，同时又能让孩子们感受自己劳动的自豪。

刚开始清洗水果盘的时候，有很多种情况发生：有的用水一冲就刷完了，有的用几根手指头摸摸盘子就算洗干净了，有的一直在刷，直到老师提醒，还有好几个孩子跑到陈老师面前问：“老师，我刷干净了么？”

《指南》指出，教师应鼓励幼儿做力所能及的事情。于是，陈老师和孩子们一起探讨了关于刷水果盘的问题。

在和他们交流刷盘子的问题之前，陈老师预设了很多种可能性，也想到了不少刷盘子的方法。但是问题应从孩子中来、到孩子中去，所以陈老师将问题抛给他们，让其在实践中寻找答案。

活动记录

问题一：怎么才算刷干净？

范范：看一看，盘子亮晶晶的，就干净了。

月月：可以摸摸，如果摸不到什么东西，就干净了。

陈老师：可以用眼睛看，可以用手摸。是不是可以闻一闻呢？如果没有味道，就是刷干净了。

教师调动孩子的各个感官，积极参与到这一问题的讨论中，使“怎么才算刷干净”这一抽象的问题变得具体化、精准化。刷盘子的麻烦，引发幼儿通过不同的方式去寻找解决问题的办法。

问题二：怎样才能保证盘子的每一处都能被刷到？

左左：先用水冲一冲，再像我这样转圈刷，盘子里面转一转、外面转一转，就像在跳圆圈舞。（左左边说边演示。）

萌萌：我是这样来回刷，这样刷得也很干净。

陈老师：你们的方法都很好。

范范：老师，这里没有刷到。

陈老师：你说的是盘沿，这里应该怎么刷？

范范：我妈妈是用海绵夹住盘子转一圈。

听到这里，陈老师给孩子们提供了几种刷餐具的工具：海绵擦、魔力擦。范范将海绵对折，夹着盘沿转一圈，一本正经地示范起来，萌萌和左左也开始尝试范范的方法。

萌萌：老师，我发现了一个方法，可以把海绵夹得紧一点，这样盘边上的缝隙也能刷干净。

左左：还可以用海绵的一个角来刷盘边上的缝隙。

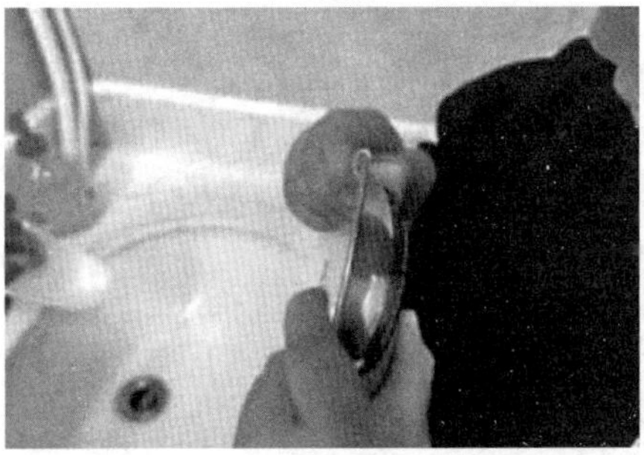

陈老师：这样能更精准地刷到缝隙里的脏东西。用你们想到的方法来刷，把盘子的里里外外都刷到了。

孩子们互相交流经验，分享刷盘子的技巧，模仿同伴的行为，并将其内化到自己的行为结构中，由此实践出来的办法更具体、更细致，比如用清洁海绵的一个角去刷边上的缝隙、将清洁海绵夹紧盘沿转一转等。

在实践中，孩子们对“如何保证盘子的每一处都能被刷到”有了更深的了解，同时锻炼了手眼协调、双手协调等精细动作。他们还根据生活经验，提出了劳动工具的需求，这时教师要及时抓住孩子的兴趣点，提供必要的劳动工具，满足其劳动需求。

问题三：刷完盘子为什么要控干水？怎么控干水？

左左：因为盘子上的水可能会有细菌，会把点心弄脏了。只有烧开的水才没有细菌。

棠棠：这些水喝到肚子里会拉肚子的。

陈老师：是的，没有煮开的水喝到肚子里可能会闹肚子，而且细菌特别喜欢在潮湿温暖的地方生存，盘子没有控水就放到一起很容易滋生细菌。

陈老师：那我们怎么来控水？

恩恩：洗好盘子后，把盘子里的水甩到洗手池里就可以了。

棠棠：可以反着放盘子，这样里面的水就可以流出来了。

陈老师：你说的是反着平放还是斜放？

棠棠：平放。

陈老师：反着平放和斜放，哪种方式能让水流得更快一点呢？

百分之九十的幼儿选择平放。

陈老师：我们可以来试验一下。

于是，孩子们刷完盘子之后，陈老师请他们用自己认为控水最快的方法放盘子。

观察之后，孩子们有了不少发现——

垚垚：反着斜放，水才容易流下来。

博儒：反着平放在最下面的盘子控水快。

灏琛：反着斜放，水就像我滑滑梯一样，能很快流下去。

陈老师：你们想的办法可真好，刷完盘子之后甩一甩、反着斜放，水就可以控干净了。

中班幼儿的思维以具体形象思维为主，为保证孩子们学习的有效性，陈老师在给孩子们制造了一个个“麻烦”的同时，适时参与到他们的学习中去，引导幼儿通过操作实验，更加直观地感知盘子的摆放方法与控水速度的关系，获得更深的体验。

教师结合幼儿的实际情况，可以适时地给他们制造一些小“麻烦”。“麻烦”的到来，引发了全班幼儿的好奇和思考，他们在一场同伴学习、小组交流、集体讨论、亲身体验的活动中探索了“冲、擦、夹、转、控”的刷水果盘的方法，解决了关于刷盘子的一系列问题，在学习劳动技能的同时又增强了思维能力，找到了成就感。教师作为“麻烦”的制造者，不仅可以在劳动的过程中制造“麻烦”，也可以在解决问题时制造思维上的“麻烦”。

（三）及时的示范者

在学前教育阶段，无论是直接的教育引导还是间接的行为暗示，教师对幼儿的示范引导都非常重要。教师示范的目的是帮助幼儿更直观地习得劳动技能，使其在原有水平上得到新的发展，所以就要求教师要研究每个活动的重点、难点，再根据幼儿的具体表现进行重点示范。小、中、大班不同年龄段的孩子应根据具体情况来定。教师给小班、中班幼儿示范时应有清楚的语言讲解，示范动作也要缓慢、到位，尽量避免多余的动作，以免幼儿混淆不清。由于大班的幼儿年龄稍大、自主判断的能力较强，可以在示范的时候采取多种形式，如可鼓励幼儿尝试结合简单的图示范例探究整理被子的各种方法，有困难时，教师再重点引导示范。不同幼儿的发展水平存在差异，教师也可以鼓励幼儿相互帮助，根据幼儿自身的情况，鼓励一部分做得好的幼儿给他人提供示范。总之，在幼儿劳动的过程中，首先要鼓励幼儿自我尝试，教师要择机而动、因势利导，以最合适的方式给予幼儿必要的语言和动作等示范，让幼儿在劳动中不断获得发展。

恰到好处的示范，成就了孩子们的创造。

【案例】

“小火车”钻洞洞

1. 钻洞洞

冬天到了，因为裤子增多、变厚，小班孩子午睡脱裤子的难度增加，很多孩子脱下裤子以后裤腿会反过来，有的一条裤腿反了，有的两条裤腿都反了。裤腿反了该怎么整理呢？为了解决这一难题，张老师和孩子们展开了一系列的讨论、探索和尝试。

暖暖：我有办法，就是这样。（暖暖一边说着，一边把右胳膊伸到裤腿里，把反过来的裤腿翻了回来。）

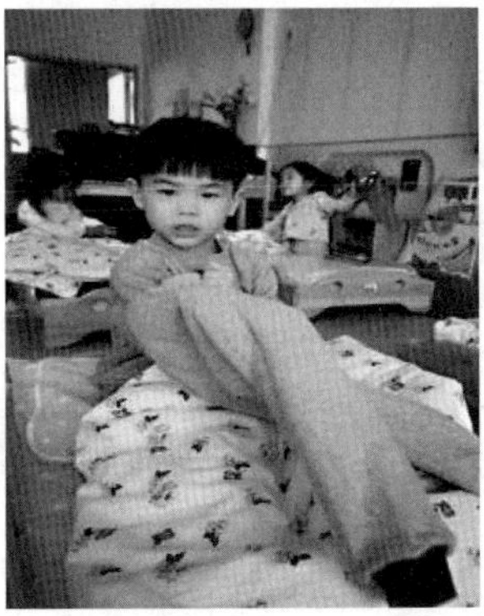

暖暖：这是“小火车”钻洞洞，我刚才把胳膊变成“小火车”了。

张老师：哇，“小火车”钻洞洞的游戏太好玩了，暖暖把自己的胳膊变成了“小火车”！

楠楠：后来“小火车”为什么又倒回来了？

暖暖：嗯——因为“火车”在洞洞里碰到了大石头。

根据暖暖的做法，张老师一边说自编的小儿歌，一边演示游戏玩法：一列小火车呀，钻呀钻呀钻呀，遇到大石头（小手握住裤脚），往后退退退，退到后面去。

（思考：小班的幼儿年龄小，语言表达能力相对较差，他们大都喜欢直接用动作来示范。作为教师，要学会因势利导，抓住教育契机。这时教师适时“递话”，用自编的好玩、有趣的儿歌作为语言示范，再加上拿着裤子操作的动作示范，总结了游戏的玩法，激发了幼儿们参与的积极性。）

博南：老师，我也有好办法了！看，我的手变成小汽车了，汽车也要钻洞洞。（博南说完，动手示范了起来。）汽车碰到了大柱子，再倒车、倒车，倒回来。

张老师：哇，博南的好办法是玩“小汽车钻洞洞”的游戏！小汽车钻洞洞，钻呀钻，钻呀钻，碰到大柱子，小手握住裤脚啦，倒车请注意，倒车请注意，小汽车倒回来了。

岁岁：老师，我还有不一样的办法。我的小手和胳膊会变成火箭。你看，火箭钻洞洞这么快，嗖！（岁岁一边说，一边做动作。）

张老师：岁岁想到的是“火箭钻洞洞”的游戏，小火箭钻洞洞，嗖！嗖！

张老师：你们太棒啦！谁还有不一样的办法？

轩轩：我还有好办法，我会变成自行车。（轩轩一边说，一边“钻洞洞”整理裤子。）自行车碰到大石头，倒回来了。

张老师：轩轩又想到好办法啦！真棒！自行车，丁零零，丁零零，钻洞洞啦！咦，碰到大石头，倒车啦！

鸣鸣：我还能变成公共汽车钻洞洞。

格格：老师，我要变成小船钻洞洞。

（思考：幼儿们参与的积极性非常高，对于想到不一样办法的幼儿，教师要及时鼓励、表扬，还要边总结边做示范。这样的示范既可以帮助幼儿发散思维，想到更多的好办法，又能帮助幼儿在更多好玩、有趣的游戏中习得劳动技能。）

2. 找洞洞

鸣鸣：老师，我的裤子不对！

张老师连忙走过去，原来鸣鸣在整理裤子的时候，把没反的那一条裤腿又弄反了，这下两条裤腿全反了。

暖暖：我知道，肯定是鸣鸣的“小火车”钻错洞洞了。

张老师：错在哪儿了？

石榴：裤腿。

暖暖：对，裤腿错了。

张老师：裤腿哪儿错了？

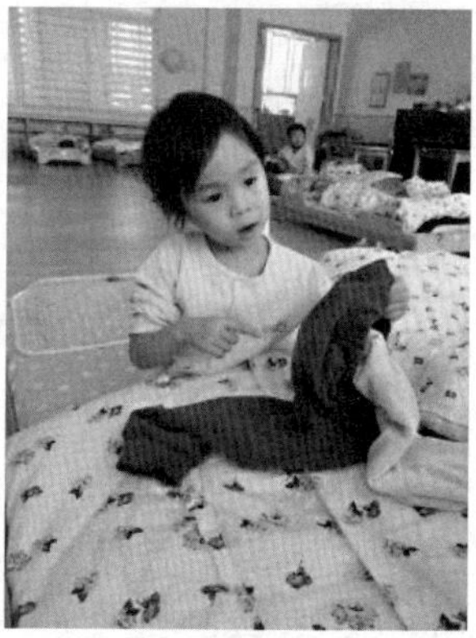

岁岁：裤腿又反了。

张老师：裤腿反了应该怎么整理？

轩轩：我知道，就是“小火车”应该钻反了的那个洞洞，就是这个洞洞。（轩轩用手指了指裤腿反了的那个洞洞。）

张老师：对，你们的“小火车”应该钻裤腿反了的这个洞洞。（边说边示范）

呜呜：老师，现在我整理好了。

（思考：活动中，暖暖说呜呜“钻错洞洞了”，老师马上步步追问：“错在哪儿了？”“裤腿反了应该怎么整理？”通过这样的语言示范，幼儿受到启发，知道错误所在，并在纠错中找到正确答案，解决问题。幼儿在出现小问题的时候，教师要鼓励幼儿先自己想办法，也可以鼓励其他幼儿帮他一起想办法，这样既锻炼幼儿的思维能力，又增强他们的观察能力、反应能力、空间感，还能增进同伴间的互动交流。）

（四）经验的推动者

在自理劳动中，教师首先应该鼓励幼儿自主尝试、探索。在这个过程中，幼儿随时都会产生疑问，遇到问题或困难，但由于年龄的特点，经验和知识的不足，他们往往不能很准确地解释事物特点，也无法尽快解决问题。这时候就需要教师适时介入，做经验的推动者，和幼儿一起分析问题、解决问题，帮助幼儿提升经验，使幼儿获得的新知识与头脑中的旧知识不断碰撞，产生新的认知结构，进而引发深度学习，使探究深入下去。

经验推动，成就了孩子们的深度学习。

【案例】

我来扎马尾辫

这几天，装扮区的镜子前总是很热闹，尤其是午睡起床后，几个女孩子凑在镜子前聊得很投入。

西西问娇娇：“你想梳个什么发型啊？”娇娇说：“我想梳个马尾辫，可又不会自己梳，你能帮帮我吗？”西西说：“我也不会，你还是去找老师帮忙吧。”悠悠说：“我是短头发，不用梳了，我来帮你。”悠悠拿起了梳子，手忙脚乱梳了半天，娇娇的马尾辫还是没有扎起来……

（思考：随着年龄的增长，孩子们开始对美有了强烈的渴望和追求，尤其是女孩子，对自己的衣着、发型产生了浓厚的兴趣，主动整理的意识也越来越强。她们尝试自己梳头发，但常因技能不足、缺少具体有效的方法而备受困扰。）

独立梳马尾辫难在哪里呢？韩老师和孩子们认真讨论起来。

韩老师问："你们觉得自己梳个马尾辫难吗？难在哪里？"佳佳说："好难啊，我的头发总是抓不住，会漏下几缕。"沫沫说："我觉得套皮筋很难，我不会拧皮筋。"韩老师回应道："找到难点很重要！难点找到了，办法很快也会找到。想一想，怎么抓头发才不会漏掉呢？"

萌萌说："要从耳朵的位置开始，捋着头发往中间挤，挤得很近了，就用一只手攥住。"钰钰说："一只手抓住左边的头发，另一只手抓右边的，再把它们合在一起。"骞骞也有办法："我是先攥住上面的头发，另一只手把下面的都赶到上面，然后捏起来。"

"捋、挤、合、攥这几个动作，很好地解决了拢头发这个难题，给你们点赞！那怎么用皮筋把头发扎起来呢？"韩老师表扬孩子们的同时，又提出新问题。

彤彤说："要先把皮筋拉一拉，变长一点儿。"萌萌说："让皮筋扭着身子转一圈。"妞妞说："拧一圈后，皮筋交叉，就像个小麻花。"

听了孩子们的办法，韩老师趁势说道："拧麻花这个办法真好！拧一下后可以再套第二圈，这样就把马尾辫套紧了。现在老师把你们说的这些办法串在一起，《扎马尾辫》的小儿歌就成了——左捋捋，右捋捋，合在一起攥手里。小皮筋，嘴巴圆，头发上面套一圈；拉一拉，扭一扭，头发上面再一圈。咱们一起说说儿歌，都来扎个马尾辫吧。"

在接下来的日子里，装扮区里经常"飘"出愉快的《扎马尾辫》儿歌。说唱中，孩子们对"捋、合、攥、拉、扭、套"这些关键动作越来越熟练，马尾辫扎得也越来越像样。

（思考：在轻松愉悦的聊天对话中，教师和幼儿一起讨论了梳马尾辫难在哪里，找到了拢头发难和扎皮筋难这两个难处以后，教师在讨论中和幼儿一一攻破这些难点。针对拢头发难这一难点，教师从幼儿的讨论中总结出了"捋、挤、合、攥"这几个动作要点，很好地解决了拢头发这个难题。针对扎皮筋难这一难点，教师从幼儿想的办法中总结出了"拧麻花"这一好办法。最后教师还将解决难点的办法编成了一首趣味十足的儿歌。幼儿念着朗朗上口的儿歌，习得了新的生活技能，养成了良好的生活习惯。）

在引导幼儿开展生活自理劳动的过程中，教师既是"放手"的行动者，又是"麻烦"的制造者，也可以是及时的示范者，又是经验的推动者。不同的情境中，教师不同的角色定位，为幼儿提供了丰富多样的参与生活自理劳动的契机，从而引领幼儿通过探究、交流不断解决自理劳动中出现的问题，掌握劳动知识和劳动技能，积累丰富、有用的劳动经验，感受劳动创造美好的价值，在劳动中不断收获成长与自信。

二、使用劳动工具、借助工具实现自理劳动目的的契机

（一）生活自理劳动工具

《指南》指出，幼儿应该掌握基本的生活自理能力，以及能使用简单的劳动工具和用具。在幼儿自理劳动的过程中，基于不同的自理劳动类型，会产生不同类型的劳动工具。劳动工具是为幼儿的自理劳动提供支持和帮助的，劳动工具的趣味性、合理性、科学性也会直接影响幼儿参与自理劳动的效果。

1. 为幼儿提供实用、有趣的劳动工具

在劳动过程中，幼儿需要更多地借助工具实现劳动的目的。儿童在与工具作用的过程中，要了解工具的性能，探索工具的使用方法，这不仅是体力的付出，更有智慧的参与，这其中外部和内部、动作和思维的连接，能够让幼儿的技能不断熟练，知识不断内化。因此，班级要根据幼儿的劳动内容和劳动能力，为幼儿提供丰富、适宜的劳动工具，比如用来捞面条的漏勺、餐后整理的手套小抹布、清洁小椅子缝隙的细长小毛刷、擦拭小床床底的伸缩小拖把……这些工具，它们的长短、轻重、外形、材质都有讲究，既安全轻便又可爱好玩，能够激发幼儿的劳动兴趣，让他们在尝试如何得心应手地使用工具完成劳动任务的过程中不断地探究学习。

【案例】

能开花的洗手液

洗手是孩子们每天必不可少的环节，看似平常的洗手，里面可是有不少的学问呢！

1. 泡泡的少和多

对于刚入园的小宝贝来说，能做到独立洗手已经是件很了不起的事情了，要把手洗干净、洗好，就更不容易了。

云朵：咦，我的手上怎么搓不出泡泡呢？

核桃：看，我的小手变白了。（核桃的手上抹满了白白的香皂。）

小宇冲进洗手间，用清水冲了冲手，就着急地往外跑。

老师：小宇，想一想你刚才忘记做啥了？

小宇：我不喜欢用香皂，太麻烦。

从刚才他们洗手的几种表现来看，孩子们对如何抹香皂、抹香皂的量还掌握不好；还有的孩子嫌麻烦，不愿意抹香皂。在洗手环节中使用香皂或洗手液是很重要的一步，搓香皂产生的泡沫可以把手上的细菌和病毒带走。如何让孩子们记得抹香皂，掌握正确的量很关键。

2. 能“开花”的洗手液

一次偶然的机会，翟老师在商店里发现了可以挤出小花的洗手液，造型别具一格，引人注意。孩子们发现洗手台投放的新洗手液后，像发现了新大陆一样，纷纷围起来摸一摸、看一看。

核桃：老师，这是什么呢？怎么用啊？

翟老师：你觉得是什么？

云朵：洗手液。

梓齐：怎么是这个样子的？上面有很多洞呢！

翟老师：这个洗手液可神奇了，会变魔术，你猜会变出什么来呢？

大壮：会变出很多泡泡吗？

丫丫：会变出一个蘑菇。

翟老师：现在让它变一个，看好喽……

翟老师把手心放在圆形的挤压头上，向下用力一按，手心里立刻出现了一朵神奇的泡沫小花。孩子们高兴地拍着手说：“哇，好好玩，开花了，开花了。”

小花洗手液的出现，让他们每次洗手都会记得挤出一朵小花，而一朵泡沫小花的量用来洗手刚刚好。这就是小班孩子的年龄特点，容易被外形可爱、造型别致的洗手工具吸引，小花洗手液的出现大大增强了孩子们洗手的兴趣，嫌抹香皂麻烦的小朋友也喜欢挤一朵小花认真洗手了。一个趣味劳动工具的加入，为孩子们洗手提供了自理服务的有效支持，让生活自理劳动变得生动有趣，大大提高了孩子愿意参与劳动的兴趣。

2. 根据劳动任务投放适宜的劳动工具

劳动工具不仅要体现趣味性，也要对应不同年龄的劳动发展目标，以便更好地满足幼儿的动作发展、身体协调能力和探究需要。这样不仅能在劳动过程中循序渐进地促进幼儿劳动技能的发展，同时也能激发劳动过程中深度学习的产生，从侧面提升幼儿参与劳动的兴趣。

例如在清洁劳动中，清洁工具从一开始的一块抹布、一个水桶，慢慢地增加了清洁剂，摩擦力不同的各种抹布、魔力擦，还有粗细不同的小刷子，工具从单一到丰富。幼儿清洁地面时，教师帮助他们挑选大小轻重合适、造型别致的扫帚和簸箕，把大拖把改装成轻便的彩色小拖把；清洁桌子的时候，教师帮助幼儿把抹布改装为颜色鲜艳、外形有趣的手套小抹布；洗手的时候，教师提供了造型可爱的肥皂盒、可以挤出卡通造型的童趣洗手液；幼儿自己盛面条时，为了降低难度，锻炼幼儿的手部小肌肉，教师提供了帮助幼儿自主取餐的工具——捞面漏勺。这些劳动工具助力幼儿自理劳动的开展，激发幼儿产生不同的劳动体验，进一步感受这些工具的作用，更加顺畅自如地完成自己的劳动任务。

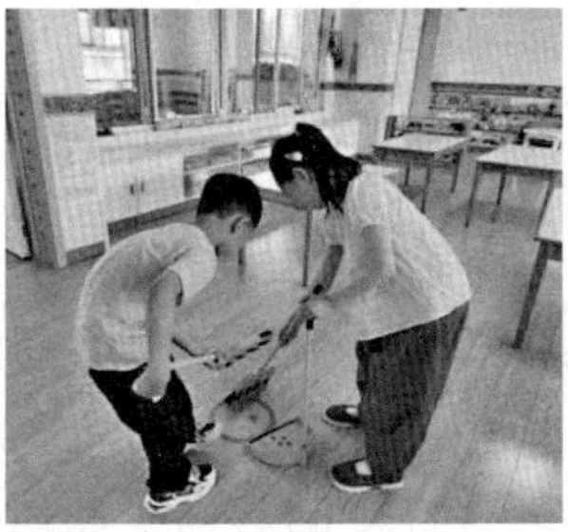  

【案例】

彩色小拖把

每次餐后的地面清理是必不可少的，老师每天用拖把把地面拖得干干净净，孩子们都看在眼里，记在心里。有一次，中七班的牛牛看到李老师在拖地，他轻轻地走过去——

牛牛：李老师，你好辛苦呀，我也想帮你。

李老师：我们的牛牛真懂事，你也想拖地吗?

牛牛：对呀，我有很多力气，我在家里也帮助我妈妈拖地。

李老师：谢谢牛牛，可是这个拖把有点重，你用不太合适。

牛牛：李老师，你就让我试试吧!

李老师：好，你先试试吧。过几天，李老师给牛牛做一个小拖把。

牛牛：你还会做拖把?

李老师：老师当然会，我们这里的拖把都是我自己做的，买的拖把不如我自己做的好用呢!

牛牛手里握着长长的拖把，左右来回摇摆，费力地在地上前后左右挪动，一会儿头上就冒出了硕大的汗珠。李老师看了之后说："好孩子，你看头上都出汗了，快去休息一下，老师一定给你做一个小一点的拖把。"牛牛听了之后特别开心，他天天期待自己能有一个小拖把，和老师一起劳动。

两周之后的一个早上，牛牛刚来到洗手间，就惊喜地叫了起来。原来，洗手间的墙上多了两个小拖把。这时，李老师走过来："孩子们，李老师专门给你们做了两个小拖把，你们试试合适吗?"牛牛赶紧拿下来试了试："李老师，我们太喜欢这个小拖把了，你是怎么做的?"

李老师告诉孩子们："我的大拖把头掉了，这根长长的柄从中间分开，做两个小拖把正正好，再把碎布片一片一片地绑起来，就做好了，很简单。"李老师自制的拖把长短、轻重正适合孩子们使用，每天的小小值日生都争先恐后地要承担拖地的任务。由此可见，一个适合孩子的自理劳动工具，不但可以激发孩子们参与劳动的兴趣，也为自理劳动提供了重要的支持。彩色小拖把的诞生给了老师很多启发，老师从网上也专门定制了更加轻便、外形可爱的儿童拖把，不断提升劳动工具的趣味性和适宜性。

3. 鼓励幼儿一起开发、创新劳动工具

伴随着不同类型的生活自理劳动的开展，幼儿会经历认识劳动工具、使用劳动工具、改装劳动工具再到创造劳动工具的过程。在这个过程中，通过成人有意识的引导，幼儿会与不同的劳动工具充分互动，不仅能够掌握不同劳动工具的使用技巧及功能，而且能体验创造劳动工具的趣味性和自豪感。

例如：在“擦桌子”的自理劳动中，小班幼儿手眼协调能力差，手部的控制力量还不是很好，我们会提供有趣的手套小抹布，引导幼儿用小手套上的小抹布擦拭桌面。到了中、大班，幼儿在动作的控制能力方面有所提高，我们便更注重培养幼儿发现问题、解决问题的能力。比如，清理一些顽固污渍，我们会引导幼儿去寻找其他的辅助工具，如清洁剂、魔力擦、一些软的刷子，或者自己制作一些清洁工具，等等。在这个引导幼儿一起寻找、开发，甚至是创造劳动工具的过程中，幼儿会有更多探索、讨论、自我实践的机会，关注生活和环境，自主解决问题的意识也会不断增强。

【案例】

戴着紧箍的洗手液

大班的幼儿使用的是普通洗手液，因为贪玩，有的幼儿经常会挤很多洗手液，小手不但冲洗不干净，还会造成浪费。怎样挤出适量的洗手液就成了孩子们讨论的话题。

佳佳：需要轻轻按压那个口，就不会挤出很多。

豆豆：按的时候，只能按一次。

小白：把洗手液的口用橡皮泥堵上一点。

老师：橡皮泥会不会把洗手液的口堵上呢？

艺麟：那就在挤压的地方做上标记。

孩子们想到了这么多解决问题的办法，老师鼓励他们一一进行试验。

老师：你们研究的挤压洗手液的方法怎么样了？

艺麟：我画了线，做标记了，可是每次都看标记太麻烦了。

小白：橡皮泥堵住了洗手液的口，过一段时间，橡皮泥就被水泡软了。

佳佳：每个人的力量都不一样，有的人动作很轻，也会挤出很多洗手液。

老师：看来还得寻找其他办法。

有一次，大壮用拇指和食指捏住洗手液挤压处、往外挤洗手液的时候，挤出来的洗手液明显变少了。老师看了之后说：“我发现挤压洗手液的这个地方有东西挡着，它挤出来的量就很少，看来得给它上个‘紧箍咒’。”大壮想了想说：“对呀，可以给它缠上线，这样就能阻止洗手液都出来啦。”他和美美找来了毛线、绳子，经过不断尝试，他们最终发现：把橡皮筋一圈一圈地缠在按压处，这样每次按压出来的洗手液只有豆粒大小，洗手正合适。

慢慢地，孩子们发现了美工区的毛根也可以缠在洗手液的挤压处。这种自制的洗手液控制工具让孩子们很兴奋，大大增强了他们自主解决问题的效能感，让他们对劳动工具产生兴趣，他们说："洗手液上缠绕的彩绳像是孙悟空头上的紧箍，生怕洗手液跑出来。"

挤压洗手液多少的问题，在老师的引导下，引发了孩子们对挤压量的探究。他们开始根据自己发现的问题大胆猜测，并在老师的进一步鼓励下，一一进行验证。在不断思考和探究中，孩子们找到了可以控制洗手液量的办法。

【案例】

我们发明的除尘工具

大班的幼儿随着自主性的增强，解决问题的能力也逐渐增强。他们在擦拭区域材料的时候，发现很多有缝隙的地方容易存灰，可是手指很粗，不容易伸进去擦拭，这就成了一个卫生死角。有一次他们玩完了"积木墙"，把积木收到收纳箱里，在收的过程中，他们发现了问题。

艺麟：老师，我发现这些密密麻麻的洞洞里全是灰尘。

翟老师：哇，仔细一看，有这么多灰尘。

嘉怡：这个洞洞好小，我的手指都伸不进去呢。

明明：那怎么擦里面呢？我看奶奶擦家里窗户槽的时候，都是用一个刷子伸进去。

翟老师：你们有没有好的办法帮助老师清理这些小洞洞呢？

全全：我想用我的牙刷试试，牙刷头很细，可以伸进去。

丫丫：还可以用棉棒呢，那个头更小，我妈妈给我刷杯子的时候还用过棉棒呢。

翟老师：你们能想到这么多工具清理缝隙，那可以把这些工具带来，一起尝试一下。

第二天，孩子们从家里带来了更多的工具，有他们自己的牙刷、细细的长刷、月子牙刷、弟弟妹妹的奶嘴刷、棉棒等。他们五六人一组，分别尝试不同的清理工具。

嘉怡：我妹妹的奶嘴刷还是很好用的，你看它能旋转，不过就是有点短，里面有的地方还够不到。

柳柳：我妈妈用的月子牙刷也很好用，它能够伸到里面，而且刷得特别干净。

田田：哎，这个牙刷不是很好用，清理灰尘不干净。

昊昊看见他们用的工具，突然离开了。老师当时以为昊昊是不愿意和同伴一起尝试清理了。半个小时以后，昊昊拿着一个造型可爱的工具，来到我们面前，说：

“哈哈，快看我发明的除尘器，一定比你们的工具都好用。”

翟老师：昊昊这么厉害，自己发明了除尘器，快来给我们介绍一下。

昊昊：这个是用美工区的冰糕棒和废旧的吸音板做的。

翟老师：吸音板还有这么厉害的功能呀！

昊昊：对，上次我看到保育王老师用一块尖尖的吸音板在擦我们橱子的缝隙，擦得可干净了。王老师说，本来要扔的垃圾，还变成了宝贝。

翟老师：看来昊昊观察得很仔细呀！赶紧介绍一下怎么用。

昊昊：你们看，我让王老师帮我把吸音板剪成一个三角形，这两侧可以清理一些细小的缝隙，因为它是三角形的，上面尖尖的部分能伸到这个洞的最里面进行清理。

佳佳：我看你发明的这个除尘器像个西瓜雪糕。

明明：昊昊你真厉害！（他给昊昊竖起大拇指。）

翟老师：那你的第二项发明是什么？

昊昊：这个就是我们美工区的海绵点彩笔呀。我把海绵变长了，你们看，伸到洞洞里刚刚好。

笑笑：昊昊，你是个好了不起的发明家呢！你是不是跟奇奇兔学的？

昊昊：嗨，我可不如奇奇兔厉害，它都发明洗萝卜机了。

大家都不约而同地鼓起了掌。受到昊昊发明的影响，大家都到美工区请老师帮忙自制除尘小工具。一个小小的发明不仅激发了幼儿内心的成就感，洞洞积木墙作为幼儿园的卫生死角，也得到了很好的清理。

昊昊借助对保育老师清理卫生的观察，把老师使用清洁工具的经验迁移到自己改装的新工具中。这种关联与经验的结合促进幼儿发散思维的发展，劳动工具改装和创造的过程使孩子的创造性思维不断优化。

教师观察幼儿生活自理劳动的过程，及时为幼儿提供和调整劳动工具，引导幼儿发现、改进劳动工具，能够让幼儿在与工具作用的过程中了解工具的性能，探索工具使用方法。这不仅是体力的付出，更有智慧的参与。丰富、适宜的工具帮助孩子们实现了劳动目的，创造了更多发现问题、解决问题的契机。这其中外部和内部、动作和思维的连接，能够让幼儿的技能不断熟练、知识不断内化，喜欢发现、乐于探究、敢于创新的好品质也在逐渐形成。

（二）生活自理劳动工具箱

随着幼儿生活自理劳动内容的不断拓展，涉及的劳动工具的种类、数量也在不断增加。为了能够巧妙地支持幼儿的自理劳动，更好地收纳这些工具，方便孩子们取用，教师有意识地引导幼儿对劳动工具的管理展开了一系列的讨论和探索。在多次探讨中，慢慢地诞生了集合、收纳这些工具的生活自理劳动工具箱。

在生活自理劳动中，有的劳动使用的工具种类繁多，会用到工具箱；而有的劳动使用的工具比较单一，不需要工具箱；还有一些劳动工具在尺寸、规格上比较庞大，不适合放置在工具箱内，会选择集中地放置在一些角落或者挂在墙上。所以“工具箱”的建立还要结合幼儿劳动的实际情况，因地制宜地放置。同时，工具箱还是一个相对的概念，有时候不一定是一个箱子，还可能是一个被改装的盒子、一个收纳篮或是一个收纳袋。

工具箱的出现，可以进一步帮助幼儿将生活自理劳动的工具放置在一起，协助他们完成某一项劳动任务。劳动工具的分类有序放置，不仅锻炼了幼儿对工具的管理收纳能力，也帮助他们养成物归原处的良好生活习惯，为幼儿开展自理劳动发挥重要的作用。

劳动工具箱按照劳动的特点分为四大类，每一类工具箱结合自理劳动的不同功用，又可以再进行细化。（见表 3–1）

表 3–1　生活自理劳动工具箱分类表

生活自理劳动工具箱	
清洁劳动	洗手工具箱、香香盒、擦洗工具箱、清洁梳子工具箱
整理劳动	餐后整理工具箱、睡后整理工具箱、梳妆盒、便后整理工具箱
餐饮劳动	用餐工具箱、冲泡工具箱、烘焙工具盒
修补劳动	图书修补箱、巧手针线盒

自理劳动箱的建立不仅为幼儿的自理劳动提供了极大的便利，作为一类劳动工具的汇总，也为幼儿增加了一项归纳、保管、完善劳动工具的小任务，让他们在尝试如何得心应手地使用工具完成劳动任务的过程中不断地探究学习。接下来，分别介绍一下这四类工具箱。

1. 清洁劳动工具箱

清洁工具箱主要是针对洗手、清洁日常生活用具、擦拭常用物品表面的自理劳动内容而专门设立的工具箱。在幼儿园中，幼儿每天都要进行洗手，清洁桌面、椅子、小床、区域材料，自己使用梳子等清洁自理劳动。针对这些不同的劳动任务和不同物品的清洁要求，教师和幼儿一起搜集工具和材料，设置了洗手工具箱、香香盒、擦洗工具箱和清洁梳子工具箱这四种不同类型的清洁工具箱。

（1）洗手工具箱

洗手工具箱主要是为幼儿盥洗准备的，平时放置在洗手台上水龙头的右侧，方便幼儿在洗手的时候按压洗手液、抽取小毛巾擦手。

幼儿洗完手之后，需要走到毛巾架上取毛巾擦手，在这个过程中，手上剩余的水滴难免会滴到地上。很多人洗完手之后，地上就水汪汪的，一个个黑脚印伴着地上的水，就成了一幅涂鸦画。

怎样才能减少水滴滴落到地上的现象呢？结合此问题，老师和孩子们展开了讨论，开始寻找解决问题的办法。在老师的引导和帮助下，孩子们发现，如果在洗手台上放置一个小篮子，把洗手液放在靠近水龙头的一侧，把毛巾放在另一侧，这样不但减少了水滴滴落的麻烦，随手可取的毛巾也为擦手提供了很大的便利。就这样，孩子们有了自己的洗手工具盒。有的孩子还给它起了好听的名字——洗手工具车、洗手箱、洗手花篮等。

使用小贴士

◎定期清洁。洗手工具盒长期摆放在洗手台上，经常和水接触，在这种潮湿的环境中，会滋生细菌。所以教师要引导幼儿每周清洁一次，清洁的部位包括里侧和外侧，然后放到太阳下进行晾晒消毒，保证工具的整洁。

◎定时投放毛巾。由于幼儿洗手的频率高，使用次数多，所以教师要提醒值日生及时投放毛巾。

◎投放毛巾筐。在洗手台的一侧设置一个毛巾筐，幼儿擦完手后，把用过的毛巾放到筐里。

（2）香香盒

“香香”是幼儿对护手霜的昵称，香香盒的作用是让幼儿有序地收纳护手霜。深秋时节，幼儿带来了各式各样的护手霜来保护娇嫩的小手，有瓶装的，有管装的……数量众多的护手霜，怎样收纳和取放更方便呢？

老师和孩子们一起寻找、讨论，发现每个班的香香盒各有特色：有的是有很多小口袋的挂袋，有的是有很多空格的收纳盒，有的是改造了的原先盛放水彩笔的箱子……孩子们把香香放在自己搜集、改装的收纳盒里，取用起来非常方便。一个盛放香香的工具盒，不仅会进一步激发幼儿对“抹香香”这一自理劳动的兴趣，同时也提升了他们物品归纳整理的意识。

使用小贴士

◎做好小标记。提醒幼儿在收纳盒或者收纳袋上做好自己的标记，方便快捷地找到自己的护手霜所在的位置。

◎定期清理卫生。收纳盒和收纳袋通常都是密集的小格子，特别容易存下灰尘，要注意定期清理。如果收纳盒是布艺材料或者是纸质材料，要注意使用一些软刷子进行仔细清扫，或者使用抹布轻轻擦拭。

（3）擦洗工具箱

这个工具箱主要用来分类放置擦洗用的各种工具。中大班的幼儿已经能独立负责擦桌子、擦椅子、擦床，或者是清洁区域材料等一些简单的擦洗类劳动。当一些物体上有污渍的时候，幼儿会反复穿梭于盥洗室与活动室之间拿工具、找清洁材料。一次次地去盥洗间找各种各样的清洁工具以及清洁剂，不但费时，而且特别麻烦。如何解决这个问题呢？

在老师的引导下，孩子们通过上网搜索，发现商场中的保洁人员都会推一个神奇的工具车，装有抹布、清洁剂、扫帚、拖把等物品。保洁人员走到哪里，就把工具车推到哪里，他们清理污渍的时候，可以从车子里拿出自己所需要的物品，使用起来非常方便。孩子们看了这个真实的案例之后，深受启发。他们把小抹布、清洗剂、小刷子、魔力擦等工具放在自己找来的小水桶和收纳盒中，一个个功能齐全的"擦洗工具箱"就诞生了。

材料名称	材质	规格
手提式工具盒	塑胶	20cm × 25cm × 15cm
物品清洁剂	清洗剂	
清水抹布	织物	25cm × 25cm
魔力擦	海绵	6cm × 10cm
刷子	塑胶	15cm × 5cm

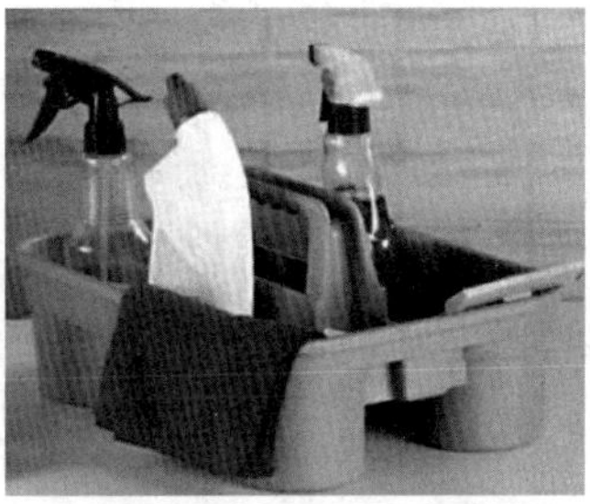

班级也可以根据不同的擦洗要求，设置不同的擦洗工具箱，满足幼儿擦桌子、擦椅子、擦床或者是清洁区域材料等整理劳动的需要。

使用小贴士

◎各种工具有序摆放。教师注意引导幼儿对物品的管理，由于清洗工具种类比较多，所以在整理和摆放的时候，可以按照工具的种类，划分区域进行摆放。

◎按时清洁清洗工具。在用工具擦拭污渍之后，要把清洁工具清洁干净才能放回原处，这样能保持清洁工具的卫生整洁。

◎可以配置一个清洁小桶，方便幼儿在清理过程中及时清洗抹布。

（4）清洁梳子工具箱

主要功用是分类放置擦洗用的工具。进入大班之后，幼儿开始自己梳头发，也承担起了管理自己梳子的任务。很快他们发现，梳子用久了之后会变黑，梳齿上会积起一些灰屑，很不卫生。如何巧妙地清理变黑的梳子呢？幼儿展开了热烈的谈论，也开始了有意义的尝试。

老师：这么漂亮的梳子，变黑了就不可爱了，梳子上的缝隙这么小，有的小朋友用的还是气垫梳子，手指都伸不进去，怎样才能清洗干净呢？

小巧：我妈妈清理卫生的时候会准备牙签，可以剔一剔缝隙里的脏东西。

暖暖：还需要准备肥皂或者是洗衣粉，刷出白色的泡泡就干净了。

当当：我妈妈是卷发，她使用的是一个卷筒梳，她会把曲别针变成一个小钩子，勾出头发来。

小小：还可以用棉签，棉签也可以蘸蘸缝隙里的脏东西。

大可：还得准备牙刷。

老师：看来，我们需要刷子、清洗液、牙签、小钩子。要刷干净一个小小的梳子，需要这么多精细的工具。

就这样，教师通过引导幼儿回忆现实生活中解决此类问题的方式，讨论需要的劳动工具，唤起幼儿的生活经验，为刷梳子提供更多的工具，避免幼儿在劳动中受到工具不足的限制，体现了幼儿在劳动过程中的参与性和自主性，增加劳动的愉悦感。

在幼儿的共同努力下，“洗刷刷”工具箱很快丰富起来了。对于这些工具，幼儿的探究也是多种多样的。

小玉：第一步，用三个手指拧开上面的这个小盖子；第二步，把瓶子倒过来挤，哪里脏就挤在哪里，用完再拧上盖子就可以了。

小玉不光展示了使用工具的劳动技能，讲解起来也是有条有理。

安安：牙签太细了，非常浪费时间！小牙刷很快，刷得也很干净。

可以看出，在刷梳子的过程中，幼儿动手又动脑。他们通过亲身体验，能够选择适宜的劳动工具。

同时，幼儿的小肌肉发展水平各不相同，他们面对使用难度较大的劳动工具，会有自己的使用方法。哲哲因力量不足，洗涤液喷不出，但他借用洗手台作为支撑来固定喷壶，这样拇指按压就轻松多了！劳动本身是一项劳心劳力的活动，在使用喷壶等工具时，幼儿思维的参与让他们更好地使用工具，从而完成劳动任务。

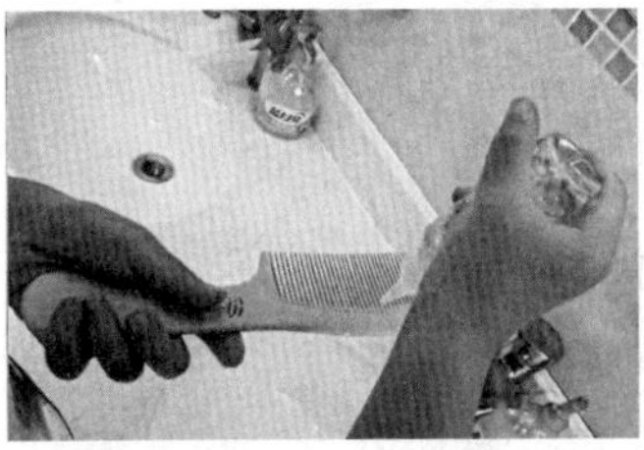
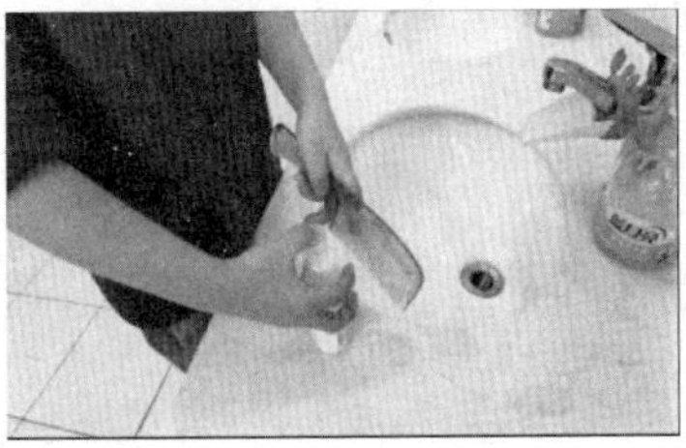

使用小贴士

◎各种工具按照种类有序摆放。

◎按时清洁清洗工具。

可以看出，大班幼儿的好奇心强，在自理劳动中，很多有趣的现象都会引起他们的讨论和思考，引导他们往更深层次进行探究。他们不单单是在解决问题，更是在互动的过程中收获了经验，对事物有了进一步的认知。可以看出，在探究如何清洁梳子的过程中，幼儿有了思维的参与，他们通过亲身体验，能够选择适宜的劳动工具，也会不断尝试使用难度较大的劳动工具。

2. 整理劳动工具箱

在一日生活中，餐后、睡后、便后，幼儿都需要进行整理。为了做好这些整理劳动，教师和幼儿一起寻找、搜集了许多工具。考虑到进餐的桌子是分散地摆放在活动室的不同区域，午睡时每个幼儿也都有固定的小床，这些材料也需要放置到工具箱里面或是固定的位置，以便整齐收纳、随时取用。生活自理劳动中常用的整理工具包括：餐后整理工具箱，睡后整理工具箱、梳妆盒，便后整理工具箱。

（1）餐后整理工具箱

幼儿每天在幼儿园要吃两餐两点，餐后整理用到的工具可不少。其中抹布、洗洁精可以放置在盥洗室的一个固定容器内，小笤帚、小簸箕和小拖把可以悬挂在墙面的粘钩上。

除了必要的工具，餐后整理工具箱里还可以放哪些材料？这些材料是怎么来的？根据生活经验，通过交流和教师的引导，幼儿有了很多发现，萌生了不少创意。

乐乐：桌子上有油的时候要用洗洁精擦，在家里妈妈就用洗洁精刷碗。

果果：也可以用84擦桌子。

小宝：那可不行，84是消毒液，我妈妈说小朋友不能用。

浩浩：我见过妈妈用白醋清洗马桶，妈妈说网上还有自己制作清洁剂的。

看到孩子们对自己制作清洁剂有浓厚的兴趣，老师鼓励孩子们尝试一下。孩子们积极地行动起来，回家向爸爸妈妈请教、上网查资料、搜集材料……他们尝试用白醋、橘子皮、小苏打和水自制天然清洁剂，还将日常清洗用的洗洁精加水进行了稀释。看到自己制作的清洁剂真的能清除桌子上的油渍，孩子们开心不已，在制作中感受着劳力又劳心的快乐。

使用小贴士

◎做好标记。鼓励幼儿将各种工具箱做好标记，使用时避免混淆。

◎注意卫生。工具箱及其中的工具使用后要清洗干净再放回原处。

（2）睡后整理工具箱

这个工具箱主要用来在午睡起床后清洁小床和床下的卫生。可以设置在寝室门口的角落里，材料包括扫床专用的软毛的小笤帚、清扫栏杆缝隙的小刷子和簸箕，擦拭小床栏杆的小抹布以及清洁小床下面的专用伸缩小拖把等。

材料名称	材质	规格
笤帚和簸箕	塑胶	62.6cm × 16.6cm × 23cm 66.5cm × 23cm
伸缩小拖把	不锈钢＋雪尼龙	杆长：55cm~100cm 把头：16cm × 16cm
抹布	织物	
软毛刷	木质＋猪鬃软毛	5cm × 17cm × 31cm
细长刷子	钢丝＋尼龙丝	1cm × 21cm

使用小贴士

◎睡后整理时，引导幼儿注意清理的顺序，可先把被褥折叠或卷起，再打扫床下和床体的卫生，最后清扫整理枕头、床单和被子。

◎伸缩拖把上的拖布用完后应及时清洗干净，并于固定时间放在阳光下暴晒消毒。

（3）梳妆盒

随着年龄的增长，幼儿开始对美有了强烈的渴望和追求，尤其是大班的女孩子，对自己的衣着、发型产生了浓厚的兴趣，主动整理的意识也越来越强。梳妆盒这一工具箱，可以用多层的桌面旋转盒、九宫格收纳盒来收纳幼儿的梳子、皮筋、发卡等物品，为幼儿整理头发、梳小辫提供环境和工具材料的支持。

使用小贴士

◎做好小标记。提醒幼儿在收纳袋或小梳子上做好标记，方便取放自己的梳子。

◎定期清理卫生。收纳袋、收纳盒、梳子、各种皮筋都要定期清理。收纳袋可以刷洗，特别是每个分格中的角落位置，很容易隐藏小的脏物，可以用细小的毛刷进行清理；收纳盒可以用抹布擦拭；梳子和各种皮筋也要定期清洗，保证卫生。

（4）便后整理工具箱

这一工具箱主要用来在便后清洁便池内外和周围地面的卫生，可以粘贴在男孩、女孩小便池旁的墙面上，放置的材料包括专用抹布、小号橡胶手套、轻便的硅胶马桶刷、清理厕所的专用小拖把（可以单独悬挂在墙面上）等。

使用小贴士

◎各种工具专门使用，避免与其他工具混淆。

◎按时清洁各种工具。各种工具用完后，要及时清理干净再放回原处，还要提醒幼儿每周定期将抹布、拖把、马桶刷等工具放在太阳下暴晒消毒，避免细菌滋生。

3. 餐饮劳动餐具箱

餐饮劳动工具箱主要是针对幼儿进餐和进行简单的餐饮制作而专门设立的工具箱，能够为幼儿的餐饮劳动提供许多的方便，也能为他们的劳动探究增加内容。

（1）用餐工具箱

主要用来盛放幼儿的分餐工具，有捞面漏勺、公勺、盛放分餐工具的小盘子，还有筷子、夹子、汤勺等进餐用具。这些被清洗干净、消完毒的餐具会在进餐前半小时送到班上。建立进餐工具箱，可以更安全、更卫生地管理好进餐用具，同时也为值日生提供极大的便利，方便幼儿管理。

随着自理劳动区的推进，自助餐用到的夹子、勺子、汤勺等琐碎的工具需要进行安全卫生的管理。负责生活区的几个小伙伴，每次都会把食堂阿姨送来的干净餐具放到橱子里的托盘中。

有一天，值日生发现了一个问题：每次饭前准备餐具的时候，它们全部混在一起，找起来很麻烦。于是他们就把这个想法和老师进行了沟通。为了解决这个问题，他们冥思苦想，老师还和他们一起上网搜集了很多公共餐厅进餐的图片和视频，希望能从中获得一些解决问题的灵感。

老师针对这个问题，专门和家长进行了沟通，鼓励他们和孩子一起在生活中寻找解决的办法。当孩子和爸爸妈妈一起外出就餐时，他们会先看看外面餐厅里的餐具是怎么管理的。经过一周左右的探讨，有个叫丁丁的小男孩，在一个自助餐馆发现了一种管理餐具的好办法。自助餐馆放餐具的地方有很多小篮子，每一个小篮子都会放一种餐具，上面还有照片，你想用什么餐具，一下子就可以找到。其实这就是找一个合适的收纳工具把进餐用具分类摆放，这样凌乱的工具就会变得整洁有序。

还有的爸爸妈妈专门带孩子去了商场，在那里他们发现了很多盛放餐具的抽屉。这些抽屉里有大小不一的分类格，餐具摆放在里面很整齐，也很美观。通过家园共育，老师和孩子们不断探讨，最后一起从网上购买了各种大小、型号不同的分类隔断。把购买来的分类隔断放在托盘中，这样就像是给餐具们找到了一个个属于自己的家。孩子们按照夹子、公勺、捞面漏勺、残渣盘的大小，把它们整齐地放到分类隔断中。等这些餐具消完毒后，孩子们就把这些进餐工具安全地管理好。

（2）冲泡工具箱

生活区中投放了各种水果干、茶叶、茶壶、茶杯等可以配制饮品的材料和工具后，幼儿兴致勃勃，都喜欢喝自己泡制的饮品。材料种类丰富，如何收纳才能更方便取放成了幼儿讨论的话题。有的孩子说可以把茶壶、茶杯放到托盘里，就和家里一样，托盘端着很方便；有的孩子说见过咖啡厅里有专门放咖啡的分隔盒，能放好多东西，取的时候也很方便。有了幼儿和教师一起搜集的茶包收纳盒、抹布等工具，幼儿能更便捷地冲泡自己喜欢喝的饮品，感受着动手的快乐。

使用小贴士

◎轻拿轻放。幼儿使用茶壶、茶杯时，提醒幼儿轻拿轻放。

◎使用茶壶、茶杯后要及时清洗，茶杯要放到消毒柜高温消毒。

◎可以为幼儿提供小包装的茶包和罐装茶叶，幼儿可自由选择材料冲泡饮品。用完的茶包要及时收到桌面的小垃圾桶中，清理卫生。

（3）烘焙工具盒

幼儿园的美食坊深受幼儿喜爱，在园和同伴一起动手制作美食是他们最开心的事情之一。这么多的工具该怎么收纳呢？幼儿想到可将其分类摆放在收纳盒里。比如班里有从商场购买的塑胶分类盒，可将大小相同的饼干模具放到一起，西餐刀和西餐叉放到一起，擀面杖和专用小毛巾分别放置一格，这样摆放易于清洗，比较卫生，又方便取放。幼儿还想到了把单个的饼干模具放置到收纳盒中，既方便取放，又讲卫生。幼儿在“观察＋实操＋思考”的过程中获得最直接的学习体验，体会着劳动的乐趣。

使用小贴士

◎有序摆放各种工具。工具盒里工具较多，在整理和摆放的时候，可以按照工具的种类划分区域进行，帽子和围裙要折叠好再放到收纳盒中。

◎铺上保鲜膜更卫生。制作饼干前，提醒幼儿将保鲜膜铺到操作台上。

◎按时清洁各种工具。制作完饼干后，要把擀面杖、模具、西餐刀等各种工具清洗干净。模具、西餐刀、西餐叉要定期送到消毒柜高温消毒，帽子、围裙、抹布要定期清洗，在阳光下暴晒消毒。

4. 修补工具箱

在一日生活中，图画书有破损了需要修补，有时候也会出现某位幼儿衣服上的扣子掉落等现象。为了解决这些问题，教师可以和幼儿一起搜集各种修补图书的工具和缝补工具，共同打造班级的修补工具箱，为幼儿在修补劳动中探究、尝试提供有效的支持。

（1）图书修补箱

图书修补工具箱中，主要有小剪刀、小透明胶、大透明胶和双面胶等，一般放置在图书区橱柜上。有了这些工具的支持，幼儿能够更加主动地去整理、修补图书。图画书修补需要幼儿相互合作，修补图画书既发展了动手能力，也提升了合作意识，让幼儿更加爱惜图书、关心生活的环境。

使用小贴士

◎在修补的过程中，提醒幼儿注意要安全使用剪刀。

◎及时更新透明胶、双面胶等材料。

（2）巧手针线盒

在幼儿园里，有时候幼儿衣物上的扣子或其他小零件会有脱落的现象。大班的幼儿大多会自己缝补，可以设置巧手针线盒，来应对不时之需。这一工具箱可以分类放置修补衣服的工具，如小剪刀、黑白等常用颜色的线团、针、曲别针、小夹子、碎布头等。有了这些修补衣服用的工具，大班的幼儿可以尝试用“一”字和“十”字的方法钉双眼和四眼纽扣，培养他们耐心细致的品质，感受自我服务的快乐。

使用小贴士

◎注意安全。幼儿在修补的过程中，要提醒幼儿注意安全，时刻关注幼儿的情况。

◎修补衣物的工具箱建议在大班投放。

在上述案例中，我们可以看到工具箱的使用对幼儿自理劳动的推动作用。不同类型工具箱的设置，首先为幼儿开展生活自理劳动提供了支持性的环境，让他们在劳动中了解、掌握各种工具的使用方法，不断提升劳动能力。同时，幼儿也在和教师一起谈论工具箱的配置、一起寻找和改进其中的工具材料的过程中，发现劳动创造的意义，体验劳动创造美好生活的价值。这些一点点积累起来的了不起的收获，让劳动工具箱真正成为助推幼儿自理劳动发展的百宝箱。

三、赋予劳动角色、承担自理劳动责任的契机

苏霍姆林斯基说：“人的内心里有一种根深蒂固的需要——总感觉自己是发现者、研究者、探寻者。在儿童的精神世界中，这种需求特别强烈。”有了角色，就意味着有了一定的劳动责任。因此，给幼儿在自理劳动中发现与探究的空间，让他们体验自理劳动中的趣味，感受自己参与劳动的自豪感和成就感，在亲身体验、同伴学习的过程中培养幼儿独立做事的责任感，让幼儿有自己的想法，成为自己的主人。

劳动责任的培养不是一朝一夕之事，而是幼儿园三年生活的长程衔接，我们要给予幼儿什么样的承担劳动责任的契机？根据幼儿能力水平和社会性发展的情况，不同年龄段也会有不同的侧重点。

（一）小班——自己的事情自己做

《指南》指出：教师要让小班幼儿做一些自己能做的事情，尝试着让他们承担一些小的任务。幼儿劳动教育是幼儿成长中重要且不可缺少的一环，幼儿要从小养成正确的劳动意识与习惯，让劳动伴随幼儿的每个发展阶段。对于小班幼儿，都有哪些承担自理劳动责任的契机呢？

小班阶段是幼儿生活自理能力提高的重要阶段，幼儿从家庭走向幼儿园，独立面对集体生活，吃喝拉撒都要由自己来完成。为了帮助幼儿做好这一阶段的过渡，结合幼儿园一日生活的八大环节，教师注重为他们创设生活自理的机会，帮助幼儿树立“自己的事情自己做”的意识。

例如，家长每天将幼儿送到幼儿园的门口，幼儿自己接受大夫的晨检，然后自己走进活动室，自己取餐，自己进餐，自己喝水，自己如厕，自己入睡……从一日生活环节中让幼儿感受独立的重要性。教师在为幼儿创设生活自理时机的同时，要进一步观察幼儿随后的表现，结合游戏、鼓励、引导、家园联动等一些有效的生活自理能力指导策略和方法，及时帮助幼儿提高生活自理能力，使他们能够获得体验的机会、生长的可能，让他们从心理上感受“自己的事情自己做”的自豪，从而在心中树立正确的劳动意识，赋予自己劳动的责任感。

（二）中班——小小值日生

《纲要》指出：要让孩子具备健康的生活卫生习惯及基本的生活处理能力。幼儿园值日生小任务属于幼儿生活自理能力比较重要的一部分，有其独特的实施价值和意义，它能有效地培养孩子的责任感和为他人、为集体服务的良好意识以及良好的劳动习惯。中班幼儿经过小班一年生活自理能力的培养和巩固，到了中班之后，会开始萌发为他人服务的意识，自己能独立承担为他人服务的任务，值日生的活动也深深地吸引着幼儿积极参与。

比如，教师和幼儿一起讨论什么是值日生，让幼儿了解值日生的任务，自己如何

做好值日生。接下来和幼儿一起讨论如何制作值日生牌子，并合作设计牌子，一起制订值日生公约：

① 值日生早上需要提前来幼儿园，自己选择当天的小任务，并及时完成。

② 值日生需要佩戴值日生牌。

③ 值日生要热情并有礼貌。

④ 值日生要认真、坚持完成自己的任务。

教师鼓励幼儿用前书写、图画、符号、照片等自己喜欢的方式将公约贴画出来，不断完善小小值日生的活动。同时结合值日生评价活动，共同讨论、评价他人。鼓励幼儿发表自己做值日生时的感受，如“我感觉很骄傲，觉得自己特别能干”“我觉得自己成了中班的哥哥姐姐”等。也可以针对其他幼儿做值日生时的表现，发表自己的看法，如“我觉得佳佳做的值日生特别棒，因为她在做值日生时总是第一个来幼儿园”“我觉得笑笑做得好，因为每次她都会认真地帮助小朋友收玩具”等。让幼儿在交谈、总结中进一步提升对做值日生的自豪和成就感，从而潜移默化地培养幼儿积极的劳动态度，树立对集体的责任感以及主人翁意识。

（三）大班——劳动责任区

随着幼儿年龄的增长，自主意识渐渐萌芽，大班幼儿开始喜欢“自主选择”。在这一阶段，培养幼儿的劳动意识以及劳动技能，需注意尊重幼儿的自主意愿，对于任何劳动内容，都要给予幼儿自主选择权，而不是指令式地要求幼儿做什么。我们尊重幼儿的主体性，让幼儿参与讨论每日的劳动内容，让他们成为班级的劳动小当家。

对于大班的幼儿来说，单纯的值日生劳动，不管是从形式还是具体的任务内容来说，已经不能满足他们的自理劳动水平。幼儿已经自主承担了值日生需负责的内容之外的许多自理劳动任务，比如，每天照顾花草、打扫寝室、整理区域材料、清理区域卫生，从单纯地完成任务过渡到管理每个区域的物品。结合大班幼儿的年龄特点，以及自理劳动能力的发展状况，赋予幼儿管理者的身份，让他们像成人一样去负责一项劳动任务，这样能够更有效地激发他们劳动的积极性。

【案例】

暖心小当家

表演区是比较受欢迎的一个区域，不管是男生还是女生，他们享受自主表演的快乐，以及把自己装扮成不同角色的体验过程。但是由于表演区的衣服各式各样，道具比较琐碎，所以每次的整理收纳成了一大难题。经常会有一条丝巾散落在地上，头饰、道具摆放得乱七八糟。

闪闪和嘉怡发现这个现象之后，每次不管是不是自己参与了这个区域的表演，都会主动去整理、收纳，直到把这个区域收拾得干净整洁。我很好奇她们的做法，于是在分享环节，请她们两个和大家分享为什么这样做。

老师：你们两个今天玩的什么区域？

嘉怡：我在美工区做了自己喜欢的太空泥作品。

闪闪：我和范筱棠一起下棋了。

老师：那你们为什么要整理表演区呢？

嘉怡：我觉得表演区太乱了，他们没有整理好，我就想帮助他们一下。

闪闪：如果其他的区域乱了，我也想去整理一下。

老师：你们真是太有爱心了，也很有责任心，想为班级服务。大家都来说一说，她们两个人做得怎么样？

田田：他们就像小管理员一样管理表演区，防止东西放乱了。

艺麟：我们都应该向她们俩学习，她们这样做也是很有爱心的。

老师：如果每个人都这样做，都有小主人的意识，那我们的班级就会被管理得很好。

闪闪和嘉怡的做法带动了班里的很多小朋友，他们都开始发挥小当家的作用，去关心、爱护、管理班里的物品。看到没有被放回原处的物品会及时进行整理，图书放错了地方会立刻进行调整。

既然幼儿的心中已经出现了这样的管理意识萌芽，教师就要结合幼儿的能力以及特点，助推他们向更高一层的自理劳动发展。

1. 自理劳动责任区

什么是自理劳动责任区？我们和孩子们展开了充分的讨论。

老师：孩子们，你们觉得什么是劳动责任区？

艺麟：责任区就是我们负责的一个区域。

嘉怡：责任区就是要管理这个区，比如我们的表演区，里面的衣服和道具常常会很乱，我和闪闪经常去整理，这就是我们俩的责任区。

老师：责任区就是管理好一个区域。

田田：责任区就是每天都得去整理它，不能让它乱了。要是乱了，就得提醒其他小朋友，必须物归原处。

闪闪：在美工区，很多小朋友用完了装饰材料，都不能把它们缠好放好，每次我都要重新整理一下，有时候韦文萱会来帮助我，我们俩这就是在管理美工区。

老师：不仅要管理区域，还要管理小朋友，提醒大家一起做到物归原处，大家共同维护我们的区域，是吗？

在讨论的过程中，幼儿对“责任”这个词的理解没有偏离中心，他们还用了举例子的方法，具体说出了责任区的管理办法。有的孩子还表达出了双层意思——不仅是对区域里的物品负责，同时还要管理区域里的人。幼儿有了这个概念之后，我们对怎样划分责任区展开了进一步的讨论。

【案例】

整理跳绳的秘诀

升入大班，跳绳成为经常进行的户外锻炼活动。活动结束后整理跳绳时，时常会出现这样的情景——整理很久还整理不好；在队伍里边走边整理跳绳；绳子散开了负责整理的小朋友便开始拖拖拉拉……怎样才能又快又好地整理跳绳呢？

老师首先通过"问题大搜集"，让孩子们说一说自己的跳绳是什么样子的，整理跳绳时，自己感觉最大的困难是什么。

通过"你有问题我来帮"的方式，请孩子们相互交流整理跳绳的多种办法。在交流中，孩子们的观察点都聚焦在手部的动作技能上。在收绳头的环节中，他们分别用到了缠绕、握、穿、压、拉、转、套、塞等各种不同的手部精细动作。观察和练习的过程提升了孩子们手部精细动作的能力，在讨论的过程中，他们说明性语言表达的能力也同步提升了。

总结出5种不同的整理方法，孩子们都想来试一试。于是老师和孩子们约定，利用餐后的生活活动时间去尝试，练习一天后，选择一种自己认为最方便、最快的整理方法并进行组队，分成5队进行比赛，看看哪一组整理得又快又牢固。整理跳绳是一个比较单一的整理活动，通过设置比赛的方式，让孩子们在获得各种不同方法的新鲜感中，更多了一份想要挑战、想赢的欲望。练习与技能提升的时间有效集中，促动孩子们更快更好地学会整理。

通过对练习前后孩子们整理跳绳动作技能的观察，老师发现，整理方法是其中一个方面，另一个不可或缺的方面是手部精细动作的发展能力。孩子的动作发展存在个体差异。针对精细动作能力发展较弱的孩子，老师在生活区投放了"缠线"活动。"缠线"活动的动作技能类似整理跳绳，主要是缠绕，但因为毛线较细、较软，线筒也比跳绳的两个手柄更容易握住，对孩子来说降低了难度。"缠线"活动为孩子学会整理跳绳提供了一个很好的跳板。经过一段时间的练习，孩子们整理跳绳已经轻而易举了。

通过这个案例可以看出，如何采用有效的形式和方法推动幼儿劳动技能的发展，给幼儿一个承担自理劳动责任的契机，帮助幼儿体验自理劳动成功的喜悦是非常重要的，我们也将在实践中不断探究这方面的教育策略。

2. 怎样划分劳动责任区

老师：孩子们，我们怎样来划分我们的责任区呢？只有划分好了责任区，每个区域都有人来管理，我们的班级才会保持整洁。

妙妙：一个人负责管理一个区域，按照区域来划分。

田田：我也同意这样的划分办法，这样能清楚地知道自己管理哪个地方。

佳佳：可是我们外墙面的玩具好大呀，我觉得一个人管理不了，必须大家都来管理才行。

老师：你们还有其他的想法吗?

小路：我觉得我们可以自由组合，几个人一起管理一个区域或者几个区域，然后就像值日生一样定期轮换。

老师：自由组合，定期轮换，合作管理，这些想法都不错。

经过大家的商议，幼儿还是觉得按照区域划分比较合理，这样管理范围比较清晰，职责会更加明确。几个小伙伴可以自由组合，合作管理会比较轻松。责任区划分经过两轮的讨论之后，他们开始自由组合选择管理的区域。结合室内和走廊的活动场地，一共划分出了 11 个责任区。

3. 怎样管理责任区

划分好责任区之后，幼儿开始陆续管理起了自己的责任区。一开始，幼儿像值日生一样每天选择区域，然后第二天轮换；一段时间之后，幼儿觉得这样的管理太零碎——同一个区域，还没有好好地管理一段时间就需要换人，对于一些出现的问题，还没有找到解决的办法，管理就结束了。结合这一现象，教师和幼儿讨论解决办法，最后决定，每个责任区最短可以管理一周，这样一些出现的问题可以有充分的时间来解决。

开始施行班级责任区之后，每个区域的管理员都发现了很多问题。有的管理员在指导同伴的时候，还出现了一些争执的现象。结合教师的观察和管理员的反映，我们在分享的环节专门拍摄了区域现场出现问题时的照片，让大家一起观察，一起寻找问题，一起思考解决的办法。这种现身说法的策略收到了很好的效果，幼儿开始不断修正自己的一些行为，慢慢地开始接受责任区管理员的指导。

作为责任区的管理员，有的时候会忘记自己的职责，把自己的责任区抛之脑后。作为教师，会每隔两三天和这些管理员凑在一起聊聊天，问问他们最近又出现了哪些新问题，作为责任区管理员有什么困惑。他们提出，经常会忘记自己的一些职责，有的时候也会不知道该干什么。为了鼓励幼儿坚持下去，更加明晰自己的职责，教师鼓励幼儿一起制定责任区的职责，同时鼓励他们用前书写表述这些职责，这样会及时提醒自己需要怎样管理，知道每天的职责。

表 3-2　各责任区职责表

责任区范围	主要职责
美工区	1. 清洁桌面颜料。 2. 整理颜料。 3. 检查装饰材料是否归位。 4. 指导同伴摆放作品
益智区	1. 检查材料是否对应摆放。 2. 监督同伴是否将材料物归回原处。 3. 清洁材料。 4. 更换修补材料。 5. 在老师的帮助下更换材料
棋类区	1. 每天检查各类棋子是否归位摆放。 2. 每天监督同伴是否爱护棋子。 3. 定期清洗、擦拭棋子材料
植物角	1. 每天修剪花草。 2. 每天给花草浇水。 3. 根据季节和主题定期进行水培、土培植物的种植
表演区	1. 每天监督表演区的同伴是否将物品归位放好。 2. 指导表演区同伴认真摆放物品。 3. 再一次整理表演区凌乱的地方。 4. 及时维修破损的表演道具
图书区	1. 每天检查图书摆放得是否正确。 2. 每天清点图书的数量。 3. 监督伙伴取书、放书时是否能摆放整齐。 4. 及时修补破损图书。 5. 每天擦拭书橱
建构区	1. 每天检查区域中的积木是否物归原处。 2. 监督伙伴是否按照积木类型进行摆放归位。 3. 定期清洁积木。 4. 随时给新增加的积木制作标记
墙面插塑区	1. 定期清洗玩具。 2. 每天检查各类积木是否按标记摆放到玩具盒中。 3. 监督同伴是否爱护玩具。 4. 监督同伴收玩具的时候是否耐心地按照类型物归原处
寝室	1. 每天清理床底的灰尘。 2. 每天擦拭床护栏。 3. 每天清扫床面。 4. 每天检查同伴是否把被子叠整齐。 5. 针对不整齐的床铺进行整理
洗手台	1. 监督同伴是否认真洗手。 2. 监督同伴是否能擦干手。 3. 每次洗完手，能用工具将洗手台的水擦拭干净。 4. 及时往洗手工具箱内增添毛巾
盥洗间	1. 检查各种工具箱摆放得是否整齐。 2. 监督同伴如厕后是否能冲洗厕所。 3. 及时清洁盥洗室的地面，保持干燥

幼儿有了责任，就增添了劳动的动力。他们在责任区整理积木、擦拭托盘、收拾垃圾、清洗玩具……经常会出现你追我赶、热火朝天的劳动场面。每一个幼儿都是劳动小能手，每一次劳动都能让他们体验到劳动的快乐与职责担当。

班级有了责任区的划分，有责任区管理员的存在，幼儿整个活动的环境和氛围变得更加自主，几乎都是幼儿自己动手在做，教师在一旁欣喜且静静地欣赏着这些勤劳的小小劳动家。每当他们遇到困难的时候，教师及时地支持、帮助、鼓励他们，助推他们完成更高一层的自理劳动目标，帮助他们收获良好的生活习惯，从小树立精致生活的意识。

第四章

实施生活自理劳动教育的策略

他们竭尽全力唤起孩子们对于日常的家庭生活产生纯洁的感情，但他们并不仅仅采用空洞的话语和说教，而是一方面使孩子们习惯于永不间断的劳作，一方面不断启发他们产生一种兴奋的、自由的、开朗的和充满爱的思想。这一切还要与攫住他们心灵的、在他们心里唤起高尚和纯洁的感觉及可以生动地保留下去的事件联系起来。

——裴斯泰洛齐

幼儿生活自理劳动教育，有助于提高幼儿的生活自理能力，丰富幼儿的劳动知识和劳动经验，培育他们热爱劳动、勇于承担责任的情感态度，让他们在劳动的过程中不断激发探究的兴趣、创造的动力，提升解决问题的能力，对其一生产生深远的影响。现阶段，大部分幼儿因家长的包办代替，生活自理劳动意识欠缺，生活自理能力差，依赖性强。而学前期是幼儿生活自理能力与习惯养成的关键时期，作为幼儿教师，能否抓住这个关键阶段，针对幼儿的年龄特点与生活自理现状，有的放矢地开展生活自理劳动教育，既是幼儿生活自理能力养成与否的关键，也关系着幼儿能否健康成长和得到全面发展。在幼儿园，教师可以结合幼儿的年龄特点、发展特点，通过各种行之有效的教育策略，开展生活自理劳动教育，帮助幼儿在自理劳动习惯、知识、能力、情感等方面得到全面的提升和发展。

一、环境示意，引导幼儿在潜移默化中不断获取劳动知识

《纲要》指出："幼儿园应为幼儿提供健康、丰富的生活和活动环境，满足他们多方面发展的需要，使他们在快乐的童年活动中获得有益于身心发展的经验。"心理学研究表明，环境能对人产生暗示和诱导，进而影响人的行为，对于以直觉行动思维和具体形象思维为主的幼儿而言，更是如此。因此，需要在真实的情境中，在高质量的教育环境中，从物质和精神两个层面为幼儿提供足够的支持，才能更加行之有效地激发幼儿劳动的热情，让他们积极地参与其中，获得更直接的体验，促进自理劳动能力的发展。

（一）图示引导法

幼儿年龄小，劳动习惯的养成和劳动技能的提高，需要经常反复的练习。怎样才能帮助幼儿反复练习那些流程较为复杂的劳动技能呢？根据幼儿的年龄特点，采用照片或绘画的图示方式，将劳动方法或步骤点点分解、具体呈现，用一连串的图示引导他们进行劳动实践或练习，能帮助他们更好地完成自理劳动，如：叠外套的方法，将幼儿实际操作的照片张贴在叠衣区，帮助他们日日练习、熟练掌握；七步洗手法中搓泡泡的步骤图，张贴在洗手池的上方，幼儿边看边搓洗，保证把小手搓

得彻底，洗得干净。

根据幼儿年龄特点，小班幼儿多以照片的形式呈现劳动步骤，中、大班则开始使用图示、符号等方法进行呈现，可由幼儿参与绘制，也可渗透对应的文字。

（二）材料暗示法

在诸多的自理劳动中，有许多劳动需要幼儿借助劳动工具和辅助材料等进行和完成。提供适合幼儿操作使用的劳动工具和材料，是保证幼儿劳动的前提条件，也是激发幼儿劳动愿望的根本条件。在幼儿生活、游戏的环境中，投放适合幼儿使用、可爱美观的劳动工具、器皿、材料，就是给予幼儿劳动的机会和可能，幼儿会更加自主自愿地参与到自理劳动中，如：在直饮机出水口的下方贴朵漂亮的小花，暗示小班的孩子在接水时将水杯放到小花上面，保证水不流到水杯外面；在美工区投放卡通小垃圾桶、可爱便携的清扫工具；在图书区投放幼儿剪刀、胶带；在娃娃家投放镜子、梳子……这些都会激发幼儿使用工具进行清洁、修补、整理等劳动的愿望。在潜移默化的环境中，他们自主、自然地参与劳动，收获劳动的技能，体验劳动的快乐。

【案例】

垃圾进圈圈

中一班的小值日生现在已经开始学习扫地了。一开始，小值日生拿着老师用心准备的小扫帚，一会儿扫扫这里，一会儿扫扫那里，扫了半天，垃圾还是到处都是。

细心的任老师发现，孩子们面对偌大的活动室，是不知道垃圾该怎样集中的。另外，对于小手怎样握扫帚，怎样将垃圾往前扫，最终扫到一个地方，孩子们也是缺乏劳动经验的。

于是，在引导幼儿通过观察、模仿、讨论，进而掌握“扫”这一技能的同时，任老师还把生活区分成几个小的区域，每个区域的中心都贴了一个即时贴做的圆圈，提醒孩子们可以把这个区域的垃圾扫到圆圈里，再一一用簸箕收起来。

几周过去了，孩子们虽然扫得并不快，也没有那么彻底，但他们很乐意去尝试。大家通过一番努力，最终把垃圾聚拢到圆圈中，他们经常要老师过来“欣赏”一下，然后心满意足地听听老师的表扬。

（思考：在这个案例中，尺寸合适的小扫帚让幼儿易于抓握和使用，教师具体细致的动作技能指导让幼儿扫地时更加得心应手，圆圈标志的设置分解了劳动步骤，降低了难度，让幼儿可以先完成分区清扫、集中垃圾的任务，再完成将垃圾扫进簸箕的任务。适宜的工具、有效的指导，让扫地这一劳动对幼儿来说不再是一项难以完成的任务，从而让幼儿在参与的过程中更好地体验完成劳动任务的快乐，不断积累积极的劳动情感。）

（三）表征提升法

幼儿劳动能力的提升是一个日积月累、由外在模仿逐渐过渡到内在习得的过程。当幼儿尝试探索出不同的劳动技能和方法后，如何做能促进他们自身劳动能力的稳定提升呢？前书写的方式让幼儿充分进行自主的表征表达并呈现在环境中，既能引导他们记录下自己的想法、做法，又能帮助他们客观审视不同的劳动方法，同时也有助于幼儿将劳动中或劳动后的情绪情感进行表达和再现，从而达到能力、认知、表达上的多重提升。

在大班的劳动案例《巧叠被子“变”奏曲》中，幼儿通过探究，发现了叠被筒的七种方法，还把这些方法用自己喜闻乐见的方式进行了命名：“拧麻花”“翻翻乐”“躲猫猫”“悟空翻跟斗”“小蛋筒”“千层饼”“小鱼翻身”。在幼儿探索出叠被子的方法后，教师鼓励他们用图画或符号的方式记录下不同的叠法。借助这些具体形象的表征记录，幼儿能够在实践之后的交流、分享中获得更多的经验。

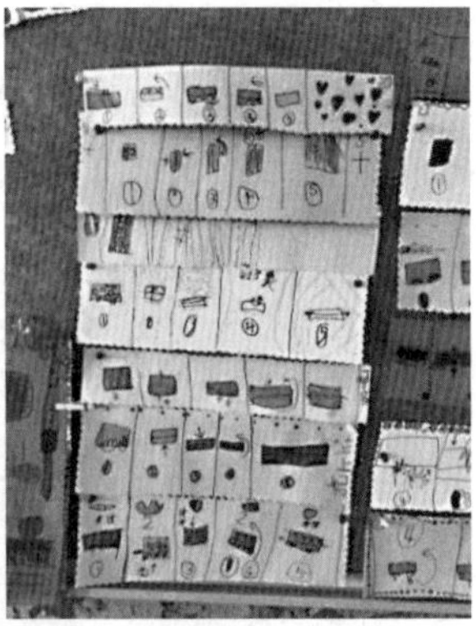

幼儿的表征记录，可以在劳动实践之后，也可在劳动实践之前。两者融合使用，能更好地发挥表征记录的作用，让幼儿的自理劳动有更多的自我反思、实践、调整及提高的可能。

【案例】

缝扣子

1.“锅盖扣”怎么缝

“锅盖扣”是孩子们给单眼扣起的名字，因为它翻转之后的样子很像锅盖。

区域活动时，童童、涵涵和汉堡选择到生活区给小衣服缝锅盖扣。他们拿到针线后，都不约而同地用针穿过扣眼，然后准备往衣服上扎，结果扣子直接从线的尾端掉了下来。这可怎么办？

涵涵用针穿过扣眼，然后小心翼翼地拿针往衣服上扎，再慢慢地拽线，结果一翻衣服的时候，扣子又掉了下来，但是衣服挂在线上，没有掉下来。涵涵看了看，拿起掉落的扣子，把针穿过扣眼，然后用针上下缝起衣服来，但是扣眼只穿过了一根线，其他的线都缝在了布上。

童童则拿着扣子穿穿、掉掉，一直重复着同样的动作。

汉堡在第一次尝试时，扣子也掉落了，但接下来他没有急于尝试，而是看了看针线、纽扣和衣服，然后用针先穿过小衣服，再穿过扣眼，这次扣子挂在线上，没有掉。接着，汉堡把针穿过布，拽紧线，扣子也就卡在了衣服上面。之后，他上下穿过扣眼和布，又缝了三四次，把扣子缝到了衣服上。

（思考：幼儿有简单使用针线的经验，但是没有一点缝扣子的经验。当发现扣子从线的尾端掉落之后，每个孩子的表现是不同的，有的一再重复失败的过程，有的则能通过尝试、思考，发现问题所在，并成功将扣子固定在小衣服上。）

2.“锅盖扣”这样缝

区域活动分享时，汉堡和涵涵分别介绍各自缝扣子的方法。

汉堡先分享了自己用针依次、反复穿过布和扣眼的方法。

轮到涵涵介绍时，她笑了笑。

涵涵：我好像缝得有点不太对。

老师：那你可以说一下哪儿不对了，应该怎么缝吗？

涵涵：我也是把针穿过衣服后又穿过了扣眼，但是后来我光顾着缝衣服，忘记“缝”扣眼了。

老师：哦，扣子只用一条线穿着，一不小心就会从衣服上拽下来，太不结实了。那应该怎么缝呢？

涵涵：就是要每条线都穿过扣眼才行。

老师：那你下次再试一试，好吗？

涵涵：好。

分享结束之后，老师请汉堡和涵涵把自己缝扣子的方法用图画、符号的方式记录了下来，并投放到生活区，供其他小朋友缝扣子时观看学习。

（思考：幼儿自由尝试的经验出现了很大的差异，在分享环节中，成功幼儿的经验介绍，对于其他幼儿来说是非常及时的。通过分享，幼儿能了解缝扣子的方法，还能自主发现自己缝扣子时的问题所在。最后，教师请幼儿用图画表征记录缝制方法，为幼儿提供一个思维提升、表达的机会，同时为其他幼儿提供了缝“锅盖扣”的图示支架，一举两得。）

3. 两眼扣和四眼扣可以这样缝吗

幼儿有了缝“锅盖扣”的经验后，教师请幼儿猜想一下两眼扣和四眼扣的缝制方法，并鼓励他们将自己的想法用绘画的方式记录下来。然后，请他们根据自己的记录，到生活区选择不同的扣子进行实践验证。

琳琳选择的是两眼扣，她按照自己图纸上的方法，将线穿过同一个扣眼，缝上去又缝下来，结果已经穿到线上的扣子脱落下来。她又用同样的方法缝另一个扣眼，结果扣子同样脱落。

老师：琳琳，你的针穿上来的时候穿过一个扣眼，穿下去时候要穿哪个扣眼，才能把扣子固定到衣服上啊？

琳琳：另一个。

老师：你再试试，这次肯定能成功。琳琳马上重新缝起来，这一次，她从一个扣眼上针，从另一个下针，扣子牢牢地缝在了衣服上。

安家选择的是四眼扣，他的缝制办法是绕着扣眼和扣子边，呈放射状缝扣子。缝完后，他拿来给老师看。

安家：老师，我缝结实了，很结实。

老师：这个扣子缝得很结实，但是怎么扣到扣眼里呢？

安家：这可扣不进去。

安家：我这个扣子不是用来扣衣服的，就是这样在衣服上好看的。

老师：这样缝在衣服上做装饰挺好的，你缝扣子的方法很有创意哦。

安家：我再去缝一个能扣的扣子。

硕硕选择的也是四眼扣，他非常专注地拿着针上下缝，把四个扣眼在布上缝成一个“口”字。

在幼儿的实践尝试之后，他们又对自己的图纸进行了修正。随着幼儿实践的次数越来越多，扣子缝制图册上的方法越来越多，幼儿缝扣子的经验也越来越丰富。

（思考：有了一眼扣的缝制经验，以及实践前的猜测和图示记录，在两眼扣和四眼扣的缝制中，幼儿既有举一反三的表现，也有新问题的出现。但是，教师给予幼儿充分的肯定和鼓励，幼儿在实践中也能不断调整自己的想法并反复尝试，最终收获成功的体验。而在他们不断修正记录表征的过程中，他们的经验也得到了更好的巩固和提升。）

（四）“勋章”鼓励法

鼓励是教育幼儿的好方法，也是幼儿园教育中经常采用的手段。幼儿年龄小，认知水平不高，力气小，动作协调能力差，在做事的过程中，难免会出现一些失误。教师要善于发现幼儿的进步，在他们的每一次自理劳动中、每一个技能的学习、每一点能力的提升中，及时给予鼓励与肯定，帮助他们更积极地动手动脑，坚持自己的事情自己做，并逐步建立责任心。

各种“劳动小能手”“洗刷小达人”“整理高手”等活动的评选以及“劳动勋章”的颁发，会极大地促进幼儿劳动的积极性。如：幼儿学习七步洗手法后，班级进行“干净小小手”的评选活动，他们会更加认真地用七步洗手法洗手。而获奖之后的幼儿，内在主动性会更强，让洗干净小手这件事更加自主、自然。

为了使教师的鼓励、表扬物化可见，专门的劳动版面必不可少。教师可以根据不同的自理劳动内容，布置出适合幼儿年龄特点的“光荣榜”“星星墙”等。这些随时可见又美观醒目、充满正能量的小版面，散发着浓浓的鼓励支持、你追我赶的劳动氛围，激发着幼儿自理劳动的内驱力，让他们更加爱劳动。在实施过程中，教师也要注意根据幼儿的年龄特点采用适宜的方式进行鼓励，小班、中班以即时鼓励、单项劳动奖励为主，大班则可以采用“综合表彰”“累计奖励”“团队鼓励”等形式，以此激发幼儿自主劳动、合作劳动的自主性和积极性。

二、说做一体，帮助幼儿在日积月累中提高劳动技能

劳动教育，必不可少的首先就是幼儿穿衣服系扣子、端杯子接水、搬椅子等基本劳动技能的习得。斯皮罗认为学习可以分为初级学习和高级学习，基础性的、操作性的、程序性的劳动属于初级学习，需要我们基于对幼儿劳动技能的准确解读，通过说做一体的学习方式，引导幼儿通过相互的讨论、成人的示范和自己的尝试，

在日积月累中不断学习。

幼儿的劳动技能，特别是动作技能的习得，源于直接学习和模仿，更需要采用说做一体的方式，引导幼儿通过自身的不断尝试，不断提高动作的准确性，逐渐掌握需要的劳动技能，充分感受劳动的乐趣。

（一）循序渐进法

在幼儿自理劳动教育的路上，要遵循幼儿的成长规律，什么年龄做什么事，不同的阶段抓不同的重点。另外，在具体的能力训练上，练习难度也应由易到难、小步递进、缓慢升级。

在幼儿园的取餐环节中，根据幼儿的年龄特点，小班幼儿可以将劳动重点放在使用分菜勺、小夹子自取小菜和面食，汤菜类则请教师帮助盛取；中班就可以增加自主使用汤勺盛汤的活动；到了大班，幼儿可以尝试使用捞面漏勺盛面条。根据幼儿的年龄特点、发展水平，循序渐进地提高要求，从小班的半自主取餐到大班的全自助取餐，一步步引导幼儿尝试使用不同的公用餐具。纵观整个过程，小班、中班幼儿掌握的取餐技能是后面技能学习的基础，而大班幼儿的取餐水平则是前期不同难度餐具使用技能的不断累积和提升。这其中，根据幼儿理解能力的形象化的语言讲解、关键词语的渗透、劳动技能小儿歌的使用，都能起到事半功倍的效果。例如：在进餐点的生活自理劳动中，小班幼儿练习夹馒头，重在教师动作的示范和生动形象的语言讲解；中班幼儿自己盛汤，重在教师用语言提示做细节动作的引导，这里指导用语的准确、精练非常重要；大班幼儿学习捞面条，重在幼儿动作的探究，鼓励他们通过交流自己的好办法，促进语言表达能力的发展。

（二）趣味儿歌法

语言是动作的内化，动作是语言的外显。在自我服务劳动中，动作与语言的对应使用，有助于儿童技能的不断习得和熟练。通过趣味儿歌法，可以把多项劳动技能的动作进行分解，运用比喻、拟人等修辞手法，加以形象描述，按照动作的先后顺序，编成简洁有趣的儿歌，引导幼儿边说边做，在语言与动作的对应学习中，熟练并精确掌握多项生活自理劳动技能。比如：“打开小门，先放衣裳，围巾坐坐，帽子躺躺，整整齐齐，小门关上。”伴随着朗朗上口的儿歌，幼儿将衣物叠好，有序放进衣橱。这个过程，锻炼的是整理的技能，提升的是生活的品质，同步发展的是幼儿的语言表达能力。

【案例】

枕头枕巾好朋友

活动背景

随着小班宝宝动手能力的不断增强，他们开始尝试更多的自我服务内容。教师要追随孩子们的兴趣，紧跟孩子们的节奏，不断地鼓励他们大胆尝试、思考，在相互学习中掌握更多的劳动技能，不断提高自我服务的意识和能力。

活动经验

知道枕头和枕巾边对边、角对角摆放整齐的方法。

活动内容

1. 枕头和枕巾好朋友变成什么样了

午睡起床后，有的宝宝的枕头和枕巾比较整齐，有的宝宝的枕头歪了，有的宝宝的枕巾皱了，有的宝宝的枕巾离开了枕头，枕头和枕巾这对好朋友不再整齐。针对这一现象，老师和孩子们展开了讨论，孩子们也开始了思考、尝试之旅。

老师：宝宝们，小枕头和枕巾是一对好朋友，能帮我们舒舒服服地睡觉。现在午睡结束了，看一看你的枕头和枕巾好朋友变成什么样了？

家齐：不整齐了。

岁岁：不好看了。

暖暖：枕巾跑到一边去了。

家齐：枕巾和枕头都不是好朋友了，它们要去找别的朋友了。

格格：乱七八糟的了。

煜豪：乱乱的。

书婕：老师，我会整理好。

家齐：老师，我也会整理。

博南：我也会。

宝宝们积极地动手整理起来了。

2. 我们来整理

在整理的时候，很多宝宝直接把有点皱的枕巾捋一捋或拍一拍；有的宝宝捋完枕巾后，枕头没有放到床头中间，就不管了；有的宝宝先捏住枕巾的两个角，把它拉起来，再铺到枕头上，然后再捋一捋；有的宝宝先把枕巾抖一抖，再铺到枕头上……

（思考：随着自主游戏的深入开展，教师要给幼儿提供更多自我尝试、思考的机会。）

楠楠：老师你看，我是这样铺的。（楠楠一边说，一边用手捏着枕巾其中的两个角，然后铺到枕头上，再用小手铺铺平。）

博南：我也是这样铺的。

书捷：可是这样露着边了。

老师：露着哪个边了？

书捷：就是露着枕头的边了。

老师：楠楠真棒，自己想到了整理的好办法。可是楠楠整理完了还露着枕头的边，有些不整齐，谁有好办法来帮帮她？

（思考：幼儿想出整理枕头和枕巾的办法后，教师要及时表扬和鼓励该幼儿。教师一定要善于观察，发现在整理过程中大部分宝宝出现枕巾和枕头没对齐、露着边的情况后，教师要马上接话，鼓励大家一起来想办法。）

小柚子：我铺枕巾的时候是把这个边对齐的。

老师：把哪个边对齐？

小柚子：就是枕巾的这个边啊！（她一边说一边指。）

老师：和哪个边对齐？

小柚子：和枕头的边。

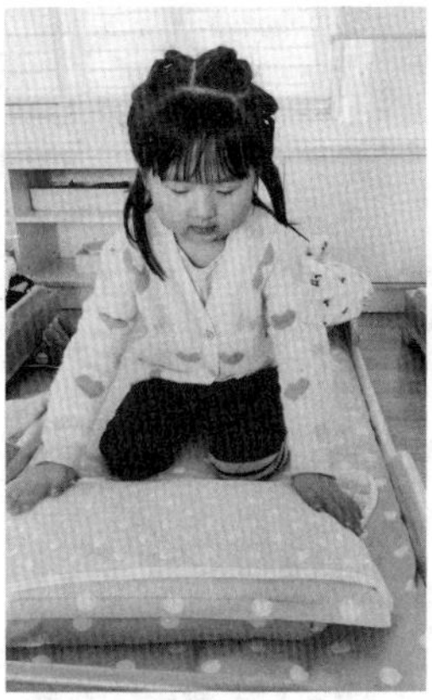

老师：哇，小柚子想到的办法真好！她把枕巾的一个边和枕头的一个边对齐了，这样边对边来整理就不会露边了，还更整齐呢！

（思考：到了小班下学期，宝宝们的语言表达能力逐渐增强，但有一些性格内向的宝宝还是不太愿意表达，这时候，教师还是要及时“递话”、追问并总结，帮助幼儿梳理经验。）

家齐：我先把枕头铺平（家齐一边说一边动手整理，然后他开始抖枕巾。）

老师：家齐，你为什么要把枕巾抖一抖？

家齐：这样就不会皱了，再铺上就好了。（家齐一边说一边铺。）

老师：家齐抖一抖枕巾这个办法真好，如果发现枕巾有褶皱了，就可以试一试抖一抖的办法。

暖暖：老师，我还有不一样的方法。我们可以边对边、角对角来整理。

老师：暖暖又有不一样的方法了，真棒，你来试试看吧！

暖暖抖一抖枕巾后，把枕巾的一个边和枕头的一个边对齐了，又把枕巾的一个角和枕头的一个角对齐了，然后捋一捋，把枕巾铺平了。

老师：宝宝们，暖暖是这样整理的——先把枕巾抖一抖，再把枕巾的一个边和枕头的一个边对齐了，又把枕巾的一个角和枕头的一个角对齐了，最后把枕巾捋一捋，铺平了。

枕头和枕巾，一对好朋友。

枕头枕头捋一捋，

枕巾枕巾抖一抖。

枕头枕巾边对边，角对角，

最后再来铺铺平。

（思考：说做一体学技能，既有动作的指导，也有语言的引导，教师将幼儿想到的整理办法编成小儿歌，这样小班的宝宝会更喜欢。）

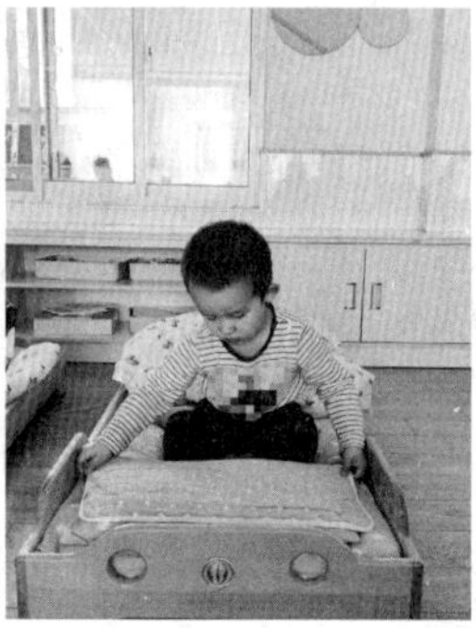
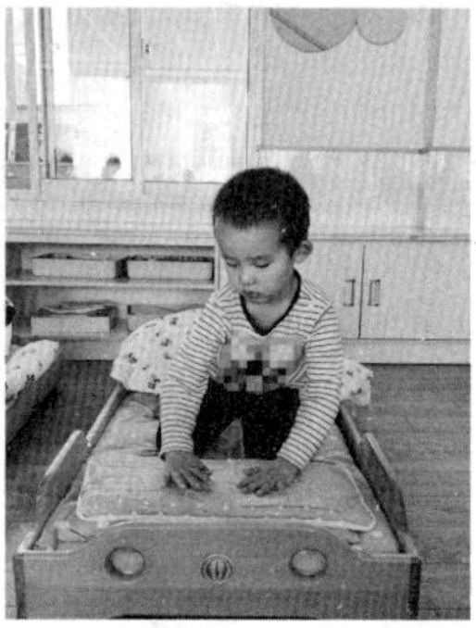

3. 枕巾、枕头湿了怎么办

博南：老师，我的枕巾湿了。

岁岁：你给大张老师就行，上次我的湿了，大张老师就帮我洗了。

老师：是啊，枕巾湿了不卫生，再说睡觉的时候，枕巾不太干也不舒服，所以以后发现自己的枕巾或枕头湿了，就马上给老师，老师帮你们洗一洗，自己再来晒一晒小枕头。枕着干净、软软的枕头和枕巾，睡觉最舒服了。

（三）讨论示范法

引导幼儿在劳动过程中相互讨论，一起梳理和分享自己劳动探究的方法，是帮助他们掌握劳动技能、丰富劳动经验的重要方法。同时，对于其中关键的、难度大的动作或技能，教师要有重点地进行示范，帮助幼儿突破难点、解决问题。教师的示范可以在幼儿尝试前，也可在幼儿尝试之后，可以面向集体完整示范，也可小组或单独进行示范。例如：梳头发是大班盥洗环节中清洁劳动中的一个难点。对于短头发的幼儿来说，用“前面梳梳、后面梳梳、左边右边梳一梳”这个简单的方法就可以把头发梳理好。但是对于长头发的女孩来说，如何扎马尾辫可就有难度了。通过尝试和讨论，幼儿发现扎马尾辫要有“顺、拢、套、拉、撑、拧、拉”等关键的动作，但这些动作怎样自如连接，两只手如何转换配合，还要教师重点进行示范。“你们看，先把皮筋套在手腕上。接着拢好所有的头发，套皮筋的手抓紧头发，另一只手拉皮筋，张开口，套进头发。接着用拇指、食指再把皮筋拉长，把皮筋撑开口，拧一圈套到手上。再用这只手抓紧头发，用刚才抓头的手把皮筋拉过来。看，马尾辫扎好了！”通过教师的重点示范，手把手地指导，再加上自己不断地尝试练习，大班的女孩子逐渐掌握了扎马尾辫的技能。

【案例】

挑鱼刺

鱼刺怎么挑？必须先在真实的场景中进行观察。进餐前，教师拿起一块鲅鱼，请幼儿观察："鱼刺藏在哪里？""鱼背上有什么？""鱼肚子下面有什么？""鱼肚子两边的鱼肉里面有什么？"通过观察，幼儿了解哪些地方有刺，为正确挑除鱼刺做好准备。

在幼儿观察的基础上，教师示范挑除鱼刺的方法后，幼儿尝试自己挑鱼刺。

泊晧：这鱼刺藏在鱼肉里，找出来就可以吃鱼了。

糖糖：这刺一抠就下来了，挺好挑的。

多多：我没有劲，掰不开怎么办?

棠宝：你使点劲不就行了。

（思考：在让幼儿体验劳动前，教师可以根据实际情况，选择示范在前或示范在后。但挑鱼刺的这一劳动，教师先进行了示范，因为这一劳动技能存在一定的安全隐患。案例中，教师在仔细地示范之后，幼儿体验起来仍有各种问题出现。因此，必须在反复的"实战"中不断地进行锻炼。教师也要实时关注幼儿情况，在幼儿遇到困难时及时给予指导、帮助。）

（四）角色扮演法（游戏体验法）

游戏是幼儿最佳的学习方式。在娃娃家、小超市等角色游戏区中，幼儿可以通过扮演不同的角色，体验不同的劳动过程，能够在积极的尝试和饶有趣味的练习中自然习得劳动技能，提升劳动的自主性和积极性。比如："娃娃家"里，幼儿扮演妈妈，进行卫生打扫，为宝宝洗澡、洗衣，感受家务劳动的愉悦；"小超市"里，幼儿扮演服务员，进行货架的清洁、货物的整理等工作，在为大家服务的过程中感受劳动的辛苦和价值；"小饭馆"里，幼儿择菜、洗菜、磨豆子、榨果汁、擦桌子、洗盘子，忙得不亦乐乎。角色的扮演，为幼儿提供了参与劳动的动力和趣味，让他们更好地承担起劳动的职责，体验着不同劳动的快乐和愉悦。

【案例】

货物的收纳与整理

活动背景

小超市是孩子们非常喜欢的区域游戏。随着超市规模的扩大，孩子们商量着把超市调整到长廊的大区域里。他们从后勤老师那里借来了几张橱柜，从资源室、家里搜集了许多可以扩充到超市里的材料。于是，每天的区域活动中，小超市的工作人员变得更加忙碌，整理超市卫生和物品的工作量大大增加。

活动实录

1. 货物收纳，减轻卫生清理负担

“香香，你来清理这三排橱子上的货物。小毅，你来清理这三排。”店长可儿把任务安排给两名服务员。“好的。”“嗯，好。”香香和小毅拿着干净的抹布，开始擦拭橱子上的货物。

小毅负责的三个橱子里放的是比较大的玩具车、玩具盒、点心盒等。不一会儿，小毅就高兴地喊着：“我擦完了。”然后，他抬头看了看香香，说：“香香，你怎么还没有擦完啊？我来帮你吧。”香香说：“好的，谢谢。你帮我擦这个橱子吧。”小毅走到橱子旁边，拿起饮料瓶擦了起来，一连擦了一排20多个饮料瓶。香香突然问：“哎呀，橱子还没有擦呢，你就把饮料摆上了啊，得再往外拿一遍。”小毅说：“一个一个地再拿一遍，太麻烦了。”老师说：“是啊，每次这样是有点麻烦，有什么好办法吗？”店长可儿走了过来，说：“用大盒子把饮料装一下，往外拿就方便了。”小毅接着说：“对，一个盒子装一种饮料，分得更清楚。”于是，可儿和小毅一起到美工区，找来了三个纸盒子，把饮料分别放到了盒子里。

区域活动分享环节，可儿对饮料收纳的办法进行了介绍。洋洋说：“这样摆放，不但擦橱子方便，而且看上去很整齐。”孩子们纷纷表示赞同。

2. 建立小仓库，收纳多余货物

周一早上，盈盈提来了一纸袋从家中搜集来的物品，想摆放到超市里卖。可是，超市里的货物已经摆满了所有的橱子和货架，怎么办呢？孩子们边翻看纸袋里的东西，边七嘴八舌地说了起来。

糖豆：放A牌饮料的盒子里还有空，可以把盈盈带来的这一瓶A牌饮料放进去。

振宇：这个薯条桶里的东西已经太多了，都放不下了。

小花：还有这些饮料也放不下。

成成：唉，还有垃圾车、铲车呢。

盈盈：还有压路机和翻斗车，这是一套四辆车，是我哥哥小时候玩的。

孩子聊了半天，也没确定到底怎么处理盈盈带来的东西。

盈盈：我先放到超市的墙角吧。

糖豆：对，那里就是超市的储藏室。

老师：超市的储藏室还有一个专门的名字，你们知道吗？

成成：我知道，叫仓库。

老师：仓库是做什么的啊？

成成：就是放货物的，东西卖光了，就从仓库拿了再摆上。

盈盈：这个纸袋就是仓库。

成成：可以把货物换一换，把这些“车”摆上。

经过孩子们的商讨，他们又从建构区挪出了一个整理箱当仓库，并且约定好，货架上的货物可以和仓库里的货物定期交换、更新。

（五）交流分享法

师幼之间、同伴之间，甚至混龄幼儿之间的互相交流分享，是促进幼儿成长发展的重要途径。幼儿自理劳动能力的发展是一个持续、渐进的过程，同时也有很明显的阶段性特征及个体差异。在这个过程中，不管是教师主导的集体交流分享，还是幼儿个体之间的自主沟通交流，都能有效提高他们自理劳动的积极性，促进他们自理能力的发展。但若教师过多地讲解或分享，会剥夺幼儿学习与发展的机会。因此，交流分享要在自理劳动过程中出现特殊问题且不能解决、共性做法需提升等情况时适时适度地组织和开展。

在幼儿园的实际工作中，大带小活动往往也能起到意想不到的教育效果。如：大班哥哥姐姐教小班弟弟妹妹洗手。在这个过程中，小班幼儿有了一对一的学习机会，对于七步洗手法这一程序复杂的洗手方法，他们会学习掌握得更好。而对于大班哥哥姐姐来说，要教弟弟妹妹洗手，自己更要好好洗手。在这个过程中，不但要回顾劳动技能、梳理经验，还要想办法教会弟弟妹妹。他们获得的不仅仅是劳动技能的提高和巩固，更是各方面思维等成长与进步。

【案例】

洗抹布

活动背景

洗抹布是孩子们经常会遇到的一件事，看似简单的一个搓洗动作，孩子们做起来可是大有文章。有的孩子洗得有模有样，还用上了洗洁精、肥皂等清洁剂；有的孩子专注于玩水，抹布洗干净了，也玩得酣畅淋漓；有的孩子比较心急，急忙冲洗两下就晾晒出来……抹布到底应该怎样洗呢？需不需要用到清洁剂？需要用几种？长时间清洗一定是玩水吗？急忙冲洗几下是不是一定没有洗干净？对于这些问题，孩子们到底是怎样想的呢？

大班上学期，美工区连续开展了两个多月的水粉绘画活动，孩子们在绘画结束后都需要整理、清洁桌面和地面，避免不了洗抹布这一劳动。值日生的工作中，擦拭完桌面也需要洗抹布。在每天不可避免的洗抹布活动中，孩子们的清洗经验越来越丰富，台面上洒出来的水越来越少，喷溅在水池上、地面的颜料越来越少，清洗结束后的水池也越来越干净。仔细观察，不难发现，虽然只是搓洗的动作，但每个人都有自己的经验小妙招。

活动实录

1. “浸泡”小妙招

擦完桌子后，铭泽正在水池边清洗抹布，只见他按了两下洗手液挤在抹布上。

老师：为什么要把洗手液挤在抹布上？

铭泽：因为光用清水洗不干净啊，就打了些洗手液。

老师：你觉得抹布上有什么清洗不干净？

铭泽：有些洒在外面的菜汤，擦完桌子后，抹布里就会有脏水，光用水是冲洗不干净的。

老师：有油的抹布怎样清洗更干净？

海田：我会把水池里的盖子堵上，然后把水龙头打开，接满水，把抹布放在水里先“弄”一小会儿。

老师：把抹布放在水里那叫什么？

孩子们：就是放在水里泡一泡。（原来很多孩子会这样做。）

井然：我知道，是浸泡。

老师：对，抹布放在水里泡一泡，用一个最恰当的词描述就是“浸泡”。为什么要浸泡呢？

海田：因为抹布上有很多脏东西，这样可以先把它们冲掉。

佐佐：因为这样可以很快洗完。

老师：为什么浸泡了就能很快洗完呢？

佐佐：水龙头的水不是很小吗？冲一下不能很快地把抹布上的脏东西冲干净。水池不是很大吗？接满水再把抹布放进去就都能洗到了。所以直接在水龙头冲洗就需要很长时间才能洗完，把抹布泡进去就可以很快洗完。

老师：佐佐觉得抹布比较大，水流却是细细的，需要冲很久才能把所有的脏东西冲干净。而水池里接满水，抹布就能整个泡在水里。

鱼头：擦桌子的时候，桌子上会有很多“分泌物”，这些“分泌物”会在抹布上均匀涂开，所以要赶快放进水里，使劲搓才能把“分泌物”搓下来。

老师：“分泌物”是指桌子上的脏东西吗？刚才你说要赶紧放到水里泡一泡，

如果不赶紧泡会怎么样呢？

鱼头：“分泌物”就干了，干了就不好洗了。

老师：原来浸泡是让抹布上的脏东西保持湿润，更容易清洗。

军诺：泡一泡还可以让油浮到水面上。

老师：你观察得真仔细，为什么浸泡可以让油浮上来呢？

鱼头：因为油比水轻。我妈炒菜的时候，有一次油锅着火了，我妈差点用水泼，我赶紧制止了她。水不能用来灭油，因为油比水轻，水一倒进去，油就会浮在水面上，水就会在油的底下，这样就隔绝不了氧气，火就会在水面上继续烧。

老师：原来，把有油的抹布泡在水里，可以让油从抹布上浮出来。

浩浩：我在家里还见过妈妈用热水洗碗，这样油就更容易清洗掉。

（思考：充分的生活经验是支持孩子们劳动的必要条件。清洗劳动中，浸泡是经常会用到的一种方法。如果这种方法只是由成人口述，孩子们不会有这么多直观的认知和理解。做中学，让孩子的学习真正源于生活，才是他们不断获得经验的途径。就像“浸泡”，只有在一次次清洗抹布的过程中，结合自己的感知和观察，才会对水流大小、抹布的湿润度、油会浮上水面等有这么细微的认知。虽然只是一次清洗劳动，但在劳动的过程中，同样有孩子们思维的参与、语言表达的提升、对科学认知的理解等。可以看出，放手让孩子寻找方法、获得直观的生活经验，是我们应该坚持的一种态度。）

2.“搓洗”小妙招

老师：你们都分享了“浸泡”的妙处，但只有浸泡肯定不能让抹布彻底变干净，还需要做什么呢？

海田：刚才不是泡完了吗？再用一只手抓着抹布的这一边，一只手抓着抹布的另一边，两只手相对搓一搓，就能洗干净了。

老师：相对搓一搓，这个词说得也很准确。

然然：抓着两边只能搓到边上的油，如果哪里还有油的话，可以一只手抓着这边，一只手抓着那边，然后再搓。

老师：抓着油渍的两边吗？这样可以重点清洗脏的位置，确实可以更加干净。

海田：我的方法也能搓到，就是再把抹布卷起来，折叠起来，就都能搓到了。

然然：如果折叠的话，折叠的中间位置也会搓不到。

老师：你们两个的方法都对，都是通过用手指关节相对搓洗的办法。

宜宸：我是把抹布放在水池边的那个地方铺开，在那个边上上下搓。

鱼头：我知道，我在历史书上看见过一个叫蔡伦的人，他本来想造纸，有一天发现有些人在搓衣服的时候，都会拿一块木板，把衣服放在木板上，放在河里洗，把板固定好之后，拿着衣服一直搓，等洗好了再翻过来。

老师：一块什么样子的木板呢？

佑佑：我见过，就是一块长方形的木板，我奶奶用那个洗过衣服，上面还有一道一道的东西。

老师：你们还了解这么多知识呢！那块板现在我们叫它搓衣板，其实宜宸分享的放在水池的边上清洗的方法有点像利用搓衣板洗衣服。

瑶瑶：我还有一个方法，把抹布在水池里铺开，往上面推一下，让它自己滑回来，我再推一下，这样一直推。

老师：按着抹布，在水池里来回推，像什么动作？

孩子们：像和面。

老师：对，像揉面，这个动作叫揉。

菲菲：就是用这里按。（手掌根部）

老师：对，揉的时候这个地方要用力，这是我们手掌的根部。

（思考：在分享搓洗方法时，孩子们需要对动作和位置、方位有很清晰的表述，比如：两手相对；一只手抓着油渍的一边，一只手抓着另一边；铺开，往上面推一下，滑回来再推一下；等等。这对他们表述说明性语言的能力是很大的挑战。同时，讲解搓洗方法时，充分调动孩子的生活认知经验，能够引起更多孩子的共鸣，比如：搓衣板、揉面，都可以让孩子更好地理解相应的动作词语，以达到经验共享。）

3.**“冲洗”小妙招**

浸泡充分了，搓洗干净了，还需要做什么呢？

军诺：用流动的水冲。

老师：为什么用流动的水冲？

军诺：因为这样冲更干净。

老师：为什么流动的水冲得更干净？

佐佐：因为流动的水可以把洗下来的脏东西都冲走，每个地方都冲一下就干净了。

鱼头：如果不用流动的水冲，冲击力就不大，那就洗不干净了。如果用流动的水冲，冲击力就很大，就可以更快地把脏东西冲掉。

佑佑：如果把水池的盖子盖起来，放在水里洗，洗干净了，那些脏东西又会漂到抹布上。

（思考：浸泡和冲洗的环节非常相似，都是用水洗一洗。在充分经验支持的基础上，孩子们就会在开始的时候选择浸泡，结束时选择冲洗。同时，他们还感知到水流的冲击力、漂浮物的回落等细微的现象，这些经验是我们很难用讲述传递给孩子的。）

4.“分类清洗”小妙招

第二次分享，我们从这个问题开始：除了带油渍的抹布，你们还清洗过什么样的抹布？你是怎样清洗的？

然然：还有擦奶的抹布，用清水冲一冲、泡一泡，就可以很快洗干净。

鱼头：我想反驳一下，我觉得洗擦奶的抹布并没有那么简单。首先要把它浸泡一下，浸泡结束再用肥皂或者洗洁精，再努力地搓，等到那些白色的东西没了，水变成白色的，再冲干净，把抹布拧干。

老师：你觉得清洗奶渍和清洗油渍的方法是相似的吗？为什么觉得奶渍也不好清洗？

鱼头：奶摸上去黏黏的，搓一搓有点油一样的感觉，所以我觉得像油一样。

老师：其实奶制品中也含有脂肪，奶和油确实有些成分是相同的，所以清洗有奶渍的抹布和有油渍的抹布都需要用到洗洁精这一类清洗剂。

佐佐：我还洗过带颜料的抹布。我是用肥皂去洗的，把抹布放在手上，用肥皂搓。

老师：你觉得清洗带颜料的抹布最难的是什么？

佐佐：上面的颜色，颜色吸到抹布里面，很难洗掉。

老师：你们都洗过带颜料的抹布，谁有方法能够更好地洗去颜色？

井然：要快速清洗一下，浸泡一会儿，然后再搓。

老师：浸泡时，你们是用清水还是加上什么清洗剂？

鱼头：我是加上了洗手液和洗洁精。

老师：为什么用了两种？

鱼头：如果单纯用一种不太好清洗，两种混合起来威力更大。

溪溪：如果是沾了颜料的抹布，可以一个颜色一个颜色地洗。

老师：怎样是一个颜色一个颜色地洗呢？

溪溪：就是抹布上沾了一些颜色，就可以从左边或者右边的第一个颜色开始洗，直到那种颜色洗干净，再洗下一种。

老师：是要按顺序把抹布上的颜色清洗干净。

硕硕：我试过，在美工区清洗沾了颜料的抹布的时候，我就搓搓搓，差不多半小时的话，就可以清洗干净。

铭泽：我在家里也试过。首先我们是用肥皂洗的，把水冲到肥皂上就会起沫，如果有很多颜料粘在白色抹布上，我们就可以用起沫的肥皂来回擦，多擦一些就容易洗干净了。

乐乐：加上肥皂和洗手液搓。

军诺：我用洗洁精和肥皂。

佑佑：擦完颜料要赶紧洗，干了以后就不好洗了。

老师：清洗抹布上的颜料看来真是不容易，你们用到了这么多种方法。有快速洗的，有按照顺序一个颜色一个颜色洗的，有需要清洗半小时的，有自己调配清洗剂的……

宜宸：我还洗过带墨汁的颜料。

海田：还有沾上了闪粉的抹布，那些亮晶晶的小东西也粘在抹布上，很难清洗。

然然：我们的桌子上一般只有一点点水，抹布很干净，只用清水冲一冲就可以。

鱼头：如果吃了小西红柿或者芒果，果汁喷在了桌子上，粘在了抹布上，也很难清洗。

……

和孩子们的聊天在兴致盎然中结束，他们还有很多发现想要分享，还有很多困难需要解决。我们约定，在班级里建一个小型实验室，他们想要在里面尝试调配各种清洗剂配方，进行各种实验……

三、因劳情发，在情感浸润中培养幼儿的劳动品质

劳动教育的价值，不仅在于劳动技能的获得，更在于体验劳动创造的喜悦。幼儿带着积极愉悦的情绪参与劳动过程，不仅发展了社会性，深化了劳动意识，也培养了积极向上、乐观自信、合作坚持等良好品质。只有从力所能及的劳动中体验到成就感、愉悦感，意识到劳动成果来之不易，幼儿才会真正生发乐于劳动、勤于劳动和尊重劳动的积极态度；只有体验到劳动为他人带来方便的满足感时，服务他人的劳动意识才会生根发芽。小班的幼儿，教师要注重引导他们在生活自理劳动的过程中、在“我能行”“我很棒”的自我认可中体验成长的自豪，感受劳动带给自己的快乐。中大班的幼儿，开始对某一项劳动有计划能力和预知能力，知道想把事情做好要付出努力，能够认识到积极劳动带来的成果以及消极劳动带来的后果。教师更要引导他们在生活自理劳动中去不断地判定、评估这种因果关系，体验劳动的价值。在这个过程中，他们的逻辑思维会不断得到发展，他们的劳动品质和社会情感也在其中不断得到提升。

（一）艺术感染法

优秀的儿童文学作品及其他艺术作品在幼儿的成长中是一种精神食粮。幼儿年龄小，虽然思维敏捷、活泼好动，但是缺乏一定的自制力和明确的目标，因此幼儿教育比其他阶段的教育更加需要文学艺术的引领。幼儿在感受文学艺术魅力的时候，真、善、美的思想会浸润心田，融化在他们的情感之中，陶冶他们幼小的心灵，帮助他们健康、快乐地成长。而关于劳动的故事《玩具回家了》、儿歌《别说

我小》、歌曲《小小手》《不再麻烦好妈妈》《幼儿园里好事多》等，都能够激发幼儿的劳动意识，提高他们劳动的兴趣，帮助他们更好地感受劳动的快乐。

【案例】

别说我小

1. 儿歌里的事情我会做

经过小班一年的幼儿园生活，幼儿的生活自理能力有了很大程度的提高。

升入中班后，孩子们一起欣赏并学习了一首儿歌《别说我小》——“妈妈你别说我小，我会穿衣和洗澡。爸爸你别说我小，我会擦桌把地拖。奶奶你别说我小，我会给花把水浇。现在我呀长大了，会做的事儿真不少。”

身为中班的小哥哥、小姐姐，孩子们非常喜欢这首儿歌，经常边玩边自主朗诵起来，说儿歌的时候还扬扬得意，非常自豪。与此同时，在升入中班后新开展的值日生工作中，孩子们也主动提出加入儿歌中提到的擦桌子、拖地、浇花等工作。虽然这几项工作是他们之前没有做过的，但是他们的兴致很高，学做得又快又认真。

2. 我会做的事情说儿歌

区域活动时，小翼在表演区敲着响板朗诵《别说我小》的儿歌。说了一遍之后，他又说起第二遍。这一次，小翼把儿歌的内容给改了：“爸爸你别说我小，我会擦桌把垃圾倒。奶奶你别说我小，我会给花擦叶子，还会给花剪黄叶子……”听到小翼的仿编儿歌，表演区的妍妍、子皓等也加入进来，尝试在儿歌里加入自己会做的其他事情，你一句我一句地说了起来。

分享环节，小翼、妍妍和子皓给大家朗诵了仿编的儿歌《别说我小》，得到了孩子们的掌声和老师的赞扬。大家又一起尝试进行更多的仿编，孩子们把自己会做的各种事情都编进了儿歌里。

（思考：小班幼儿的自理劳动以照顾自己为主。升入中班，值日生工作打开了孩子们为集体服务的大门。儿歌《别说我小》的适时出现，顺应孩子们的成长需要，不但激发起他们的劳动服务意识，更提高了他们参与劳动的兴趣。在劳动过程中，他们获得快乐，自豪感不断增加。）

（二）巧妙暗示法

在幼儿生活自理劳动的教育过程中，暗示通常以自然或人为的形式出现。幼儿年龄小，有时候一些简单的暗示会比枯燥乏味的教育得到的效果更好。恰当地运用暗示法，能有效地激发幼儿劳动的兴趣，鼓励幼儿主动参与到日复一日的自理劳动中，避免半途而废或敷衍了事，在坚持中逐步获得进步与成长，并感受其中的快乐。同时，巧妙暗示还能以含蓄的方式帮助幼儿调整某些不适宜的行为，从而起到无声胜有声的效果。

【案例】

叠衣服

秋冬时节，孩子们入园后，各自整理自己的物品并将它们放到衣橱里。小班的彦彦脱下自己的外套，叠好后抬头看向老师。老师立刻露出一个大大的微笑，并点了点头，彦彦也跟着笑了笑。然后，彦彦非常小心地抱起叠好的衣服，把它放到了衣橱里。旁边的小童脱下外套，抱在手里，打开橱子门就要往里面塞。老师在一旁发出了表示疑问的声音："哎？"小童回头看了一眼老师，见老师笑着看着他，他抱起衣服转身走到了叠衣区，把衣服重新叠好后，再次放到衣橱里。

（思考：彦彦是一个内向的小姑娘。班级开展"叠叠乐"活动后，彦彦从刚开始不是很熟练地整理衣物，到现在熟练且整齐地叠衣放衣，每一次都会得到老师的微笑鼓励和点头示意。在这个过程中，老师的每一个微笑、每一次点头都在暗示着对彦彦的鼓励和肯定，彦彦也在老师一次次的暗示中，体验着整理衣物的乐趣，叠衣技巧逐步熟练。而小童则是在老师的语气暗示下，意识到自己还没有把衣服整理好，于是马上调整自己的行为，到叠衣区把衣服重新叠好才再次放到衣橱里。）

【案例】

别把我们的垃圾踢飞了

中一班的小值日生现在已经开始学习扫地啦。为了让孩子们更好地收拢扫起来的垃圾，细心的任老师在生活区中心贴了一个用即时贴做的圆圈，孩子们可以把四周的垃圾扫到圆圈里，再用簸箕收起来。刚开始学习扫地，虽然扫得并不干净，但他们很乐意去尝试，也在这个过程中感受到成长的自豪感。

场景一

午睡前，值日生的工作接近尾声，启泽和砚砚正努力把垃圾往圆圈里扫，圆圈里也已经有一部分扫进来的米粒和菜粒啦。这时，散步回来准备上厕所的大凯故意一脚把圈里的垃圾踢飞了，启泽和砚砚生气地找任老师告状。任老师问大凯："你这样做对吗？"可不管任老师怎么入情入理地引导，倔强的大凯就是一脸不服气。

场景二

第二周，周二大凯是值日生，任老师故意安排他和朝阳两个人来扫地。两个人干得很认真，圈圈里的"战利品"已经积攒了不少。任老师故意问小朋友："看这两个值日生扫地扫得多好呀！圈里扫进这么多垃圾啦！小朋友从这里走要注意什么？"任老师还没说完呢，大凯忙喊起来："不能把我们的垃圾踢飞啦！"然后，他地也不扫了，就跑到前面来看着垃圾，生怕别人给他们破坏了。

场景三

第三周，周二大凯又值日了，这次他更关心圈里垃圾的“安全问题”了。快扫完的时候，他和一起做值日生的乐乐商量：“你来收垃圾，我来看着。”然后他就背着手，满屋子转悠，见人就说：“不许踢我们的垃圾！这是我们辛辛苦苦扫起来的。”

见此情景，任老师给大凯提建议：“这样一个一个说太麻烦啦，你看你光说都没法扫地了，要不你给全班小朋友讲讲吧，告诉他们该怎么做。”大凯问任老师：“我该怎么说？”任老师回答：“你就告诉大家要怎么做，为什么要这么做。”大凯想了想，就对大家说：“小朋友们不能把垃圾踢飞啦，因为扫地很辛苦！”

等大家都走开了，任老师悄悄问他：“那你上次把人家的垃圾踢飞了，对不对？”大凯脸红了：“我知道不对啦！”

（思考：在劳动中，我们都非常重视培养幼儿爱惜劳动成果，而要帮助孩子明白“爱惜别人的劳动成果”，除了讲道理外，让孩子设身处地去体会一番，其实更重要。在这件事的处理上，任老师有意识地引导孩子去尝试说告知语。从凯凯的表现来看，孩子在老师的提醒下还是能把要讲的事情说清楚的，但是内容并不丰富，还需要在以后的活动中，鼓励孩子多去尝试，帮助孩子把话说得更有内容、更有色彩、更有感染力。）

（三）体验浸润法

幼儿自理劳动的目的并不只是技能的掌握，很重要的是要培养他们良好的道德品质和行为习惯。新时代的劳动教育也一定要有真、善、美的教育成分和精神气质，因为唯有自理劳动与智慧生活建立联系，唯有劳动教育带来精神上的收获与社会生活的美感体验，才是自理劳动的最终目标。通过教师精心组织的系列活动，幼儿能够有效感受劳动的价值和幸福的体验。

【案例】

织围巾

1.织围巾的小窍门

冬天来了，在大班的生活区里，孩子们正热火朝天地用小地垫和粗毛线进行织围巾的活动。小丁和好朋友楠楠挨在一起，边织边聊天。

小丁：我已经织第二个球了，很快就能织好围巾了。

楠楠：我也快织完第一个球了。可是我这个太难抠了，勒得我手疼。

小丁：你掏出一个，别拽得太紧，松一点，下面的就好织了。

楠楠：可是，我现在都掏不出来了。

小丁：我来帮你织一圈。

小丁把自己的地垫和毛线放到桌子上，然后拿过楠楠的小地垫。

小丁：你看好了啊，这个线掏过来以后，你就轻轻地一拉，千万别使劲，然后再织下一个，掏过线来，拉平就行了，你看见了吗？

楠楠：嗯，嗯。

小丁帮楠楠织了一圈后，把地垫递到楠楠手里。

小丁：你可别使劲勒了，再使劲又抠不出来了。

楠楠点了点头，接过地垫又开始织了起来。

小丁织一会儿自己的围巾，又扭头看了看楠楠的地垫，并用手指拽了拽毛线。

小丁：嗯，就是这样。

楠楠听到小丁的肯定，冲着小丁笑了笑。

（思考：用地垫织围巾的方法比较简单，大部分孩子一学就能上手编织。但是在织的过程中，也会遇到各种各样的小问题，如：线头织反了，毛线跳针了，织得过紧或过松等。这些问题出现后，有的孩子就会出现畏难、打退堂鼓的心理。但是，往往在同伴的帮助和鼓励下，他们都能克服，最终完成两个毛线球的编织工作。而且，当班级中有一名幼儿戴上了自己亲手编织的围巾后，其他幼儿编织的积极性就会高，任何编织问题都会被积极的内驱力化解了。）

2. 围巾送温暖

孩子们陆陆续续为自己编织好了围巾。从一开始的绕线总是出错，到后来编织日渐得心应手，从围巾的一寸寸增长，到颜色的搭配和装饰物的加入，孩子们沉浸在彩色毛线的编织世界中。

卓玛是来幼儿园交流的藏族老师，每天轮流到大班级部带孩子们活动。这天，卓玛看到孩子们编织的围巾，赞叹不已，感慨道：“好漂亮、好暖和的围巾，我们那儿的小朋友都不会织呢。”成成说：“那我织一条送给你们那儿的小朋友吧。”成成的一个提议，引起大家的积极响应。正巧，还有两周就要过新年了，孩子们表示要织围巾送给藏族的小朋友，让他们也能围上暖和的围巾，一起庆祝新年的到来。还有小朋友说要织一条围巾作为新年礼物送给自己的爸爸妈妈，要在新年活动中来一场围巾“秀”……

于是，区域活动、生活环节以及餐点后一点一滴的时间，孩子们都认真、专注地进行着同一项活动——织围巾。他们的手法越来越娴熟，编织的速度也越来越快，一个一个的毛线球变成了长长的围巾。

孩子们织好围巾后，又想出了佩戴围巾的多种方式。在新年庆祝活动中，进行了一场别开生面的围巾“秀”。

除此之外，孩子们从美工区找到了各种漂亮的包装纸，把围巾包起来并扎上丝带，再加上爱心卡片，一份份温暖牌围巾从幼儿园飞出，飞向小朋友的家中，飞向遥远的西藏……

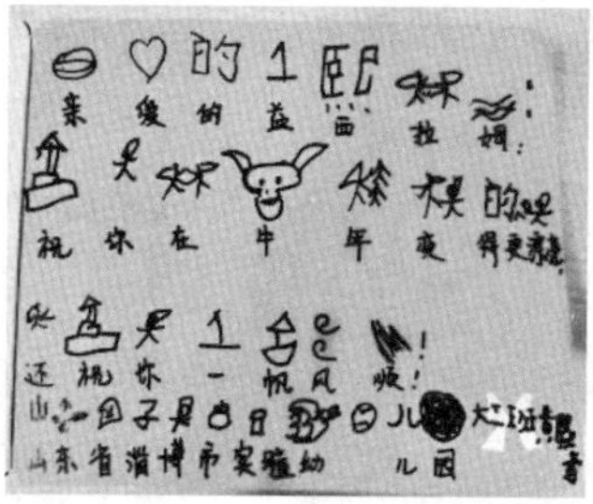

（思考：一次编织的成功，一句肯定的话语，不但激发起孩子们的爱心，更赋予了他们爱的行动。一双双小巧手在毛线和地垫间穿梭舞蹈，这个过程对孩子们来说，不仅仅是掌握了一项劳动技能，收获了创造美的满足感，也培养了耐心细致的品质和勇敢展示自我的自信，同时更体验到了相互帮助的温暖、克服困难坚持完成的勇气以及关爱家人的拳拳之心。这些，都让孩子们的精神成长更加地丰满厚实。）

（四）创意升华法

生活自理劳动渗透在幼儿一日生活的各个环节中，无处不在，平凡又朴实。如何让平凡朴实的劳动焕发光彩，让幼儿更加明显地感受到劳动的成就感与劳动带来的快乐呢？教师可以将自理劳动与其他活动有机结合，让劳动成果有更加多面的呈现。提炼幼儿在劳动中的收获，通过艺术形式进行表现，让幼儿在有意义的活动中，在艺术表达中感受劳动的价值。如自编劳动小书、劳动儿歌，在幼儿园的升旗仪式等大型活动中进行爱劳动的歌表演、小剧表演，在班级的六一、新年活动中融合有关劳动的小游戏、小互动，还可组织以劳动为主线的专题活动、项目活动……这些活动都会让自理劳动以更多的方式触动幼儿的心弦，并在他们的心中扎根、发芽，开出绚烂的花朵。

【案例】

“童心向美，我爱劳动”升旗活动

美丽的五月，有一个光荣的节日——“五一”国际劳动节。为了让孩子们从小树立爱劳动的意识，激发爱劳动的热情，幼儿园举行了“童心向美、我爱劳动”升旗活动。

当五星红旗在雄壮的国歌声中冉冉升起，一场关于劳动的主题活动在孩子们盈盈的笑语中欣然展开。

“小桌子，谁擦的？小椅子，谁摆的？一排排手绢谁洗的？一件件好事谁做的？”大班的孩子们用歌舞表演表现着小小值日生用劳动整理活动室，让幼儿园环境更美丽的生动场景。伴随着《劳动最光荣》熟悉的旋律，大家一起唱起歌：“小喜鹊，造新房；小蜜蜂，采蜜忙。幸福的生活哪里来，要靠劳动来创造。”一同感受着劳动带来的快乐与自豪。

结合幼儿园正在开展的生活自理劳动教育，老师为孩子们讲述“五一”节的故事，鼓励小班的孩子们自己穿衣服，自己收餐具，自己的事情自己做；中班的孩子们学习擦桌子，练习分餐具，争当值日小明星；大班的孩子们一起收拾活动材料，合作整理户外器械，在劳动中不断增长本领和智慧，长大后用勤劳的双手去创造更加美好的生活！

1.**“童心向美，我爱劳动”升旗仪式主持词**

开场

女：尊敬的各位园长、老师，

师：亲爱的小朋友们，大家——

合：早上好！

男：踏着明媚的春光，我们一起放声歌唱；

女：怀着激动的心情，我们一起快乐起舞。

师：今天，我们幼儿园的老师和小朋友们又一次相聚在一起，庄严地举行“童心向美、我爱劳动”升国旗仪式。首先向大家介绍参加本次升旗仪式的班级和小朋友们……

男：我宣布，升旗仪式现在开始！进行第一项：出旗！

升旗

男：升旗仪式进行第二项——升国旗，唱国歌。请全体老师和小朋友面向国旗，行注目礼！

（升旗结束后）男：礼毕。

国旗下讲话

女：小朋友们，你们知道五月一日是什么节日吗？（劳动节）对，是国际劳动节，是医生、老师、工人、农民，还有好多好多劳动人民的节日呢。

男：接下来，请王老师给我们讲一讲关于劳动节的事情吧。

情景剧表演《幼儿园里好事多》

女：谢谢王老师，我们一定会做一个爱劳动的小朋友！请升旗手、护旗手退场。

男：劳动是幸福的，劳动是快乐的，劳动更是光荣的。

女：我们幼儿园里的每个小朋友都爱劳动，每天早早来到幼儿园，争当小小值日生，能帮助大家做很多力所能及的事情呢！

男：是呀！接下来，就请欣赏大七班、大八班小朋友带来的情景剧表演《幼儿园里好事多》。

结束语

师：感谢大七班、大八班小朋友的精彩表演。

女：因为爱劳动，我们的果园才会结出大大的果子，美味飘香。

男：因为爱劳动，我们的世界才会建造得更加美丽和奇妙。

师：亲爱的小朋友们，让我们从现在开始，自己的事情自己做，大家的事情帮着做，从小爱劳动，劳动最光荣！“童心向美，我爱劳动”升旗仪式到此结束。

合：祝全园的老师及小朋友们“五一”劳动节快乐。再见！

2.“小小劳动者”致辞

亲爱的小朋友们：

早上好！

刚才，我们的小主持人提到，“五一”国际劳动节是一个属于全世界劳动人民的节日。我们知道的医生、教师、工人、农民、警察、司机、科学家、服务员……不管他们从事的是什么职业，做的是什么工作，他们都是为我们创造幸福生活的劳动者。你们看，拔地而起的高楼，离不开设计师和建筑工人的劳动；小朋友在幼儿园快乐的生活，离不开园长和老师的劳动；你们最喜欢吃的红烧肉、炸酱面，离不开厨师的劳动；我们今天在这里举行庄严的升旗仪式，也离不开在场的每一个人的劳动。

小朋友们，其实你们也是一个个小小劳动者呢。小班的小朋友，学会了自己穿衣服，自己穿鞋袜，自己取餐，自己整理，会做的事情越来越多；中班的小朋友，自己整理衣橱，自己收拾床铺，搬桌子、摆椅子、分餐具、擦地板……小值日生都已经做得是有模有样了；大班的小朋友呢，会做的事情就更多了，每天带着上幼儿园的小背包，你们会按顺序收拾得整整齐齐，户外活动区的各种器械，用完后你们都能合作把它们送回器械房，还擦拭得干干净净。看到这些劳动的成果，爸爸、妈妈、园长、老师都会高兴地说：“你们真是一个个劳动小能手！”

小朋友们，劳动最光荣，劳动也会给我们带来很多很多的收获呢！你们发现了吗？在劳动中，你们的小手经常锻炼，会变得越来越灵巧；你们的小脑瓜经常想办法解决问题，会变得越来越聪明；在劳动中，你们不怕困难，坚持完成任务，会变得更加勇敢；你们把图书摆放整齐，用心照顾种植区的小花小草，会让我们的生活更加美丽；你们给爷爷奶奶捶背，帮爸爸妈妈刷碗，耐心地照顾小弟弟小妹妹，会让自己变得更有爱心，也更加快乐！

再过两天就是“五一”劳动节了，老师在这里也祝所有的小小劳动者们节日快乐！祝愿你们在劳动中好好学习、天天向上，长大后成为一个个更有本领的劳动者，用你们勤劳的双手去创造更加幸福、更加美好的生活！

四、以心致力，引导幼儿在生活自理劳动中实现深度学习

深度学习是在真实的问题情境中才会发生的，它以问题为导向，提升幼儿的问题解决能力，促进幼儿高阶思维的发展，提升幼儿自主学习的意识。幼儿的深度学习也不是指在知识上向前走一步，而是指在能力、思维品质上向前走一步。劳动是劳力与劳心的结合，幼儿只有在劳动中不断思考、不断练习，才能锻炼自己的劳动能力。苏霍姆林斯基指出：“那些最简单的劳动过程，都应当渗透研究性的、试验

性的思想。”在幼儿自理劳动的过程中，他们的深度学习是教育视域下的幼儿劳动，不仅仅是体力的付出，更应该有思维的参与，让幼儿在劳动的过程中运用已有的知识技能去解决问题，这能够让他们的智力得到发展，思维得以深化。由此引发的高级学习也更需要我们引导幼儿在劳动的过程中运用已有的知识技能去解决问题，收获成长的思考，从而提升童年的生活品质。如何让幼儿在劳力中劳心、以心而致力，收获全面的发展，主要有以下五种方式。

（一）讨论辨析法

幼儿的劳动都发生在真实的生活环境中，他们会面临纷繁复杂的问题，这些问题往往蕴含着极其宝贵的课程资源。因此，我们在指导幼儿进行生活自理劳动时，也非常注重引导他们在遇到问题时进行讨论和辨析，引导他们迈向深度学习。通过讨论和辨析去培育独立思索的意识，从而使他们学会思考，学会选择，乐于尝试，不断地提高其自主学习的能力。

在“晒鞋子”活动中，如何把脱下来的鞋子整齐摆放到鞋车上，对小班幼儿来说是一个挑战。教师先请幼儿观察鞋车，请他们来想办法。经过谈话活动，大家商议出最简单的方法，就是找到鞋车的边角直线，用它来做参照物。第一双鞋子从左手边开始摆放，一双一双摆放整齐，第一排摆好后，再从第二排开始摆放。用这种办法来摆放鞋子，小鞋子摆得又快又整齐。如果说小班的讨论辨析是萌芽，那么中、大班幼儿在劳动过程中的讨论辨析就已经是他们掌握劳动技能、丰富劳动经验、体验劳动价值、实现自主学习的一项不可或缺的重要内容。

在剥花生活动中，孩子们纷纷交流自己的发现：

然然：我是用手把花生壳捏开，所有的手指都要用力，这样力气会比较大。

硕硕：爷爷帮我剥花生时，我看到他是用手指捏开的，而且花生的中间有条“竖线”，捏“竖线”的位置就会比较轻松。

乐乐：我是把花生从中间细的地方掰断，就会有两个洞，我从洞里可以看见花生米，把洞抠开就行了。

宜宸：我用两个手指，就是食指和拇指，对准花生身上的线，一捏就会有个小口，就可以取出花生了。

军诺：我也发现花生身上有条“竖线”，我用后面的大牙把那条线咬开，就可以剥出花生了。

然然：我发现了硕硕说的那条“竖线”，而且在花生的头上还有一个尖尖的“小嘴巴”，在靠近“小嘴巴”的地方捏“竖线”会更容易。

随着幼儿年龄的增长，讨论辨析的过程既能够帮助他们梳理和分享自己从劳动探究中得到的经验，不断加强主动学习的意识，也让他们逐渐学会悦纳他人，不断积累着认识世界和与他人共处的经验。

【案例】

小鬼当家

大班下学期，孩子的自理能力、自主分配的能力都有了很大程度的提高。在原有值日生活动的基础上，为了让值日生的活动更自主、更清晰、更易参与，我们和孩子对值日生的工作重新进行了规划，也同步对班级的劳动工具箱进行了丰富和调整。

1. 你说我说

老师：我们每天都做值日生，值日生都有哪些工作呢？

佐佐：吃完饭以后收餐巾纸、整理残渣盘、擦桌子、扫地、擦地。

鱼头：早上还要帮老师一起整理图书、擦橱子。

硕硕：我最喜欢帮小王老师叠毛巾。

老师：这些力所能及的事情，你们一直协助老师来完成。除了这些常规的工作，还有什么你觉得也可以当老师的小帮手，一起完成呢？

然然：先吃完饭的小朋友可以当“管理员”，检查其他小朋友的餐盘是不是吃得干净，勺子、筷子是不是摆整齐了。

佑佑：我最喜欢监督小朋友洗手，提醒他们要多喝水。

正杨：我们还可以一起大扫除，像是整理玩具、摆放颜料盒、检查记号笔还有没有水、擦橱子、整理积木……

老师：是的，现在你们可以自己整理、摆放班里所有的玩具和用品，还可以当老师的小帮手，协助老师监督小朋友认真做事情。

（思考：进入大班下学期，孩子的任务意识和管理意识都非常强烈。值日生当天能够提醒自己早来园，能够自主选择需要完成的工作，当“管理员”时神气十足，同时他们也具备了自主完成这些事情的能力。值日生工作经历了中班阶段的萌芽期和大班上学期的实践期，孩子们已经比较熟悉，但更多停留在“值日”层面，还没有建立完整的班级“管理”体系。通过“你说我说”的聊天活动，孩子们一起梳理：现阶段自己可以做些什么？做什么就是班级“管理”体系的内容，是班级管理的“血肉”。）

2. 合理分配我做主

通过聊天，孩子们整理出了很多可以在班级做的工作。这么多可以做的事情，每天只有7个或者8个值日生，应该怎样安排呢？我把问题抛给孩子们去解决。

溪溪：每天有7个或者8个值日生，那就选择7件或者8件事情去做不就行了吗？

瑶瑶：如果只选择做几件事情，剩下的事情应该怎么办？

佐佐：像整理残渣盘和收餐巾纸盒，做值日的时候都是一个人去做的，不可以一个人做两件事情吗?

鱼头:还有，比如有些事情是早上需要做的，有些事情是中午需要做的，那也可以一个人选择一件早上做的事情、一件中午做的事情，这样也可以做两件事情。

老师:佐佐提出了合并做事的方法，鱼头提出了分时间段选择任务的方法，都可以让一个值日生选择几项工作完成。合并和分时间段都用到了“分类”这个本领，这么多值日生的工作，到底怎样分类更合适呢?你们想到了哪些分类方法?

铭泽:这些工作里面，有的是吃完饭以后需要完成的，比如擦桌子、扫地、擦地、整理残渣盘、收餐巾纸盒;有的是早上来幼儿园需要完成的，像叠毛巾、擦橱子、整理玩具、整理摆放书包;有的是午睡时候可以完成的，比如监督摆鞋子、监督上厕所和洗手……

鱼头:我又发现了一个奇怪的现象，这里面有些工作是需要打扫卫生，有些工作只是监督小朋友做事情。

听鱼头这么一说，大家都发现了这个小秘密，这种方法很容易就把十几项值日生的工作分成了两部分。他们分别给值日生起了一个好听的名字:负责打扫工作的就是清洁员，负责监督工作的就是监督员。他们又根据佐佐提出的合并做事情的方法，把清洁员的工作和监督员的工作各合并整理成了七项(孩子们觉得每个值日生可以选择一项)。

3. 问题中一起成长

通过很长时间的重新规划，班级出现了“小鬼当家”的局面。孩子们可以自主选择值日当天的任务，根据分成的两个部分，他们约定每人每天选择一项清洁员的工作和一项监督员的工作。当孩子们持证上岗时，一连串的小问题也诞生了。

问题 1:盥洗室、小区域里的小秘密

幼儿:我发现选择分残渣盘的工作很快就能完成，还不会浪费玩玩具的时间，以后我都选择这个工作。

幼儿:扫地太难了，这么大的地面，什么时候才能扫完?

幼儿:我自己擦地也好累，谁可以帮我一起擦?

老师:有些工作一个人完成很容易，有些工作一个人完成要用很长时间，还可能会做不完，怎样调整更合适呢?

幼儿:很容易的事情就一个人做两件，比较累的事情就两个人一起做。

有了前期分类合并的经验，孩子们很快就想到了调整的方法。于是“小鬼当家”的任务卡上，有的点了一个小点，代表一个人完成;有的点了两个小点，代表两个人完成。

问题 2:孙悟空的分身术

“谁是今天换鞋子的监督员?”准备午睡时，走廊里孩子们都在询问。这时，浚菘急急忙忙从屋里跑了出来，手里还拿着小拖把：“我是看着换鞋子的监督员，可是我还没擦完地呢！”

这样的状况，在刚开始进行“小鬼当家”时经常出现。比如：同时选择了饭前摆放餐台和叠毛巾，同时选择了管理餐车和整理残渣盘、抽纸盒……

实践是成长最好的方式，这样的问题在孩子们自己发现和调整后慢慢越来越少，他们选择和安排的能力无形中又提高了很多。

4. 创设劳动工具箱

随着孩子们管理班级的范围越来越广、管理能力越来越强，他们需要的支持也越来越多。放开手、管住嘴、瞪大眼，并不是老师的不作为，其实对老师提出了更高的要求，老师要能够敏锐地察觉在什么时间给孩子提供什么支持。为了让孩子们更轻松地完成任务，我们创设了一系列班级工具箱，有了工具箱的支持，孩子们自己知道从哪里寻找工具，能够尝试用工具解决问题。

（二）深度研究法

在自理劳动过程中，深度研究是幼儿积极自主地对解决问题、运用已有经验、获得与迁移新经验的方式。幼儿通过过程中的探究学习、多维度的互动，收获也会有所不同。

【案例】

擦擦小椅子

活动由来

在幼儿园里，孩子们和桌子、椅子互动的频率是最高的。在进餐、区域活动、集体活动、绘画活动等环节，他们都和小椅子密不可分。他们很用心地管理着自己的小椅子，当椅子脏了的时候，他们又是怎么做的呢？

活动实录

1. 椅子脏了怎么办

一天区域活动结束后，嘉怡发现自己的小椅子上留下了很多画笔的痕迹。

嘉怡：文萱快看，我竟然把记号笔画到我的椅子上了，这样太难看了。

文萱：你得赶紧擦一擦，不然时间长了就擦不下来了。

嘉怡赶紧用小桶提来水，拿着抹布擦了起来。她用右手的四个指头摁住抹布，上下移动擦了起来，每擦一会儿，她就会停下来观察一下，看看画笔的痕迹有没有被擦掉。就这样重复了三次之后，问题来了。

嘉怡：奇怪，我用了很大力气，怎么擦不掉呢？

文萱：你洗洗抹布，再擦擦试试。

嘉怡重新清洗了抹布，继续擦起来，这次她用食指摁住抹布，其余的手指握住抹布，上、下、左、右、转圈地擦了起来。

嘉怡：为什么还是那么黑呢？上一次我不小心把彩笔画到桌子上了，我用抹布一擦就下来了。

老师：你为什么现在只是用食指擦呢？

嘉怡：因为这样力气更大。力气大，黑色的印子就会被擦下来。

这个时候，金霖走了过来。

金霖：因为你画的是黑色记号笔，这个画上就擦不掉了，上一次我画在书包上就洗不掉了。

嘉怡听了金霖的话，噘着嘴，皱着眉头，有点不高兴。

老师：你已经用了很大的力气来擦，可是擦不下来。想一想还有没有别的东西，能帮助你清理画笔的痕迹。

嘉怡想了想，拿着抹布来到洗手间，挤了点洗手液，用食指摁住抹布，继续擦起来。这一次，画笔的痕迹颜色变淡了。嘉怡兴奋地又去挤了一点洗手液，可是这次好像就没什么变化了。

嘉怡：李老师，我的小椅子上有画笔印子，我擦不下来，你有什么东西能帮助我吗？

老师：我还真有个法宝，这个法宝的名字叫去污粉，放上一点，用抹布一擦，就能擦得很干净。

老师用一个塑料小勺舀了一点去污粉，洒在黑色的画笔痕迹上，用抹布上下擦很多次，上面的画笔痕慢慢地从浓变淡，最后消失了。嘉怡和旁边的几个小朋友看到干净的小椅子，顿时兴奋地跳了起来。

慢慢地，孩子们发现，在小椅子上有很多的缝隙，这些缝隙里有的地方是黑黑的。

淘淘：我的小椅子下面的那几根撑着的木头很脏，因为我经常踩着它。

明明：我发现椅子下面也有很多缝隙，而且边上有点黑。

老师：这些黑黑的东西是从哪里来的呢？

明明：不知道啊。

珺尧：椅子背的前面和后面的缝隙里也有些脏的东西。

老师：那你们再找一找，看看小椅子还有哪些地方容易脏？可以把自己的发现记录下来，想一想为什么这些地方容易脏。

每个人都开始认真地观察椅子，有的从上到下认真观察，有的把小椅子翻过来，兴奋地看椅子下面的结构，就像是发现了新大陆。孩子们一起讨论、寻找小椅子的污渍点之后，用自己看懂的符号一一标记了出来。经过观察讨论，座椅下面出现发黑的现象是因为吃完饭之后直接用有油的手搬椅子，把椅子弄脏了。那些椅子下面的空隙里有黑黑的东西是由于沾满了灰尘没有及时清理干净。

（思考：怎样擦干净画笔的痕迹，是本次活动中孩子们一个感兴趣的探究点。他们围绕此问题讨论、探究、动手尝试，想办法来解决这个问题。一开始用清水清洗，并用四指摁住抹布，按照上下方位移动的办法清理；慢慢地转变为用食指摁住抹布，四个方位移动。在亲身探究的过程中，孩子们感受了力的运用以及抹布和摩擦污渍之间的关系。孩子们还在生活中发现了小椅子一些容易脏的部位，并把自己的发现记录了下来。这些通过自己探究、尝试所收获的擦拭技能，都是清理活动中很重要的清洁小技巧。当他们发现用水清理没有效果时，开始进一步探究清洁剂发挥的作用。）

2. 怎样清理更方便

结合孩子们发现的问题，以及孩子们清理椅子的兴趣点，老师以驱动性问题“怎样清理更方便”作为探究问题的切入点，鼓励孩子们自己在尝试中发现并对比多种清理办法，探索多种清理技能。

老师：当我们的椅子上有擦不掉的记号笔痕迹时，去污粉可以轻松地解决这个问题。还有没有更简单的方法？

明明：我奶奶在家里会用一种很粗糙的洗碗的东西，清理一些油渍，一擦就会擦下来。

金霖：我妈妈也是用百洁布擦我们家做饭的地方，那些黄色的油一擦就擦下来了，明天我要带来试试擦椅子。

洪屹：我妈妈还买了一种擦地板的清洁剂，一喷上，那些脏东西一擦就擦下来了。

老师：你们在生活中发现了这么多清理的小秘密，回到家之后可以和爸爸妈妈讨论一些清理小妙招，寻找一些小工具，拿到幼儿园和大家一起分享。

孩子们回到家之后找来了各种各样的小工具，有的孩子从家中拿来了百洁布，有的孩子带来了家具去污剂，有的找来了小牙刷、刷吸管的细毛刷，还有一些密度较高的抹布。

第二天，他们拿着这些工具开始清理自己的小椅子。婧晗小朋友拿着小牙刷，沿着缝隙上下刷着里面的灰尘，嘴巴里唱着：“我是一个粉刷匠，粉刷本领强，上下刷呀，用力刷，椅子干净了。”金霖用百洁布在椅面上转着圈擦着，遇到缝隙的时候，会用百洁布的边缘来进行清理。珺尧则用自己的吸管刷，上下方位移动清理一些角落。嘉怡借助自己的清洁剂，哪里脏就往哪里涂上一些清洁剂，重点进行清理。

（思考：通过驱动性问题的介入，孩子们想到了平时在生活中观察到的家人清理污渍的办法。围绕此问题，进一步讨论和启发，鼓励幼儿继续去探索清理的小妙招。他们根据自己的发现和清理需要，寻找了各种各样的工具来支持自己的清洁技能。）

3. 哪些工具最好用

找来了这么多的工具，哪种工具最好用呢？孩子们开始围绕这些工具进行探讨。

老师：在这些工具当中，你认为哪一种工具清洁椅子最方便？

婧晗：小牙刷就很方便，上面有密密长长的毛，还有能握着的把手，刷的时候不费力气，还能刷干净，我奶奶也经常用小牙刷刷一些小缝隙。

珺尧：今天的吸管刷在刷椅子的时候不太方便。这个铁丝的把手很容易弯，一会儿就变形了，脏东西还没弄出来。

金霖：这个百洁布也很好用，有一面摸起来粗糙，有一面是海绵的。用粗糙的一面擦脏的东西，很轻松就擦好了。

洪屹：我和妈妈找的这个抹布不是很大，而且很吸水，在最后清洁的时候可以很容易就擦干净，但是擦椅子上脏的部位得用小工具。

嘉怡：刚才我把清洁剂涂在小椅子下面有点发黑的地方，用我的小抹布转圈擦，一会儿就清理得很干净了，这个清洁剂很好用。

老师：你们寻找的小工具有的好用，有的并不适合清理椅子。接下来你们也可以继续探索清洁方便的小工具。

4. 保管小工具

老师：这些工具你们是怎么保管的？

婧晗：我把它放在一个小盒子里了，这样用的时候比较方便。

珺尧：我装在袋子里了。

洪屹：我放在橱子里了。

金霖：我把它装在袋子里了。

老师：我们需要找一个工具盒，专门来盛放这些工具，这样既卫生，也方便。

几天之后，大家找来了铁盒子、塑料盒子、带手提柄的收纳盒。经过孩子们自己的讨论与尝试，他们最终选择了两种盒子作为工具盒：一种是手提式的盒子，可以盛放多种工具和清洁剂；另外一种是带盖的收纳盒，可以存放工具。就这样，孩子们选出了属于自己的工具盒。

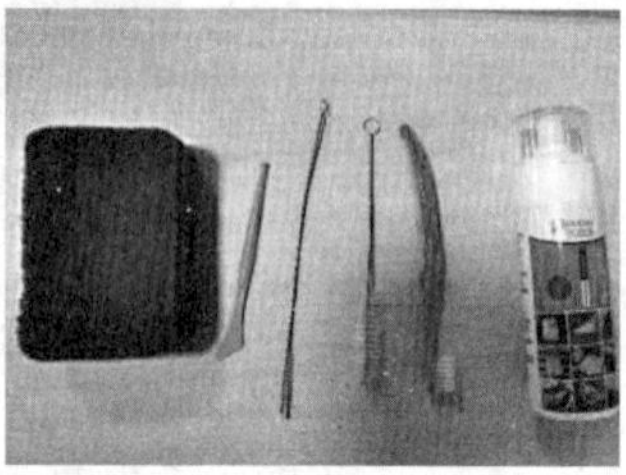

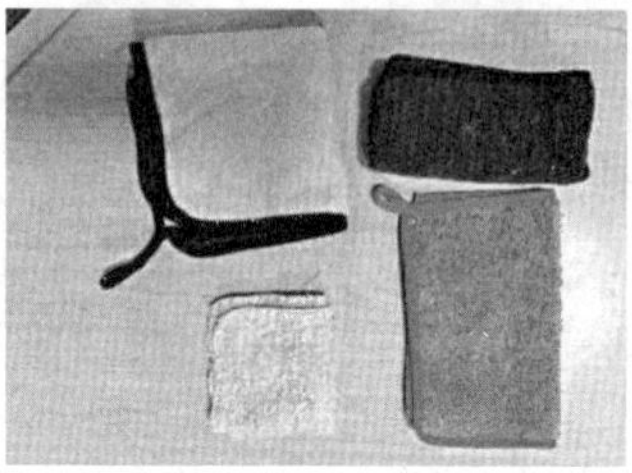

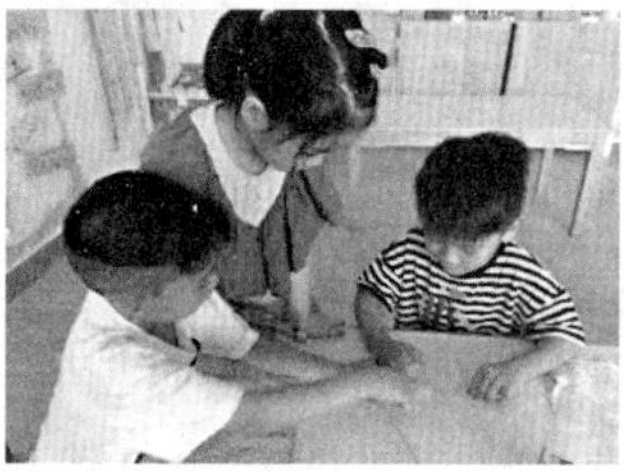

（思考：孩子们从自己寻找工具到使用工具，再到探索工具，他们认真观察、亲身体验、自主验证，经历了对劳动工具进行筛选的过程。他们在探究自己想要探究的问题时，兴趣持久浓厚，积极发挥主观能动性，不仅探究了工具的使用方法，也探究了多种劳动技能。）

（三）迁移创新法

生活自理劳动教育离不开与集体教学、区域活动的自然连接。在综合性的劳动活动中，只要给幼儿自由、自主的空间和机会，他们就会从生活自理劳动的一个原点出发，创新出更多的劳动方法，从而使劳动技能得到更深入的发展。通过迁移创新，幼儿能够在一系列的劳动过程中，在成人的引导下，通过劳心劳力来不断地尝试探究、反思调整、梳理提升。这既满足了他们探究的兴趣，也不断丰富着知识和经验，提升着对劳动本身的兴趣和对劳动价值的认识。

【案例】

巧叠被子“变”奏曲

整齐的被子、干净的床铺会带给我们一种愉悦的心情。叠被子是每个人必备的一项生活技能，你会几种叠法呢？

大班的小朋友把叠被子演绎出了一首有趣的“变”奏曲，叠一条被筒能变出七种方法。他们还把这些方法用自己喜闻乐见的方式进行了命名："拧麻花""翻翻乐""躲猫猫""悟空翻跟斗""小蛋筒""千层饼""小鱼翻身"。看似简单的活动里可是藏着大学问呢，这里简单介绍其中三种方法。

1. 拧麻花

孩子们升入大班，起床后怎样把被子两边朝下对中心线叠好，是一个不小的挑战。午睡起床后，孩子们一边整理床铺，一边讨论起来。

彬彬：夏夏，你的小被筒真听话，为什么我叠的被筒一翻就开花了呢？

夏夏：因为你的被子两边没有和中间对齐呀，中间的缝隙像一条大河，你一翻，它就散开了呗。

彬彬：你看，这次我把两边对准中线了，可是翻过来还是开花了。

老师：有什么好办法可以解决小被筒散开的问题呢？

夏夏：我有一个办法——"拧麻花"。

老师：怎么"拧麻花"？

夏夏：小被子关上门，先翻这一头，你看小被筒是不是拧成了一个蜂蜜小麻花？然后把另外一头翻过来，小被筒就叠好了。

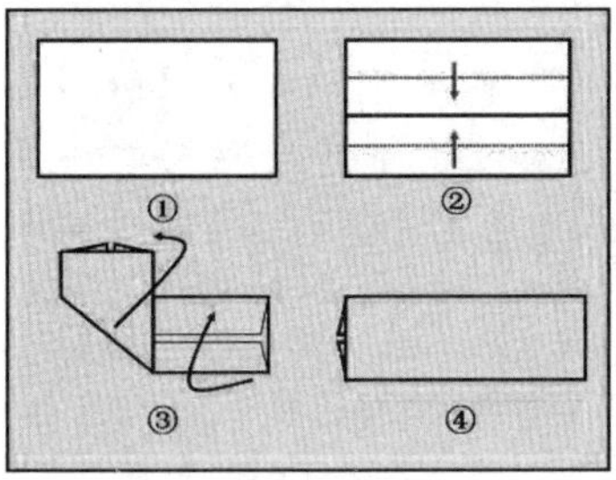

彬彬：真好玩，我也要让小被筒成功翻身。

老师：夏夏的发明真是棒极了，拧个麻花就可以轻松地翻转小被筒。大家可以试试看，还有哪些巧妙的办法？

（思考：当孩子们遇到了一个属于自己的真正的问题的时候，会激发起他们强烈的自主探究的欲望，而一个孩子的好奇心往往会带动一群孩子的好奇心。怎样把被筒叠得整齐美观？怎样轻松地翻转小被筒？孩子们在观察和交流中不断地对比着别人的做法，修正着自己的办法，探索出了适合自己的快速有效的叠法。在一次次失误、反思、调整中，助推了深度学习的发生。）

2. 小鱼翻身

两周过去了，带着探究小被筒的热情，孩子们的奇思妙想见证了魔法时刻的到来。

老师：我发现子豪发明了一种神奇的叠法，跟大家都不一样，我们请他来分享一下。

子豪：我的方法叫"小鱼翻身"。

正轩：你的被子还能变成小鱼，它怎么翻身啊？

子豪：看好喽，小被子先关好门，小门对折好，是不是变成了细细长长的小鱼？

霖雍：哇，好像在《海底一百层的房子》里看到的海鳗呀。

子豪：神奇的魔法来了，小鱼要翻身喽，捏住最上面的一层一拉，骨碌翻个身，就变成朝下的小被筒了。

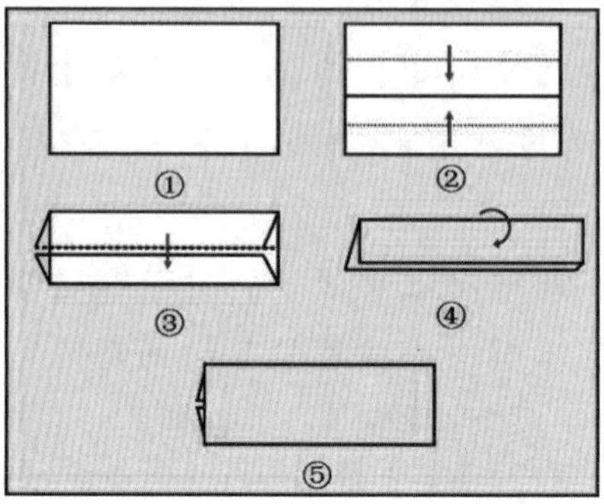

老师：把关好门的小被子对折以后，进行方位的转换，就可以轻而易举地叠出小被筒，看起来又整齐又好看。

（思考：有趣的“小鱼翻身”蕴含着数学知识中二等分、四等分以及空间方位的概念。在真实的生活事件中，数学知识在不经意间被悄然领会，孩子们感受着生活中的数学之美。由此可见，叠被子不只是单纯的生活技能、技巧，更是孩子们进行智力活动、自主学习的一个重要过程。）

3. **千层饼**

暖暖：我有一个更厉害的办法叫“千层饼”。

老师：听起来就很不一般，为什么会叫“千层饼”呢？

暖暖：我用了折纸的方法来叠被筒。抓住被子的一侧提起来，一层一层往下折，先往前折，再往后折；一、二、三，看，小被子变成了大小一样的四层，厚厚地摞在一起，多像千层饼；把上面的两层翻下来，就变成小被筒了。

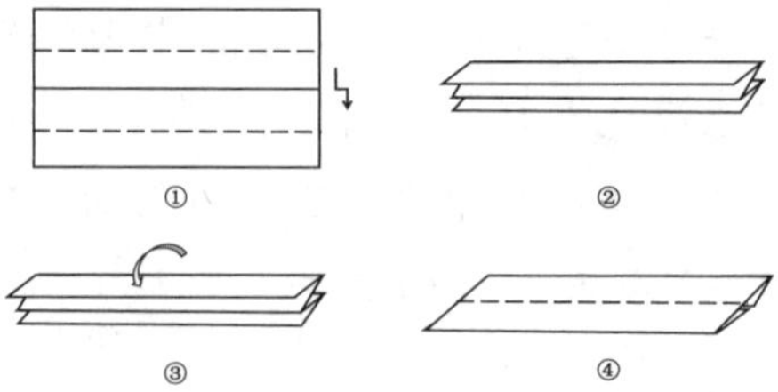

老师：原来叠被筒还可以用到折纸的办法，动脑筋、想办法，就会有这么多惊喜等着你呢！

（思考：幼儿利用原有的知识经验，解决了自己遇到的新问题。除了这些叠法之外，还有“小蛋筒”“翻翻乐”“躲猫猫”“悟空翻跟斗”，体现出幼儿有变化、有童趣、有学问、有审美的思维方式。整齐美观的小被筒，不仅可以晾干睡觉时的汗液，还能帮助他们轻松自如地钻进小被窝，盖好小被子，同时也开启着孩子们对生活中美的感知。叠被子中由“一”到“七”的变化带给了我们很多思考。当教师给幼儿提供更多留白的时候，他们就有了更多探索的可能性和空间。幼儿的思维一旦打开，会出现许多令人惊奇的魔法时刻。在叠被子中表现出来的持久的好奇心、积极的态度、亲身的体验，引领着幼儿养成一种良好的学习品质，形成一种自律的生活习惯，以及通过自己的努力，拥有幸福生活的能力。）

（四）实践提升法

幼儿的年龄特点和生活经验决定了他们自理劳动能力的发展离不开真实的体验、反复的练习、情感的共鸣与升华。教师要根据幼儿的年龄特点、发展水平，为他们提供更多实践体验的可能、交流分享的机会，引导幼儿在各种实践体验中，达成最终的教育目的——形成积极向上的劳动观念，激发劳动兴趣，培养良好的劳动习惯，不断激发探究的兴趣、创造的动力，提升解决问题的能力。

【案例】

剥蒜

1. 问一问，剥蒜有什么好方法

孩子们初次剥蒜，成功的人非常少，即使剥出了蒜瓣，蒜瓣也被孩子的指甲抠得伤痕累累。剥蒜怎么这么难？有没有简单、方便一些的剥蒜方法呢？为此，孩子们带着疑问回家向家人请教。

第二天，孩子们交流剥蒜的好方法。

宁宁：我奶奶说，把蒜用刀子在菜板上拍一下，蒜皮就很好剥了。

安夏：我妈妈告诉我，把蒜分成小瓣后，放到水里泡一泡，蒜皮就很容易剥下来。

国文：把蒜放微波炉里热一下，就很好剥了。

承承：爷爷说要先把蒜下面的白根切下来。

赫赫：把蒜放进小缸子里，使劲晃，蒜皮就能自己掉下来。

童童：有专门的剥蒜器，把蒜放里面，滚一滚，皮就很容易掉下来。

2. 试一试，“泡水”的方法好不好

老师：用哪种方法，我们小朋友现在就可以试一试？

幼儿：泡水里。

于是，孩子们找保育老师张老师借来洗水果的盆，然后把已经掰开分好的蒜瓣放进了盆里，又接满了水。过了十几分钟，孩子们捞出水里的蒜，再次尝试剥蒜。他们每个人都跃跃欲试，小手拿着蒜瓣，认真地剥着。不一会儿，承承、安夏等小朋友就很兴奋地举起了他们剥好的蒜。涵涵看到后，边剥边说：“我撕下来一块了。”其他的孩子也都相继剥下了蒜皮。这一次，没有一个孩子等待或寻求别人的帮助。

（思考：幼儿回家后，从家长的介绍中了解了多种剥蒜的好方法。在分享交流之后，他们选择了适合小朋友操作的“泡水法”进行了尝试。在此次泡水剥蒜的尝试中，幼儿表现出了更加浓厚的兴趣，因为经过水泡之后的蒜确实让幼儿体验到了成功感。这一生活经验已经通过幼儿的积极体验，被印刻在了他们的身体中。）

3. 说一说，“泡水”的方法我知道

孩子们成功剥好了大蒜，特别高兴，互相炫耀着自己的劳动成果。

老师：你剥了几瓣蒜？你是怎么剥下来的？剥的时候有什么新的发现？

涵涵：我剥了 7 瓣蒜。我都是从一头一抠，皮就起来了，然后慢慢拽，蒜的皮就连着下来了。

承承：我拿了蒜一捏，皮就起来了，然后我就一下一下撕下来了。我剥了 8 瓣蒜。

安夏：我剥了 6 瓣蒜。我也是从蒜的一头抠一抠，就把皮抠起来了，然后就很容易剥下来了。

汉堡：我给大蒜脱衣服是从下面开始，一只手捏着头，一只手挤一挤下面，衣服就松了，然后撕下来就行了。

……

老师：大蒜皮本来是紧紧贴着大蒜的身体，但是被水泡了以后，蒜皮就离开了大蒜身体，我们挤一挤、捏一捏、抠一抠，就能比较容易地把蒜皮剥下来。看来泡水的方法真的是非常有效的。其他的方法，小朋友可以回家和爸爸妈妈一起试一试，用到刀或微波炉的时候，一定要请大人来操作。

（思考：剥蒜成功之后的经验分享，幼儿更加有话可说、有话想说，他们积极表达自己剥蒜的成绩和感受。从他们的表达中也能发现，相似的剥蒜方法中也有各自不同的细节和动作，这些细微之处体现了幼儿各自思维的不同、小肌肉动作发展的不同、实践方法的不同、收获的不同，种种的细微之处反映了幼儿的自我建构、个性发展。在这个过程中，幼儿养成了耐心付出、坚持不懈的良好劳动品质。）

（五）问题引领法

在幼儿一日生活的自理劳动教育过程中，存在各种各样的小问题，只要教师及时捕捉幼儿面对的问题，适时加以引导，就可以促进幼儿不断思考、主动学习。在尝试解决一个个问题的同时，幼儿的劳动意识和劳动能力均能得到自主建构和发展。而劳动能力的增强，又能促进幼儿更好地解决生活中的问题，让自己的生活更加自由、自主。

【案例】

图书整理小能手

活动背景

班上的语言区里有一个书橱、两个书架、两个书盒，分别放置着各种图画书。随着主题活动的开展，又有孩子从家中带来图书。慢慢地，书盒里的书越来越多，塞得越来越紧，拿取特别不方便。老师又提供了一个书盒，问题随之产生：图书该怎么分类摆放？为此，班上进行了一场图书大整理。

活动实录

班上的一个书橱是格子橱，每个格子里放着15~30本图画书，整齐有序，且取放很方便，所以孩子们一致同意，这个书橱不再调整。

1. 整理书架

问题一：书架上放什么书？

小值日生安家、七月和果果来到书架前。安家发现，有的书封面的上页角向外卷翘，就伸手压了压，但是一松手，页角仍旧往外翘。

果果：这些书都不听话了。

老师：你们看看，会翘的那些书有什么特点啊？

七月：都是最外面的书会翘。（书架上都是2~5本同样的书放一摞。）

老师：书架上所有的书，第一本都翘吗？

他们三人异口同声地说“不是”。

老师：仔细看看，会翘的这些书，封面的纸都有什么特点？

安家、果果拿着另外几本会翘的书，依次看了看。

安家：这些书都是薄的，那些没翘的都是硬的。

七月：这些封面太软了，很容易翘。

老师：那你们打算怎么整理书架上的书呢？

七月：把软的放到书盒里吧，书架上就放硬的书。

老师：你们觉得呢？

安家和果果：嗯，好啊。

于是，三人把书架上的软皮书都拿了出来，又从书筐里拿来5本硬皮书，摆放在空出来的地方。

（思考：在日常生活中，值日生也会对图书进行简单的整理，但是基本上是把同样的书重叠摆放整齐。而软皮书籍，随着幼儿取放翻阅，封面出现了翘角的现象。此次，三名幼儿在承担整理书架的任务后，他们最先发现的就是翘起的书角，然后在老师的引导下发现问题所在，并对书架上书籍的摆放进行了调整。）

问题二：书架上的书怎么摆放更整齐？

书架上都摆放好了硬皮的图书，但是书的大小高低各不相同，怎么摆放更整齐呢？

七月：把一样大的放一起。

安家：把一样高的放一起吧。

针对这个问题，安家、果果和七月立刻动手调整起来。他们把图书上下、左右地挪动、比较，重新摆放。

果果：我来找和这本一样大的，放这一排。他边说边从其他地方拿出书，比画起来。

安家：你试试这本。

果果拿过书，比了比。

果果：不行，太小了。

安家接过书放回原处，又拿了另外一本书递给果果，两人一本接一本地试了起来。

七月在一旁也找出了一样大的几本横版书籍，往同一层书架上放，但是只放了三本，第四本就放不下了。七月挪动三本，让它们之间不留一点缝隙，但还是放不下。

七月：这怎么办，这些书太长了。

安家：这些书横着放不开，竖着放就能放开。我家的书就是竖着插的。

七月：咋放啊？

安家拿起一本竖了起来，七月一看，把其他的也都竖起来，最后正好整整齐齐放上了四本。

七月：老师，这些书没有一样大的了，我就给它们排成台阶式了。

老师：选书的时候，像是在走台阶，看上去也很整齐有序啊。

（思考：生活中很多杂乱无章的现象可能经常被无视，但并不代表看到的人不觉得它无序。当教师提出了怎么让书的摆放更整齐的问题时，三名幼儿的积极回答及尝试表现出了他们内心的想法：书架上的书确实摆放得不够整齐，需要调整。在整理过程中，他们也能运用自己已有的生活经验，将书的摆放方式进行适当的调整，以满足他们的摆放需求。）

2. 整理书盒

问题一：三个书盒各放什么书？

三个书盒，一百多本书，该怎么放呢？面对这个问题，孩子们的回答五花八门。

翔翔：把大的放一盒，中的一盒，小的一盒。

汉堡：把长方形的书放一起，正方形的书放一起。

灏涵：又没有第三种形状，怎么放啊？

童童：幼儿园的书多，放两个盒子里；小朋友带来的书放一个盒子里。

安家：可是我们又不知道哪本书是小朋友带来的，哪本书是幼儿园的。

……

老师：我们先把这些书都摆出来，然后再来看看怎么分吧。

小值日生灏涵、承承、柚子、琳琳铺好地垫，然后把书拿出来放到垫子上。

灏涵：这些书放一个盒子里吧。范宗承，你把这些硬的书放你那个盒子里吧。

柚子和琳琳拿着盒子看了看，也蹲下来，拿其他的书开始往盒子里放。

承承：没有硬皮的书了，于灏涵，我和你找吧。

灏涵：好啊，那你放哪本呢？

他边说边看了看地垫上的书，正好看到柚子拿着一本《睡美人》。

灏涵：柚子，那是小银章的书。范宗承，你把小银章的一套书都拿过来吧。

就这样，承承又和灏涵把多册和成套的书全部放在了灏涵身边的盒子里。地垫上只剩下一些单本软皮的图画书，灏涵和承承又和柚子、琳琳一起把书全部放到盒子里。三个盒子正好放下了所有的书。

（思考：图画书的种类繁多，大小、样式也各不相同。因此，面对如何分成三类的问题，幼儿的想法也是天马行空。后来，教师提出可将所有的书摆出来，再进行分类尝试。幼儿面对图画书实物，通过观察，有了比较有针对性、可操作性的分类办法，最终在共同努力下，所有的图书全部分放到了三个书盒里。）

问题二：书盒里的书怎么摆放更整齐？

三个书盒里的书，大小高低差异很大，怎么摆放整齐有序、方便取放呢？针对这个问题，孩子们的想法都非常一致：按照高矮排队，矮的在前面，高的在后面。

承承把书摆到地垫上，高的放一头，矮的放另一头，一样高的则一本一本叠放起来，然后中间按高矮排好队。全部摆好了以后，承承从最矮的书开始拿起，放到书盒最前面，再拿高一点的，依次往后放，直到把书全部放到了书盒里。

琳琳和柚子先是观察书盒里的书，看到高矮摆放不合适的，就一本一本地拿出来调整。两人你拿一本、我找位置，合作得非常好，整理的速度也很快。

灏涵也是先观察，把位置不合适的一套书或者同一本的多册书拿出来，放到橱子上，然后拿一本找位置，试来试去，找到最合适的位置后，再把其他的几本书放进去。后来，最先整理好图书的承承也过来帮忙，两人一起把这一个书盒里的书按高矮摆放整齐。

（思考：书盒里的书比较多，从取放方便及整齐有序上来考虑，幼儿给出了比较一致的建议。而高矮排序对中班幼儿来说，基本没有问题。在调整图书位置时，几名幼儿各自的整理办法是不一样的。承承整理的硬皮书相对而言数量较少，所以他把书拿出来在地垫上排队摆放，再一一放入书盒。其余两个书盒里放的软皮书数量较多，所以三名幼儿直接在书盒里进行调整。虽然方法不同，但是最终他们都把书盒里的书整理得高矮有序。）

3. 图书找家

问题一：图书找错家了怎么办？

书架整理好的几天后。

七月：老师，不知道谁又把书放错了。你快看看吧。

老师和七月来到书架前，看到有几本书摆放得高低错乱。经过了解，有的孩子放的时候忘记从哪里拿的，就随便放了一个空的地方，有的孩子把书又借给好朋友看，结果好朋友放的时候放错了。于是，老师和孩子们一起商量：有什么好办法，能够让大家又正确又方便地找到书的家？

安夏：在书架上贴上书的名字吧。

铭铭：我又不认识字。

安夏：那你就赶紧认识字啊。

铭铭：可是，我一下子记不住那么多。

七月：和我们的“智慧岛”一样，做个数字的标记吧。（“智慧岛”是班级的益智区，里面的材料盒和橱子上有对应的数字标记。）

铭铭：这个行，数字我能认到100了。

安夏：我还会写数字呢。

铭铭、七月：我也会，我也会……

老师：是啊，你们现在都会写数字了。“智慧岛”的标记是老师打印的。咱们书架上的标记，让你们自己来做，怎么样？

幼儿：好，没问题！

问题二：标记怎么做？

用什么材料做标记呢？

七月：可以在彩纸上写数字，再用透明胶贴到书上。

畅畅：用即时贴吧，我们写上数字，可以直接贴上。

大家都同意畅畅的提议。

七月：我们“智慧岛”的标记是正方形的，咱们书架做个不一样的，剪个圆形吧。

畅畅：好啊。

说完，两个人到美工区里找圆形的模子，然后在即时贴上画下来，剪圆形。

过了一会儿，七月拿着即时贴来找老师。

七月：老师，我们剪不圆，你帮我们剪吧。

老师：你们看好线，慢慢剪。

七月：我剪得很慢，但就是不圆。

老师：那你们可以试试别的形状啊。

七月：可是，我们都想用圆形。

老师：那好吧，你们画，我来帮忙剪。

七月高兴地回到美工区，和畅畅一起画圆，老师帮助剪了很多小圆形。

问题三：标记做多少？

铭铭和安夏拿来记号笔，在剪好的圆形上写数字。他们每个数字写了两个。写完后，他们拿着数字，和老师一起到书架前开始贴数字。不一会儿，数字就贴好了。

七月：哎，后面的书还没有贴呢，得再写一些。

老师：哪个数字需要再写，写几个就够用了呢？

七月：1 不用，2 不用……5 还得写 1 个，6 也是 1 个……

于是，他们又补写了一些数字标记，最终把每本图画书都贴好了数字标记。

七月：太好了。

其余的孩子也露出了灿烂的笑容。

4. 书盒里的书怎么做标记

书盒里的书数量太多，而且三盒书各不相同、各有特点。孩子们经过商讨，最终确定在书盒上各做一个标记，表示盛放硬皮的书、软皮的书和多册成套的书。

（思考：发现图书乱放的现象后，幼儿能根据自己的已有经验，商量解决的办法并付诸实施。在整个过程中，他们各自调动已有的经验来完成标记的设计与制作。如：七月借鉴“智慧岛”的标记方法，又在其基础上改变标记的形状；安夏调动自己会写数字的经验；喜欢在美工区活动的畅畅想到使用即时贴制作标记，用圆形模子画圆形；等等。）

综上所述，当我们从劳动教育的视角来审视幼儿园的生活自理劳动，用充满教育智慧的引领来帮助幼儿掌握劳动中的知识、技能，积累关于劳动的积极情感体验，感受劳动中的无穷乐趣时，幼儿一定能真正爱上劳动，并在劳动中获得全面的发展。

第五章

幼儿生活自理劳动教育的家园共同体

教育的效果取决于学校和家庭的教育影响的一致性。

——苏霍姆林斯基

家园合作的概念最早是由苏联著名教育家苏霍姆林斯基提出的，陈鹤琴先生也著有《家庭教育》一书，家庭教育、家园共育的重要性可见一斑。对于与日常生活紧密联系的幼儿生活自理劳动来说，家园共育更是开展劳动教育不可或缺的组成部分。家庭中包含了更广阔的生活自理劳动的空间和学习的时机，只有家长愿意让孩子劳动，会用科学的方法指导幼儿劳动，才能让幼儿始终保持对劳动的热情，从而更好地培养幼儿的劳动素养。

近年来，国家对劳动教育的重视程度逐步提升，不仅将劳动教育纳入课程教育体系，也明确了各学段劳动教育的内容要求，学前阶段幼儿生活自理劳动能力的培养也越来越引起大家的重视。生活自理劳动教育开展的关键在于幼儿身边成年人的教育观念，除了教师以外，家长也是开展生活自理劳动教育不可或缺的同盟军，构建生活自理劳动教育家园共同体势在必行。

一、生活自理劳动教育的家园共同体

（一）什么是生活自理劳动教育家园共同体

家园共同体，顾名思义就是由家庭和幼儿园双方围绕着幼儿教育而构建的一个共同促进幼儿成长与发展的集体。这个集体中的人员和具体事宜可以根据具体情况有很多种组合和变化。

吴邵萍在《家园共同体的建构》一书中提出这样的观点：家园共同体以促进幼儿发展为共同目标，是由幼儿的家庭成员以及与其相关的教养人员、幼儿园教师及相关工作人员组成的不断建构的群体，双方都承担着教育好幼儿的责任（家庭责任和幼儿园的社会责任），有着共同的需求（怎样更好地促进幼儿富有个性地发展）。共同体成员在幼儿园搭建的平台上，通过互动增进情感、分享各自的教育经验与智慧，探讨教育上的困惑和解决办法，经过分享、倾听、质疑、碰撞，最终促进互动双方对某一问题多元、深度的认识，并不断丰富、发展自己的原有观念和认识，向着理想化的教育进程迈进。

这一段描述让家园共同体的概念具体、清晰，其中也可以寻到一些构建的方法以及涉及的人群。那么，生活自理劳动教育家园共同体是什么呢？又有哪些特点呢？

不难看出，生活自理劳动教育家园共同体应该是一种聚焦，是关于幼儿教育内容的一种再细化。生活自理劳动教育家园共同体应该是以提升幼儿生活自理能力为目标，由幼儿的家庭成员以及相关教养人员、教师及相关幼儿园内的工作人员组成的一个群体。相比于宽泛的家园共同体，生活自理劳动教育家园共同体的目标更加具体，就是为了让幼儿在劳动的过程中习得生活自理劳动的相关技能，同步发展德、智、体、美，培养幼儿热爱劳动的品质。这些能力与品质的获得，让幼儿的发展不断得到提升，让幼儿的生活更精致、更有品质。

（二）构建生活自理劳动教育家园共同体的重要性

生活自理劳动教育因其本身具有的与生活密切结合的特性，需要在幼儿的一日生活中开展，需要在家园的密切配合中完成，这就决定了生活自理劳动教育家园共同体是开展幼儿劳动教育必不可少的力量，其重要性体现在以下三个方面。

1. 实现了生活自理劳动教育在家庭中的延伸

在幼儿园里开展的劳动教育，大都需要在家庭中得到延续和拓展，比如小班幼儿初入园时需要自己学习穿脱衣服、叠衣服、穿鞋子等。在幼儿园集体学习的基础上，家庭中家长一对一的指导和幼儿的练习也尤为重要，可以让幼儿尽快把在园习得的技能进行巩固，促进幼儿对于劳动技能的掌握。这种延伸性，就决定了幼儿园教育和家庭配合在幼儿习得生活自理劳动技能中都占了很大比重，劳动内容上的高度重合性也让劳动活动从幼儿园延伸到家庭中成为一种必然。

2. 丰富了生活自理劳动教育的内容

生活自理劳动教育的内容大都发生于幼儿的一日生活中，存在于衣食住行的方方面面，这就决定了生活自理劳动教育具备非常明显的生活化的特点。这一特点既存在于幼儿园生活中，也存在于家庭生活中。而家庭中更包含着许多在幼儿园里无法进行的生活自理劳动内容，比如洗澡、洗袜子、刷碗筷、整理家务等，这些劳动内容对于提升幼儿的生活自理劳动能力必不可少。

3. 促进了幼儿在自理劳动中的全面成长

家庭配合不仅仅对幼儿生活自理劳动技能的习得有促进作用，也能培养幼儿的劳动习惯，增强幼儿的劳动能力。家庭成员对幼儿“自己的事情自己做”的鼓励，对幼儿在自理劳动中表现出来的独立自主、关爱家人、乐于想办法解决问题等品质的欣赏，都会对幼儿产生积极的影响。有了家庭的配合与支持，幼儿在园养成的劳动品质、热爱劳动的情感也会延续到家庭中，在生活化的环境中得以落实，让幼儿对于劳动的情感与品质不断得到巩固与升华。

综合以上分析可以看出，在开展生活自理劳动教育时，构建家园共同体是非常必要的。那么，家长这个同盟军群体认可“劳动”吗？舍得让孩子“劳动”吗？是不是经常会听到这样质疑的声音：

孩子还太小了，他自己穿衣服可不行。

还帮忙干活，在家里不捣乱、不帮倒忙就行了。

他们现在的任务就是学习、成长，劳动太浪费时间，还不如上个培训班。

……

你们的家长同盟军是怎样想的呢？做一次问卷调查，了解来自家长的疑虑和担心。

【实践链接】

生活自理劳动教育调查问卷

各位家长：

您好！为了了解孩子们在家庭中生活自理劳动的情况，进一步做到家园配合，更好地开展生活自理劳动教育，请您协助我们完成以下问卷。感谢您的配合！

1. 您认为幼儿的生活自理劳动包括哪些劳动内容？（可多选）？

A. 自己喝水进餐（　　）

B. 自己穿脱衣服（　　）

C. 自己整理物品（　　）

D. 自己洗漱（　　）

E. 帮助家人做力所能及的家务（　　）

其他________________

2. 您觉得有必要在学前阶段开展生活自理劳动教育吗？

A. 非常必要（　　）

B. 有必要（　　）

C. 可有可无（　　）

D. 没有必要（　　）

3. 您是否乐意孩子参与生活自理劳动？

A. 是（　　）

B. 否（　　）

4. 您乐意孩子参与生活自理劳动的原因是：（可多选）

A. 自己的事情自己做（　　）

B. 学习劳动技巧（　　）

C. 从小培养爱劳动的好习惯（　　）

D. 为上小学做好准备（　　）

其他________________

5. 您不乐意孩子参与生活自理劳动的原因是：（可多选）

A. 担心孩子做不好（　　）

B. 会经常弄脏衣服（　　）

C. 有一定危险性（　　）

D. 会占用孩子的学习时间（　　）

其他________________

6. 您认为生活自理劳动对孩子的成长有哪些价值？（可多选）

A. 培养孩子的独立性和责任感（　　）

B. 养成良好的生活习惯（　　）

C. 提高孩子解决问题的能力（　　）

D. 促进良好个性品格的形成（　　）

其他________________

7. 您孩子在家庭中每天都有相对固定的自理劳动内容吗？

A. 每天都有（　　）

B. 有，但不固定（　　）

C. 偶尔有（　　）

D. 没有（　　）

8. 您感觉孩子对自理劳动的兴趣如何？

A. 兴趣很浓（　　）

B. 一般（　　）

C. 没有兴趣（　　）

9. 您会使用哪些方法激励孩子参与自理劳动？（可多选）

A. 讲热爱劳动的故事，给孩子树立劳动榜样（　　）

B. 用自己的行动带动孩子（　　）

C. 肯定、尊重孩子的劳动成果（　　）

D. 给孩子一定的物质奖励（　　）

其他________________

10. 在家中，您会用哪些方法帮助孩子提高生活自理劳动能力？（可多选）

A. 手把手地教给孩子（　　）

B. 用语言讲解具体的做法（　　）

C. 引导孩子观察别人如何去做（　　）

D. 启发孩子想办法解决问题（　　）

其他________________

11. 您给孩子讲解过生活自理劳动中的劳动技巧和安全防护措施吗？

A. 经常（　　）

B. 偶尔（　　）

C. 没有（　　）

12. 您希望通过什么方式家园合作开展生活自理劳动教育？（可多选）

A. 幼儿园开展过的生活自理劳动教育，家长会在家庭中进行配合（　　）

B. 结合节日，家园一起开展生活自理劳动教育（　　）

C. 关注幼儿感兴趣的自理劳动内容，并建议老师多加引导（　　）

D. 希望老师多提供引导幼儿进行自理劳动的方法策略（　　）

E. 通过钉钉群等平台展示、交流孩子的劳动表现和劳动收获（　　）

其他________________

我们面向小、中、大实验班发放了 181 份调查问卷，以下是对调查结果的分析（见表 5.1）：

从对生活自理劳动的重视程度上看，现在大多数家长已经意识到劳动教育的重要性了。90% 以上的家长特别重视对幼儿生活自理能力的培养，85% 以上的家长认为开展生活自理劳动教育非常有必要，14.36% 的家长认为有必要，只有 0.55% 的家长认为生活自理劳动教育可有可无。家长特别关注幼儿在园自己进餐、如厕、穿脱衣服、整理物品等幼儿个体服务方面的内容，可以看出，家长已经意识到，生活自理能力对幼儿集体生活的适应能力有着重要的影响，甚至 65.19% 的家长已经意识到学前阶段生活自理能力的有效培养对于孩子顺利完成幼小衔接也有重要的影响。

但是从家庭中生活自理劳动的开展情况看，家长对生活劳动的开展方式、指导策略还是缺乏了解。从“在家庭中每天都有相对固定的自理劳动内容”“孩子对生活自理劳动的兴趣”“给孩子讲解过生活自理劳动中的劳动技巧和安全防护措施”等问题也可以分析出，现在的家长群体有引导孩子开展劳动的意识，但对于如何在家庭中独立开展生活自理劳动，如何配合幼儿园进行相关延伸活动，还是缺乏科学的方法。从问卷结果中可以看出，91.16% 的家长希望幼儿园的老师可以把开展过的关于生活自理劳动的活动延伸至家庭中，希望通过配合幼儿园的活动，自己的孩子可以真正在生活自理能力上得到提升。

表 5.1　幼儿生活自理劳动教育调查结果表

调查题目	调查结果	调查题目	调查结果
1. 您认为孩子的生活自理劳动包括哪些劳动内容？（可多选）		2. 您觉得有必要在学前阶段开展生活自理劳动教育吗？	

续表

调查题目	调查结果	调查题目	调查结果
3. 您是否乐意孩子参与生活自理劳动?	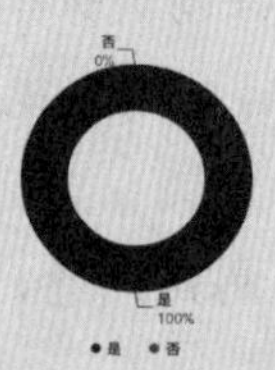	4. 您乐意孩子参与生活自理劳动的原因是什么?	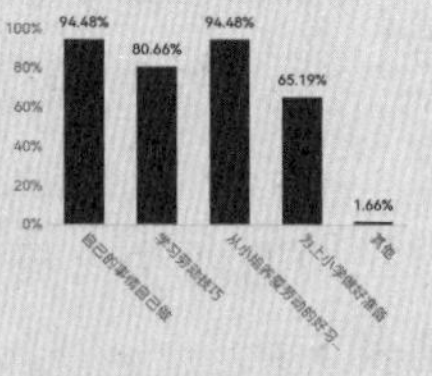
5. 您不乐意孩子参与生活自理劳动的原因是什么?	该题无答题数据	6. 您认为生活自理劳动对孩子的成长有哪些价值?（可多选）	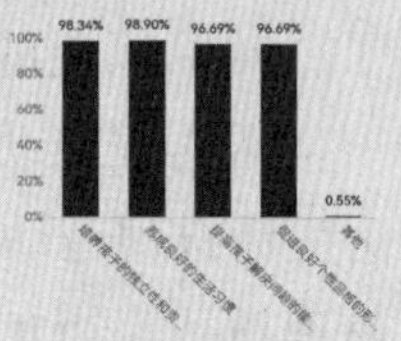
7. 您孩子在家庭中每天都有相对固定的自理劳动内容吗?	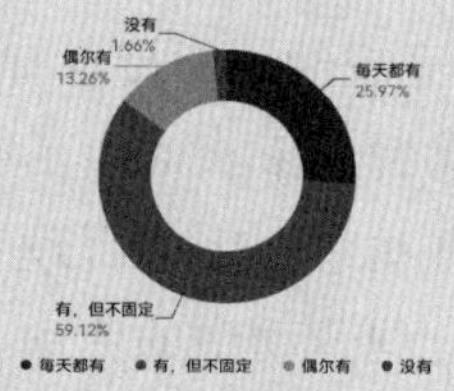	8. 您感觉孩子对生活自理劳动的兴趣如何?	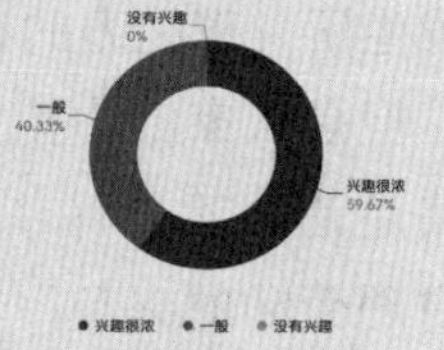
9. 您会使用哪些方法激励孩子参与生活自理劳动?（可多选）	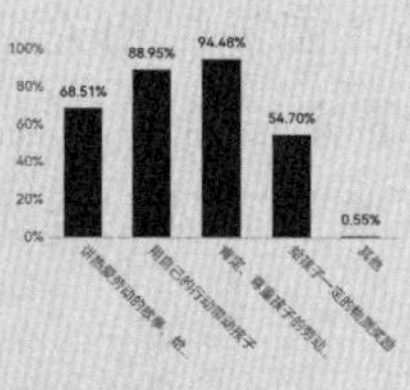	10. 在家中，您会用哪些方法帮助孩子提高生活自理劳动能力?（可多选）	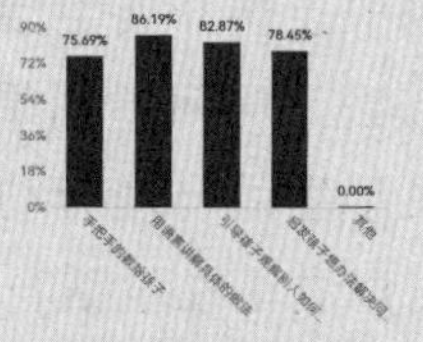
11. 您给孩子讲解过生活自理劳动中的劳动技巧和安全防护措施吗?	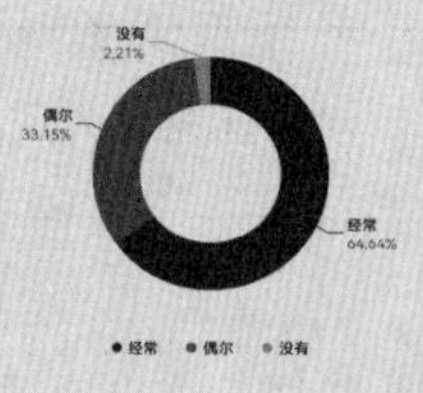	12. 您希望通过什么方式家园合作开展生活自理劳动教育?（可多选）	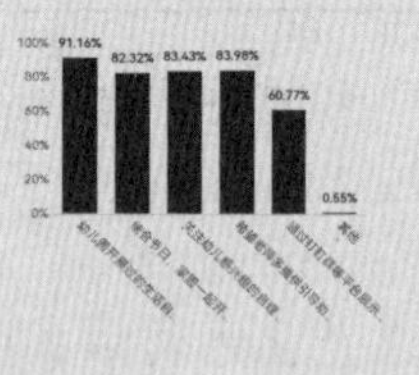

通过问卷调查和情况分析，可以很清晰地看出家长对开展生活自理劳动教育持认可态度，但是非常需要幼儿园的支持和引领，这也成为我们构建生活自理能力家园共同体的重要动力。我们也期待通过这一家园共同体，提升更多家长对生活自理劳动的认识，请家长在家中减少包办代替，给幼儿更多的劳动机会和劳动空间，鼓励幼儿在家中自己的事情自己做；引领有劳动教育意识的家长获得科学的教育方

法，让生活自理劳动教育在家庭和幼儿园的双向教育中落地，更好地促进幼儿的全面发展。

（三）生活自理劳动教育家园共同体的特点

基于生活自理劳动教育的特殊性，生活自理劳动教育家园共同体的家园双方在引导幼儿开展劳动教育时具有以下特点。

1. 关注幼儿的劳动

基于生活自理劳动教育构建的家园共同体以生活自理劳动教育为主要抓手，旨在让家长了解生活自理劳动教育的重要性，与家长群体针对劳动达成共识，有共同的愿景，能够共同促进幼儿生活自理劳动能力的提升。

2. 给予幼儿劳动机会

生活自理劳动教育家园共同体会对幼儿的生活自理劳动给予更多的关注，通过对物质环境和心理环境的共同营造与支持，幼儿可有针对性地获得更多关于劳动的机会，提升幼儿的劳动技能，培养热爱劳动的品质和情感。

3. 劳动教育方法、策略共享

家庭中的生活自理劳动教育，可以等效发起家庭值日生、家庭责任区、家庭整理师、家庭小管家等系列针对性活动。通过系列活动的发起，家长可获得有效的指导与劳动教育策略。

4. 促进家园生活自理劳动教育的协同推进

生活自理劳动家园共同体的建构，能够将家长与幼儿园中参与幼儿生活自理劳动的人员和力量有效地联结在一起，达到“1+1>2”的效果，让教育资源得到最大优化，统一协调整个群体在劳动教育中的观念。

二、家园共同体中的生活自理劳动教育的内容

陈鹤琴认为：“幼稚教育是一种很复杂的事情，不是家庭一方面可以单独胜任的，也不是幼稚园一方面能单独胜任的，必定要两方面共同合作，方能得到充分的功效。”在幼儿的一日生活中，服务自我的劳动存在于他们生活的方方面面，从早晨睁眼开始，穿衣服、叠被子、如厕、穿鞋……这些劳动每天都在发生，是幼儿顺利开展一天活动必不可少的保障，也是幼儿探究发现、不断学习和收获的源泉。开展生活自理劳动教育，家园的协同发展尤为重要。

（一）幼儿园开展过的生活自理劳动教育

幼儿园开展过的生活自理劳动教育内容，如叠衣服、整理衣橱、刷杯子等，都与幼儿的一日生活息息相关，在家庭生活中同样需要。家园教育相辅相成，能够让

活动得到有效的延续和拓展，给幼儿提供更多的劳动机会，使幼儿自理劳动能力得到快速提升。

【案例】

随着冬天的到来，小班幼儿户外活动时要穿上外套，可孩子们基本都穿不上开身的外套，这一环节要花费很长时间。董老师发现了这个问题，便和孩子们在幼儿园开展如何穿上开身外套的讨论活动。在老师的引导下，孩子们想到了很多方法，如小椅子来帮忙、好朋友手拉手、小桌子躺一躺、翻个跟斗试一试……这些充满童趣的办法还真不错，孩子们都很乐于选择合适的方法尝试自己穿外套。

董老师将孩子们找到的方法拍成微视频分享给家长，请家长在家庭中配合、鼓励孩子们自己尝试穿外套，并建立“我会穿外套”的打卡奖励机制，家园合作，以达成劳动目标。

经过一周左右的时间，孩子们穿外套的本领明显提高，同时收到家长的高度认可。格格妈妈说：“我每天都鼓励她学着穿外套，原来还需要多多少少帮一下忙，今天居然一下子就能自己穿上外套了，格格可开心了！”凯凯奶奶说：“老师分享的办法真好用，凯凯穿衣服不要我帮忙了。”毅毅妈妈说：“现在毅毅最喜欢展示的事情就是穿脱外套，谁来我们家，他都得展示一下。”

【案例】

睿睿换鞋时，鞋子经常满地乱扔，从不摆整齐。经过几天的观察，张老师发现睿睿整理鞋子的主动性不强，提醒了才整理，若是不提醒，睿睿就任由鞋子乱飞。

于是，张老师抓住机会，开展“鞋子小管家”的活动，让睿睿监督提醒其他小朋友，以提高他的责任意识。要给别人提要求，自己得先做好吧，于是睿睿开始认真地摆好自己的鞋子。伴随着老师的鼓励和肯定，一段时间下来，睿睿就形成了一定要将鞋子摆放整齐的好习惯。妈妈反馈说，现在睿睿一听见有人回家，就立刻打开门，监督家人是不是摆好鞋子了。之前，走廊上的鞋子都是歪七扭八的，现在非常整齐。张老师和妈妈沟通睿睿的改变，并鼓励家长要和幼儿同步“行走”，达到事半功倍的教育效果。

可以看出，在家庭和幼儿园的高度配合下，幼儿更愿意参与劳动，学习劳动技能，养成劳动习惯，在活动中更轻松、更有效地达成劳动目标，家长也从中感受到了家园合作的明显效果。

（二）只能在家庭中开展的生活自理劳动教育

除了要延伸那些在幼儿园开展过的生活自理劳动教育内容，还有很多需要在家中且只能在家中进行的劳动内容，如刷牙、洗脚、洗脸、洗头、洗澡、洗袜子、清洗玩具、倒垃圾……幼儿通过参与这些劳动，逐步积累对劳动的正确认识，承担家庭劳动的责任，热爱劳动，勤于劳动，理解父母劳动的辛苦，尊重他人的劳动成果。

家庭中开展的劳动内容可分为自我整理劳动、物品整理劳动、清洁劳动和餐饮劳动这几种类型，具体包括以下内容。

自我整理劳动：洗脚、洗袜子、洗内衣、洗澡、洗头发、洗脸、刷牙、抹面霜、洗屁股……

物品整理劳动：整理小书桌、整理玩具箱、整理衣橱、整理床铺、整理抽屉橱、整理药箱、晾衣服……

清洁劳动：洗玩具、洗碗、洗筷子、洗勺子、擦茶几、擦餐桌、倒垃圾、擦玻璃、擦镜子、擦面盆、冲马桶……

餐饮劳动：摆碗筷、做美食……

这些自理劳动与幼儿的生活息息相关，也让幼儿在劳动的过程中获得一定的劳动知识、生活技能，养成劳动的兴趣、勤劳的精神和独立性，培养家庭责任心，提供成人和儿童共同劳动和发展的机会。

【案例】

洗屁股

活动背景

洗屁股是帮助幼儿保持个人卫生的必需的盥洗活动。洗屁股不光能去除秽气，还能温暖屁股，让孩子感觉身体舒爽，更能帮助他们养成一种文明健康的生活习惯。作为中班的幼儿，已经具备一定的卫生清洁能力，应该让他们对洗漱和洗澡产生兴趣并养成习惯，并在成人的帮助下，逐渐学会自己洗小屁股，提高自己动手、自我服务的能力。

活动目标

1. 能在成人的帮助下，按一定的顺序洗干净屁股。

2. 了解洗屁股的重要性，养成每天洗屁股的好习惯。

活动内容

1. 为什么要洗屁股

天气越来越热，孩子们户外活动时都流了不少汗。点点嘟囔着：“好热，好多汗，能洗个澡多舒服呀。”老师问：“你们在家怎么洗澡？都洗身体的哪些地方？”孩子们七嘴八舌：胳膊、腿、脖子、后背、肚子……说了好多。乐乐说：“屁股也要洗呀！”孩子们一听，哄堂大笑。老师说：“乐乐说得不错，难道你们洗澡的时候不洗屁股吗？谁知道小朋友为什么要洗屁股？”于是，关于洗屁股的谈话就开始了。

（1）小朋友为什么要洗屁股

晰晰：如果不洗屁股，屁股里会长小虫子。

亚璠：如果不洗屁股，屁股会变红。

程程：如果不洗屁股，屁股上留着脏东西，屁股会生病。

林峰：如果不洗屁股，屁股会很痒痒，臭臭会抹到床单上。

博旭：如果不洗屁股，屁股会很臭，会长细菌。

明泽：如果不洗屁股，屁股会很黏。

（2）洗屁股的好处

林峰：洗了屁股，屁股就不会痒了。

赫赫：洗了屁股，屁股不会臭。

明泽：洗了屁股，细菌就不会来找你。

（思考：洗屁股是盥洗的重要内容，关于为什么要洗屁股，洗屁股有什么好处，幼儿都能从健康的角度说出自己的理由。他们会用假设的句式，来阐述不洗屁股的后果以及洗屁股的好处，从而说明洗屁股的重要性。）

2. 你怎么洗屁股

洗屁股这一盥洗活动是在家庭中进行的，每个家庭的卫生习惯和生活条件不一样，幼儿洗屁股的方式也不尽相同。

林峰：妈妈接好水，把水接到盆里让我洗。

乐乐：我会蹲下来，妈妈拿着喷头，我来洗。

凡凡：我在洗澡的时候洗屁股。

程程：我站着，用水龙头洗。

博旭：我是蹲下来自己洗。

哲哲：泡完脚后，爸爸抱着我，妈妈给我洗。

（思考：通过幼儿的回答可以看出，有的孩子是家长给他洗，有的孩子已经开始尝试自己洗，有的孩子是用盆接水洗，有的则是用淋浴的方式洗。这个过程离不开家长的帮助，但部分孩子已经有了自己洗屁股的意识和初步的能力。但对于具体的过程和方法，幼儿了解并能够表述出来的内容并不多。）

3. 故事《我教小河马洗屁股》

《婴儿画报》中有一个故事叫做《睡觉前洗屁屁》，是从卫生习惯养成的方面来告诉幼儿洗屁股有什么好处的。这个故事比较适合小班孩子来听，对于中班幼儿，可以续编这个故事，请幼儿来教小河马怎样洗屁股。

老师：小河马要洗屁股了，可他不知道怎么洗，谁能来教教他？

开心：用水龙头来洗吧，洗完了澡，就让妈妈帮河马拿着水龙头，先冲冲前面，再冲冲后面，就洗干净了。

洋洋：我也是这么洗的，妈妈说先洗前面，再洗后面。

老师：为什么要先洗前面再洗后面？

开心：妈妈说的，我也不知道……

老师：可以回家问问妈妈哦，问明白了可以讲给大家听。

凡凡：小河马洗屁股的时候要搓干净，然后再冲一冲，这样就洗干净了。

赫赫：也可以用小盆洗屁股，先洗一遍，再洗一遍，就行了。

老师：你们都帮小河马想办法了，不错。不过这些办法能说得再仔细一点吗？今天晚上，你们都试着自己洗洗屁股。明天，再把你们自己洗屁股的好办法告诉小河马，好不好？

4. 我们这样洗屁股

经过动手尝试，关于自己洗屁股，孩子们有了很多切身的体验。根据他们讲述的方法，我和孩子们一起梳理了自己洗屁股的方法：

★洗屁股有两种方法，一种是用小盆盛水蹲着洗，一种是用淋浴花洒站着或蹲着洗。

★用小盆洗，要用专门的小盆，要洗两遍，这样才能保证洗干净、讲卫生。

★洗屁股时要先洗前面小便的地方，再洗后面大便的地方。

★当天有大便，屁股要用肥皂洗一洗，再用清水洗干净。

★洗完后要用专门的毛巾擦干净，擦的时候也是先擦前面再擦后面。

★洗屁股后要换上干净的小内裤，用肥皂洗干净小手。

★可以请妈妈帮忙，然后一点点学习自己洗屁股。

在梳理方法的过程中，教师也请孩子们说说自己洗屁股的感受，让他们体验自己动手的自豪，鼓励他们养成天天洗屁股的好习惯。

乐乐：我妈妈没想到我能自己洗，她说我很能干。

开心：我妈妈说，先洗前面再洗后面，是因为大便有病菌。

晰晰：我以前就自己洗，没有什么困难。

博旭：自己洗可以一只手拿着水龙头，一只手洗。

程程：我妈妈说我自己洗不干净，可是我让她大吃一惊，没啥能难住我！

教师：自己的事情自己做，一开始有点困难，多洗几次就学会了。养成每天洗屁股的好习惯，你会感觉特别舒服，每个晚上都能睡一个好觉。

小贴士

1. 因为洗屁股涉及幼儿的隐私，在提到具体方法时，可以把幼儿分成男孩组和女孩组进行交流。

2. 征得家长的同意，请家长配合，让家长了解幼儿在老师帮助下梳理出来的好办法，在幼儿自己洗屁股时，教给幼儿具体的方法，鼓励幼儿养成自己洗屁股的好习惯。

这些在家庭中开展的生活自理劳动，不仅能够帮助幼儿获得一定的劳动技能、自我满足和自我反馈，更能引导幼儿关注劳动过程中自我价值的意义和本质，需要家园共同关注幼儿在家庭生活中的劳动内容，挖掘其中的教育价值，让生活自理劳动更好地促进幼儿的全方面发展。

（三）节假日期间的家园生活自理劳动教育

节日里除了欢乐，还蕴含着很多生活自理劳动的契机和内容。母亲节、父亲节、重阳节，从自己的事情自己做到帮着妈妈做家务，从给自己洗袜子到给爸爸洗袜子，从给自己洗脚到给爷爷奶奶洗脚……从生活自理劳动教育的原点出发，劳动让幼儿更体贴、爱护家人。元宵节软糯的汤圆、端午节可口的粽子、中秋节香甜的月饼、腊八节浓郁的腊八粥……在和家人一起制作节日食品的同时，生活自理劳动的内涵也越来越丰富，劳动收获也有更多的甜蜜快乐。春节扫尘，幼儿非常愿意参与，感受劳动带来的整洁，更感受着浓浓的年味；“五一”劳动节更是个全员劳动的好时机，整理小衣橱、收拾小书筐、清洗小书包……既流汗又动脑筋的付出让这个关于劳动的节日更有意义。这些特殊的节日时刻，都是以生活自理劳动为主要内容进行家园共育的好契机。

【案例】

“童心向党，我爱劳动”升旗活动之后

结合“童心向党，我爱劳动”“五一”劳动节主题升旗活动，幼儿园面向小、中、大三个年龄段幼儿，分别开展了不同的节日劳动内容。这些活动紧抓节日契机，培养幼儿的劳动价值观，培养他们成为热情、积极主动的劳动者。

小班幼儿开展的线上“晒晒我家鞋橱”的活动，极大地激励了幼儿。每个家庭纷纷晒出自家整整齐齐的鞋橱，屏幕上弹出家长们的心声：“老师真有办法！一条线就能让孩子轻松地把一个大鞋橱整理好！”“这个活动真好，看似简单的摆鞋子方法，孩子还会把家人的鞋子分层摆放，更方便我们穿！”鞋子摆整齐的方法，幼儿在园期间通过教师创设的劳动环境、说做一体的儿歌教学已经掌握。通过节日主题的契机，将在园劳动内容与家庭协同开展，既巩固了劳动技能，也让幼儿获得了劳动的成就感和幸福感。

中班幼儿开展活动“我劳动的一天”，幼儿可自由计划和选择劳动节当天的劳动任务，如洗洗自己的玩具、为家人洗袜子、清理茶几、擦擦餐桌……幼儿根据自己的劳动计划完成劳动，并和自己的劳动成果合影，展示在班上的“我劳动的一天”照片墙上。在活动中，教师和家长一起鼓励幼儿参与到家庭劳动中，在实践中去解决问题，在直接经验中去构建劳动的意义，生发对劳动的热爱。

大班幼儿进行了“我是劳动小管家”的星级评定活动，幼儿可自由选择家庭生活的某一个区域进行整理和清洁，做好相应的计划。如整理客厅，幼儿要承担的劳动任务包括擦茶几、擦地、整理沙发、整理橱子等，完成后请家庭成员给予幼儿星级评定。在活动中，家长反馈，孩子特别关注自己整理过的区域，无论谁用过什么，都要物归原处，保持他打扫好的样子，一丁点也不能弄乱。由此可以看出，只有亲身参与过劳动，才能对劳动形成真正的尊重，懂得成果的来之不易，从而能更好地站在他人的角度去认识问题，去自我中心化，尊重他人的劳动成果。

紧抓节日契机开展生活自理劳动，贴近幼儿的生活、兴趣和需要，让劳动变得更有趣味性，让节日活动成为拓展自理劳动教育的重要途径。

（四）特殊背景下开展的家园生活自理劳动教育

2020 年至 2022 年，居家隔离成为一种特殊“常态”。从幼儿在家中的教养与看管到特殊时期对家庭卫生和消毒的高度要求，对于家长来说都是很大的挑战，很多家长疲于照顾孩子、打扫卫生，苦不堪言。

于是在这一特殊背景下，我们在精心开发制作的“心”课堂中专门开设了“做家务”的板块，通过精心制作的微课视频引领家园群互动，引导幼儿积极参与到擦桌子、刷碗筷、晒鞋子、叠衣服、整理玩具、学做美食等一系列家务劳动之中。通过活动的引领和家长的积极配合，幼儿在丰富多彩的家务劳动中收获生活的本领、生活的智慧，掌握了生活自理劳动技能，也在同伴和家长的肯定和赞赏中不断收获着积极的情绪体验。与此同时，这些活动也为家长提供了有效的家庭教育指导，纾解了家长在“宅家”生活中的育儿焦虑。

【案例】

春天来了，孩子们跑跑跳跳、钻钻爬爬后，小鞋子常常被汗浸湿，不仅穿在脚上不舒服，而且容易产生异味、滋生细菌，很不卫生。小一班的冯老师就通过“心”课堂，引导小班孩子们自己来晒鞋子，把小鞋子整整齐齐摆放在向阳的地方，让阳光把小鞋子晒得干干爽爽。在老师的爱心提示下，孩子们不光给自己晒鞋子，还会给爸爸妈妈、爷爷奶奶、姥姥姥爷晒鞋子。当看到家长在微信群交流的内容里，照片和视频里忙碌的孩子、大大小小的鞋子晒在一起时，我们深深感受到劳动的过程中弥漫着温暖和幸福。

【案例】

大五班的黄老师想到孩子们平时叠放的羽绒服经常散开，不易摆放，于是就在“心”课堂和孩子们一起研究怎样叠羽绒服更容易放整齐。孩子们提出了“小怪兽叠法”“钻洞洞叠法”等形象有趣又便于收纳的放置方式，你一招我一招，办法越来越多，整理衣橱变成了一件有趣的事情。

（思考：根据孩子们的劳动实践，我们通过各种形式的活动，请家长和孩子们在微信群或钉钉群相互交流、学习，一起分享劳动的收获。这些丰富有趣的家务劳动，不仅让孩子们体验着劳动的快乐，也让家长不断感受着孩子们的成长与进步。）

安安爸爸：现在，孩子在家中真的成了我们的小帮手了。每天吃完饭，孩子都会抢着收拾碗筷，然后到厨房去洗碗。没想到一个6岁的孩子，刷碗刷得还很有章法，里里外外都能刷干净、冲干净。我问儿子怎么这么能干，他说是跟着老师的《洗刷刷》学的。老师可真有办法！“心”课堂的陪伴充实了孩子们的宅家生活，也让孩子们感受着家务劳动的快乐。

硕硕妈妈：我们“宅”在老家，因为疫情，没法按时回去，也没带回来几本书和多少玩具。没想到，到了原定开学的日子，暖心的老师们在群里为孩子们开启了“心”课堂之旅，孩子们跟着老师，学着蒸花样馒头、做蛋奶布丁，每一个活动都深受孩子们喜爱，寓教于乐，这才是真正的素质教育。孩子们的假期也变得丰富多彩，不再乏味！

三、构建生活自理劳动教育家园共同体的途径

生活自理劳动教育与生活密不可分的特点，决定了家园共同携手的必然性和重要性。但是在开始阶段，我们可能经常会收到家长这样的反馈：孩子在家总是逃避劳动，不喜欢劳动；宁愿孩子不参加劳动，一让他们劳动，家里就鸡飞狗跳，地上一片狼藉；孩子的劳动可有可无，没必要让他们劳动……来看这几个案例。

【案例】

怎么就是学不会

班级发起了一次“卷袜子”的亲子活动，班级群内陆续收到孩子卷袜子的视频、照片等。班内双胞胎的妈妈却打电话向李老师哭诉，班内其他孩子都能学会卷袜子，为什么她家孩子学了一遍又一遍，还是卷不起来，她瞬间就压不住火气，把孩子一顿收拾。妈妈说：“我这样做很后悔，可是看到他们怎么也学不会的时候，我又控制不住。”李老师说：“您知道反思自己的行为，这很好呀！仔细想想，咱的孩子是真的学不会吗？还是因为您急切的心情影响了他们呢？如果没有任何干扰，让他们快乐、专注地去做事情，结果会不会就不同了呢？”

【案例】

要不要孩子自己来

霖霖是刚入园的新生，经过几天观察，他拿勺子、端碗，甚至拿馒头都是死死

扣住，手部动作几乎没有任何发展。每次进餐老师想帮助他，他总是说：“我要自己吃！我可以！”可是汤刚舀好，没到嘴边就洒光了，他就着急地哇哇大哭。这样的情况每天都会出现，于是董老师约谈了霖霖妈妈。谈话间得知，妈妈对于霖霖的情况可以说是完全不了解。霖霖是爷爷奶奶一手带大的，从出生到现在都过着衣来伸手、饭来张口的生活。听到霖霖在园的情况，妈妈着急地说：“这可怎么办？老人那边我们根本说不通。”董老师说：“别着急！老人的工作需要我们共同来做，他们肯定是为了霖霖好，我们就从这一点找突破口，让他们了解怎么做才是真正为了霖霖好。”

【案例】

劳动真的不重要吗

分享日到了，这次恰巧轮到好好当分享员。李老师把她在家的劳动照片投放到大屏幕上，可是好好走上来一言不发。李老师来到她身边，轻轻地问：“怎么了，好好？”她把李老师拉到角落里，小声说：“我妈妈没让我干，只给我拍了照片。她说干活有什么用，长大就会了，有时间还不如去读读书呢！”于是，李老师准备了好好在园劳动的视频、问题表征、解决办法等材料，把好好妈妈约来幼儿园。“好好妈妈，先请您看看好好在幼儿园的一段活动视频。”等好好妈妈看完后，李老师又问：“您在视频中发现了什么？您对好好的表现怎么评价呢？”好好妈妈说：“她是怎么想到这些办法的？我都有点自愧不如了！”李老师回应道：“是呀！您再看看这些记录，这些都是好好在劳动时的问题分析、解决办法的记录。她发现问题的观察力、分析问题的思维力、实践操作的创造力，都让我们竖起大拇指呀！但是咱们上次的劳动分享日，您没有好好配合，好好很受打击呀！现在您觉得孩子的劳动重要吗？”

相信每个一线教师都会或多或少遇到这样的场景。家长对于劳动的理解非常片面，不仅局限在祖父辈、外祖父辈，甚至是一些父母，也对劳动教育有着不正确的认识。作为教师，我们该如何改变家长对幼儿劳动的态度？我们该怎样引领家长激发幼儿的劳动热情，让劳动不再是家长要完成的亲子作业？我们又该怎样以生活自理劳动教育为纽带，构建家园共同体，逐步将家长群体带入生活自理劳动教育？为达成这一目标，科学、系统的途径尤为重要，可以从以下几个方面做起。

（一）传递理念，帮助家长感受亲子共同劳动的魅力

1. 环境引领，打破幼儿参与家庭劳动的壁垒

适宜的环境在幼儿参与生活自理劳动的过程中有着不可替代的作用，它是一种潜在的引导、示范，更是让幼儿自觉参与劳动的秘密武器。那么“环境”在生活自

理劳动中又是如何悄然促进家园共育的呢?

一次约谈的偶然发现

有一次，孩子们刚刚离园后，我们邀请了四五个家长进班约谈。进到班级，家长们不约而同地四下打量起来。刚刚落坐，谦乐妈妈就发出了一声感慨：“孩子们刚刚放学，老师肯定还没来得及整理收拾，怎么能这么整齐、干净呢？在家里，让他收个玩具可费劲了。”其他家长也被她的这句感慨拉进了回忆里，纷纷诉说着孩子们在家中的种种“劣迹”。听完家长的“抱怨”，我问：“你们觉得幼儿园里为什么这么整洁呢？”家长们纷纷表示，因为孩子听老师的话。我又问：“你们再仔细看一看玩具橱，发现孩子听老师话的秘密了吗？”家长们一脸茫然。经过老师答疑解惑后，他们恍然大悟，原来秘密就是给予孩子整洁的环境初印象、合适的玩具盒、一一对应的标记和适合摆放的玩具橱。

这就是“环境”的力量！如果接触到的初环境是整洁、干净的，那么幼儿也会小心翼翼地一起维护；如果整理收纳的工具是合适、方便的，那么幼儿一定会愿意把玩具送回“家”，并且在参与收纳的过程中乐此不疲。

通过这次偶然的发现，教师了解了家长与幼儿之间真实的劳动状态，找出了幼儿在家庭中不愿意参与生活自理劳动的一个重要原因。通过这次问答式的思考，家长也真切感受到了“适宜的环境”真的可以让幼儿爱上劳动，从而将自己的事情安排得井井有条。一次偶然的发现，成为家园联动的契机。

【实践链接】

作为孩子的老师，请你尝试从适宜幼儿自己参与劳动的角度审视班级的环境，比如：玩具和玩具盒匹配吗？细小的零件有单独整理收纳的小盒子（小格子）吗？你们班的孩子是哪个年龄段？什么样的方式可以让他更好地做到物归原处呢？美工区有适合孩子活动后自己整理的工具吗？餐后值日生使用的小抹布、洗碗海绵、小拖把等工具都在哪里呢？适合孩子自己取用吗？作为家园共育的引领者，你向家长分享过孩子在班级进行生活自理劳动时的这些环境小妙招吗?

这件事情过后不久，在一次“线上家庭值日生”的活动中，教师发现家长真的把这个“秘密”悄悄用在了家里。视频中的幼儿有条不紊地整理自己的图书和玩具，一个个盒子整齐地摆放在玩具架上，这就是环境促进家园共育的力量。

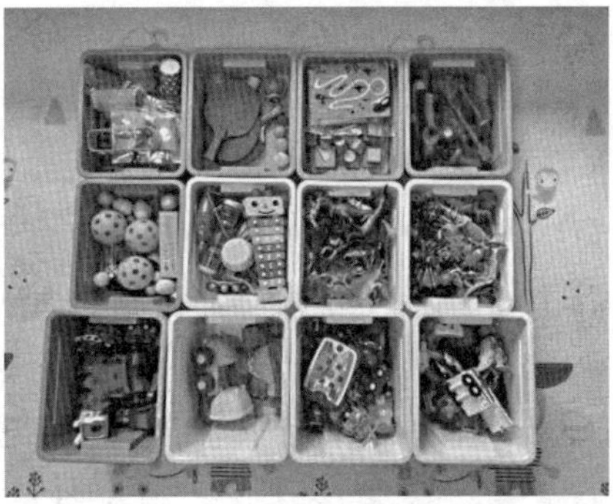

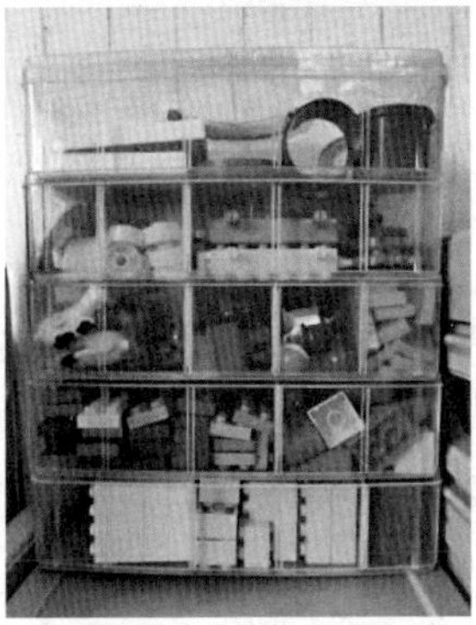

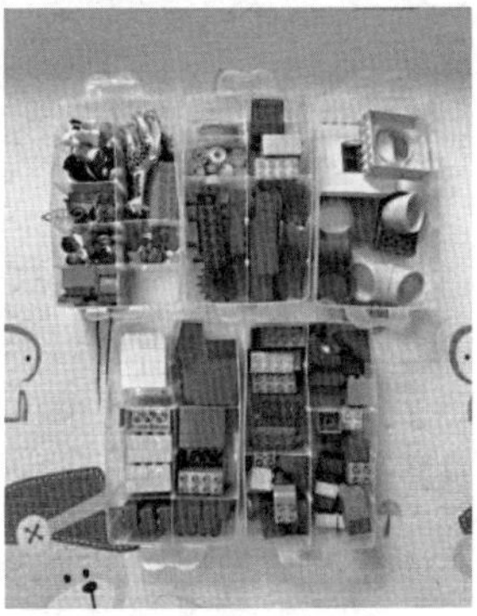

2. 分享案例，解读生活自理劳动的价值

教师可以通过分享幼儿在园的劳动活动，帮助家长进一步了解幼儿是能够发现劳动的快乐的，幼儿是愿意积极主动地参与劳动、成为热情的劳动者的，进而让家长意识到，喜欢动手操作是幼儿的一种天性，我们的教育应该充分理解、顺应和放大这种天性。家长在家庭中要给幼儿提供适宜劳动的机会，创造宽松的环境，让幼儿能够在劳动中获得自尊、自信、自主的感受和积极的劳动体验。

比如下面这个案例，教师通过分享幼儿在“幸福果干铺”的劳动活动，让家长看到了在劳动中积极动脑筋想办法的幼儿，看到了在劳动中不断探究、不愿服输的幼儿，从而深切地感受到劳动带给幼儿的乐趣和价值。

【案例】

幸福果干铺

最近在生活区投放了制作果干的材料，选择生活区的孩子络绎不绝。在这里，可以看到他们像模像样地忙碌着自己的工作：彤彤和轩轩端着水果盆，认真仔细地清洗水果；宸瑜拿着水果刀，小心翼翼地切苹果；曦文拿着夹子，把苹果片整齐地摆放在烘干机架上……

佳凝负责操作削片机，她一圈一圈地摇动把手，果肉一片一片地从机器里落到果盘上。不一会儿，削片机不出苹果片了，她将削片机里的苹果上下翻转后反复尝试，还是没成功。宸瑜看到了，过来帮忙。彤彤、轩轩也跑过来说：“我来试试吧！”他们齐心协力，开始解决削片机的问题。

宸瑜说：“我来试试，是不是你的力气太小了？”可无论他怎么摇动把手，削片机都纹丝不动。他仔细端详了一会儿，把苹果上下翻转过来，说：“苹果平的一面朝下才好削。”一番操作后，削片机还是没有反应。彤彤说：“我来试试吧！”只见她握住把手，向着自己的方向（逆时针）摇动起来，可削片机丝毫不给面子。

这时，宸瑜好像发现了什么，眼里充满了喜悦，说：“我知道了！”所有同伴都看向宸瑜。他握住摇把，顺时针转动起来，有些吃力，但他依然向前用力。果然，削片机出口出现苹果片了！孩子们激动地拍起手来！“出苹果片了！”“出苹果片了！”佳凝问：“你是怎么做到的？”宸瑜说：“刚才我们的方向反了，所以削不出苹果片，把手要一直向前转动才可以。”彤彤说：“我们制作一个标志吧！这样大家就都会用了！”

这样一次劳动活动的观察和发现，引发了关于家园共育的反思：如果想让幼儿乐于劳动，不是家长和老师告诉幼儿劳动是快乐的、你应该劳动，而是幼儿在劳动过程中，通过动手尝试，真正体验到了自我的价值，体验到了快乐、有趣和幸福。这样才能涵养起他们对于劳动的积极态度，激发他们强烈的内在动力，从而达成发自内心的勤于劳动和尊重劳动的意愿。

在疫情封控期间，教师发起了一次“晒地瓜干”的线上活动，激起了家长与幼儿共同参与劳动的兴趣。教师通过线上指导、跟踪、交流，引领家长参与幼儿的劳动，在过程中尝试与幼儿互动。幼儿为晒地瓜干的每个操作环节都起了有趣的名字，如“洗洗澡”“蒸桑拿”“晒白斑”，等等。幼儿在劳动中计划有效、方法得当、态度积极，同时也激发了家长参与的热情。活动后家长反馈说，在这次活动中，他们成了孩子们的“小跟班”“小学徒”，俨然回到了自己的孩提时代。有位家长是这样说的：“与孩子一起晒地瓜干时，我眼前浮现出奶奶在窗台上晒地瓜干的场景，勾起了点点回忆。”

一次线上活动，不仅增进了亲子关系，也让家长感受到劳动的魅力，唤起童年时的美好回忆。通过此活动，家长们感受到，在劳动时，作为成人，要放下超我的标准，以幼儿的视角看待问题、学习技能，成为幼儿共同劳动的伙伴，这样与幼儿的冲突就会迎刃而解。家长不仅能够看到幼儿乐于劳动的强烈内在动机，也能够感受到幼儿在劳动中得到的发展和成长。

3. 亲身体验，感受生活自理劳动的魅力

在家长了解生活自理劳动价值的基础上，可以引导家长和幼儿一起开展生活自理劳动，在亲身体验中，更好地感受自理劳动的魅力。当家长真正放下超我的标准，参与幼儿劳动，与幼儿一起发现问题、分析问题、讨论问题、解决问题时，才能真正体验到劳动是指向幼儿全面发展的。比如：在新年到来之际，可以以“除尘布新”的传统习俗为契机，邀请家长亲身感受和幼儿一起劳动的快乐。

【案例】

家园共育亲子劳动：新年扫尘

活动板块

1. 线上直播活动：幼儿园里“扫尘”忙。

2. 线上亲子活动：家庭“扫尘”总动员。

活动目标

1. 以“园”带“家”，给予家长一些在家中支持幼儿开展生活自理劳动的适宜的方法。

2. 引导家长在活动中感受亲子共同劳动的乐趣，以“同伴”的视角观察、分析幼儿的劳动过程与价值，树立正确的育儿劳动观念。

活动准备

1. 一封活动倡议书。

2. 物质准备：适宜“扫尘”的各种工具，比如抹布、鸡毛掸子、小刷子、小盆等。

3. 经验准备：了解“扫尘”是我国迎新年过程中的一种传统习俗；具备一定的大扫除经验。

活动过程

（一）活动启动

发放《倡议书》、电子邀请函。

（二）活动过程

1. 开启线上直播活动：幼儿园里“扫尘”忙。

家长观看直播前小贴士：大家期待的线上直播活动就要开始了，这是一场酣畅淋漓的集体大除尘，也是一场孩子分享“自己的事情自己做”的饕餮盛宴，请大家提前想一想：

（1）你会用什么样的心情参与到这次直播活动中去？

（2）你期待孩子在活动中是什么样子的？

（3）你准备从直播中发现什么？

家长观看直播后小贴士：活动结束了，相信大家回想起直播的画面，依然会有很多感想，请大家再想一想：

（1）看完直播，你的第一感受是什么？

（2）你看到孩子在活动中做了什么？你对他的评价是什么？

（3）你和孩子在家中一起劳动的状态是什么样的？你想让孩子在家中参与劳动时也是这样的状态吗？应该怎样引导和调整？

2. 启动线上亲子活动：家庭“扫尘”总动员。

想要一场和谐、舒适、难忘的亲子共“除尘”体验，前期准备很重要，你会这样一步一步和孩子一起准备吗？

活动一：我的“扫尘”计划

制订计划小贴士：

想要做好计划，需要大家一对一的耐心沟通与指导，和孩子一起聊聊天，可以这样问：

（1）你都想做哪些事情？

（2）你准备怎样记录下自己的想法？

（3）怎样记录才能更清晰呢？

（4）尝试把你的想法讲给家里人听一听。

活动二：劳动工具准备

准备工具小贴士：

进行大扫除，劳动工具很重要，你怎样和孩子一起准备呢？可以这样做：

（1）找一找家中可以用来大扫除的工具。

（2）做好分类规划：这样的工具都可以用来做什么？

（3）创意自制劳动工具：家中的小缝隙、很难去除的污渍，你有哪些小妙招？做一做，试一试。

活动三：“扫尘”总动员

扫尘动员小贴士：

终于迎来全家“扫尘”总动员的时刻，家长朋友们，你们做好准备了吗？

（1）你提前预想过“扫尘”过程中可能出现的问题了吗？

（2）在孩子参与的过程中，你会用什么样的心态去评价他？一味表扬？苛责批评？在亲子共同劳动的过程中，试一试顺其自然、耐心引导，以共同参与者的身份，找一找“直播”活动中孩子的参与状态。

（3）准备好面对孩子可能带来的一地狼藉了吗？

一切准备就绪，大胆开始吧！

（三）活动分享

分享活动小贴士：

让孩子讲述、分享一下活动过程中的价值点，比如你们的精彩聊天、孩子的记录、遇到的问题及解决方式、活动的场面等，可以展示照片、记录、绘画，也可以分享活动过程中的视频……

这个活动，将幼儿园的劳动教育内容与家庭中的节日准备有机融合，通过一个个活动引领和温馨的小贴士，家长带着幼儿一起走进“除尘布新”的劳动场景中，有助于家长通过亲身参与和有目的的观察与指导，来了解幼儿在劳动中的经历，感受劳动带给幼儿的锻炼和成长。

（二）携手并进，让生活自理劳动走进家庭

通过理念引领和亲身体验，生活自理劳动教育渐渐走入家长的视野，也逐渐被家长群体所认同。在此基础上，教师可以引领家长从家庭实际情况以及需求出发，陪伴并引导幼儿参与到家庭实际劳动中去，让自理劳动在家庭中真正回归幼儿的日常生活，让幼儿的一日生活更有品质。

1. 创设适宜的家庭劳动环境

在“创设蕴含生活自理劳动契机的环境”章节，已经详细阐述了创设适宜劳动环境的内容与方法。同样的，家庭中的自理劳动环境也需要从精神和物质两个层面同时入手。

（1）精神层面

这一层面就是家长对幼儿进行生活自理劳动的一种心理支持，需要家长给幼儿营造良好的劳动氛围，创造并提供劳动的契机。

对于幼儿来说，良好的劳动氛围的打造其实非常简单。一个放手让幼儿自己去承担的自理劳动任务，一次由幼儿自己选择劳动工具的机会，一句劳动完成后家人由衷的夸赞和鼓励，等等，这些很容易达成的小事件，就能轻松地让幼儿自愿参与到生活自理劳动中来，不仅习得了技能，养成了良好的习惯，还有利于增进亲子之间的感情。同时，还可以鼓励家长和幼儿一起开展以下活动：

一是建立家庭物品整理责任区。和在幼儿园中的劳动责任区相似，由家庭成员分别承担相应的劳动内容，相互监督、提醒。根据幼儿的年龄特点，责任区可以先是一个玩具箱，到一个玩具橱，再到一个区域。

二是建立家庭劳动奖励机制。通过奖励机制，可以调动幼儿劳动的积极性。幼儿所属的年龄段不同，奖励机制也应有所不同，这样才能激发幼儿参与劳动的兴趣和积极性。如小班可多偏向物质类奖励，中大班可以代币积累兑换的方式。奖励机制可以创设成显性的环境，比如呈现在墙面的展示板、提供专门的积累记录本等，丰富家庭劳动环境的氛围。

（2）物质层面

物质层面包括劳动物质环境的打造和劳动工具的准备两个方面，那么在家庭中，它们是怎样进行的呢?

①物质环境的打造

一方面可以借鉴幼儿园进行环境打造的经验，比如劳动流程示意图、劳动责任区的划分等，都可以直接应用于家庭。另一方面，它也具备家庭的特殊性。比如洗手台，幼儿园盥洗室中有专门为幼儿设计的方便他们自己使用的洗手台，但在家庭

中，只有极少数家庭会专门设计高低两个洗手台，便于幼儿使用。这样的劳动环境就需要调整和打造，比如可以在洗手台边放置一个牢固安全的板凳，或者提供一个小型的阶梯。

②劳动工具的准备

一方面可以和幼儿一起购买适合他们使用的工具，比如小型的笤帚、簸箕、抹布、拖把等；另一方面，可以与幼儿根据劳动的内容和特性，一起寻找替代物或者制作一些更适合的劳动工具，比如在清理桌面缝隙时可以用牙刷、牙签等小型工具。

2. 合理计划、安排劳动时间

家庭中生活自理劳动教育的有效开展，离不开合理的劳动计划和一定的劳动时间、空间，需要整个家庭成员都参与到劳动的计划和安排中。制订劳动计划，按照计划有效实施就是培养幼儿自律的一种方式，同时也能有效合理地规划家长的时间，让家庭劳动落在行动上。如何让劳动计划真正起到计划的作用，而不只是记录到纸上的文字符号呢？

第一，要明晰计划是为谁而做。这份计划应该是为家庭每一位成员做的计划，应该是幼儿参与讨论的计划，而不是成人想让幼儿达成某种目的的计划。如家长美其名曰让幼儿自己做好假期计划，却经常这样提醒：“一上午你光玩玩具了，你得看书半小时，数数半小时，还得读古诗呢！”让幼儿参与制订劳动计划是非常重要的，只有让幼儿参与计划，幼儿才会认可计划，才会有兴趣加入到劳动中。

第二，计划要具有可操作性。要根据家庭成员的时间合理规划安排，让每一位成员都参与到劳动中。

第三，劳动计划中包含家庭成员，不只是幼儿本人，不能让家庭劳动成为幼儿自己的任务。

第四，及时与幼儿讨论并调整计划。针对幼儿将计划抛之脑后、计划遇到冲突、在完成的过程中遇到一定的问题等情况，家长要做好倾听者和支持者，同时将问题反馈给教师，共同商量解决的办法。

我的一周劳动计划

结合班级责任管家活动，大三班开展家庭劳动周的活动，劳动持续实践为一周，家庭成员都要选择1~2项家庭劳动，每天完成，并由其他成员完成星级评定。

3. 为幼儿生活自理劳动提供高质量的亲子陪伴

高质量的陪伴，顾名思义，就是耐心的、专心的、有意义的陪伴。比如：和幼儿一起经历整理玩具的过程，和幼儿一起探究叠被子的秘密，一直在旁边引导、鼓励他们坚持完成整理小书橱的任务……只要家长真正意识到生活自理劳动的重要性，在教师有效的指导下，都可以做到这些最基本的“高质量”。

高质量陪伴不仅是陪伴过程的“高质量”，还体现在陪伴方式的“高质量”

上。提起自理劳动，大家能够想到的都是孩子自己干活，是落脚在行动上的。但是，还有一种教育活动更加便于家长和幼儿一起进行，那就是陪伴幼儿接受劳动的“艺术”熏染。

艺术的范畴非常广泛。可以是文学的艺术，比如一起读儿童绘本《小威利做家务》《整理小姐》等，故事中的主人公都可以成为幼儿在家庭中参与生活自理劳动时模仿的榜样；可以是音乐的艺术，比如一起聆听歌曲《劳动最光荣》《能干的小手》等，音乐是最受幼儿喜爱的，在歌词传唱间，乐于劳动、热爱劳动的品质逐渐养成；可以是绘画的艺术，比如一起欣赏关于劳动的名画，米勒的《拾穗者》、李焕民的《织花毯》等，其中对拾穗者动作的勾勒、对织花女专注神情的描绘，都可以让幼儿从绘画艺术中得以熏染，关注到参与劳动时的动作技能和专心程度；还可以是雕塑的艺术、舞蹈的艺术等，这些都会让幼儿在耳濡目染中更好地感受到劳动的价值。

4. 分年龄段进行有效指导

结合幼儿年龄特点的不同、掌握劳动技能的熟练度的不同，我们建议家长可以根据劳动内容的难易程度，进行简单的划分，引导幼儿开展力所能及的生活自理劳动，如洗脚、洗玩具等，比较适合小班幼儿；洗屁股、洗袜子、洗头、洗澡、整理收纳玩具书籍等，更加适合中、大班幼儿。不同年龄段幼儿的指导策略也不尽相同，小年龄的幼儿更侧重于劳动技能的直接指导，大年龄的幼儿更关注他们在劳动中的主动探究和解决问题的方式方法。

（三）家园对话，分享经验共同提升

幼儿生活自理劳动的深入开展，离不开家园的对话，一起分享好的经验和做法，达成有效的交流，共同提升教育智慧，让幼儿在劳动中收获更好的成长。家园对话的形式有很多，有面对面的约谈、活动，也有在当下信息技术背景下衍生的各种线上对话形式。

1. 线上视频——“心”课堂

线上微视频是当下使用非常广泛的一种家庭教育指导方式。视频的形式直观、易懂，便于幼儿自己边看边学，掌握劳动方法和劳动知识；同时便于家长根据视频中的提示，将劳动活动进行拓展延伸，形成自己的家庭特色。

2. 直播连线

直播的及时性、有效性和真实性深受家长群体的认同，直播形式可以让家长了解幼儿在幼儿园集体中的状态，感受在教师引领下幼儿进行劳动的场景、氛围，亲身感受自理劳动的教育价值。同时，这种感受也可以被迁移运用到家庭亲子间的劳动中去，做到以园带家，同频共进。

3. 论坛交流

以班级或者园所为单位，开放论坛讨论，家长群体之间、家长和老师之间可以

在论坛中交流幼儿在劳动中遇到的问题、困惑，分享好的经验和灵感，集群体之力，有效促进家园互动，增进幼儿生活自理劳动的深入开展。

4. 家长沙龙

沙龙一般是小范围的家长群体，以某一共同的问题聚在一起讨论、分析，也可以称之为“订单式家长会”。当家长在劳动教育中有共同的问题、疑惑时，可以群策群力，提出问题，共同解决，或探寻一个可以尝试的方法。

5. 家宾有约

约谈是一种常用的家园沟通方式，同样适用于生活自理劳动教育。当孩子在家庭中的劳动具有某种特色，或者出现某种特殊的问题，教师都可以和家长进行面对面的约谈，有针对性地指导其开展家庭劳动教育。

6. 家长学校

苏霍姆林斯基曾指出，家长学校的任务是不断地提高父母的教育修养水平。家长学校也是一种非常必要的家园沟通形式，通过邀请研究幼儿劳动教育的专家进行理念与专业的普及，可以整体提升家长群体对于幼儿参与劳动的认识，特别是对提升家长在学前阶段重视幼儿生活自理劳动的教育有很好的效果，也能够直接助力教师带动家长同步进行，达成家园共育。

7. 家长课堂

亲身体验可以让家长真正参与到幼儿园的劳动教育中。邀请家长来园，给幼儿讲一节关于劳动的课，比如擅长收纳的家长可以带幼儿进行“小小整理师”的活动，等等。家长转换角色成为教师，也是一种很好的家园共育形式。

8. 幼儿展示分享

通过班级微信群或钉钉群开展“家有劳动小能手”展示分享，能够引导家长发掘家庭生活中的幼儿自理劳动故事，分享交流劳动经验和劳动成果，让幼儿在分享和鼓励中感受劳动的快乐和成就感，进一步激发其爱劳动的情感。

生活自理劳动教育家园共同体是一个层层推进、多方构建的合作共同体。在这个家园共同体中，教师需要承担主导性作用，既要筛选合适的生活自理劳动进行分享和引领，还要适时给予恰当的指导，牵头发起家长群体间的沟通交流，以幼儿的成长、收获为目标，将生活自理劳动家园共同体逐步、稳定地推进。在这个不断推进的过程中，通过家园之间协同作用，幼儿的劳动能力、劳动习惯、劳动品质得到有效的培养和提升，劳动成为家庭成员维系和增进情感的纽带，幼儿从小具备自理、自立的精神，成长为一个乐于承担责任，愿意为家庭美好生活不断努力的小小劳动者。

第六章

幼儿生活自理劳动教育的评价

劳动教育评价是开展劳动教育的“指挥棒”，对引导劳动教育的目标达成和实施走向、提升幼儿的劳动素养、促进幼儿全面发展具有重要的意义。

劳动教育评价是指劳动教育实施主体通过构建完整严谨的劳动教育评价体系，采取科学有效的评价方法，对学生应具备的劳动观念、劳动习惯、劳动知识、劳动能力等进行综合、系统、全面的评价，从而检验劳动教育目标的实现程度，培养具有较强劳动素养的时代新人。幼儿园生活自理劳动的评价遵循劳动教育评价的普遍标准，根据幼儿的年龄特征和劳动的具体形式，又具有自己独有的评价导向、评价指标、评价原则和评价方式。

一、幼儿生活自理劳动教育的评价导向

劳动教育的初心、使命和归宿是立德树人，旨在提升学生的劳动素养，与德、智、体、美的育人形式互为支撑，相得益彰，形成“五育并举”的协同育人格局。劳动教育评价的育人价值是本体价值，劳动教育评价的方式和对象彰显立德树人这一根本目的。

幼儿生活自理劳动的教育评价，不仅仅针对幼儿会做哪些具体的事情，学会了哪些具体的劳动技能，培养了哪些具体的劳动习惯，更应着眼于幼儿在生活自理劳动过程中所形成的良好的劳动意识和劳动情感，所具备的克服困难、解决问题、实现生活自理的知识和能力。当我们能做到全面、深刻、前瞻地评价幼儿的生活自理劳动时，才能够真正将立德树人作为逻辑起点和价值旨归，充分发挥劳动教育评价促进幼儿实现自我完善和全面发展的本体价值。

二、幼儿生活自理劳动教育的评价指标

生活自理劳动教育的育人作用，体现在对幼儿劳动素养的培养上。劳动素养是指“经过劳动或劳动教育等特殊形式的社会实践活动所形成的、与劳动相关联的人的素养”。幼儿通过生活自理劳动实践，具有良好的劳动观念和积极的劳动精神，懂得生活自理的知识，具备生活自理的能力，学习运用劳动的工具和方法，能够进行一定的劳动创造，从而为从容处理当前的生活问题以及未来的升学深造、就业等做好准备。

以劳动素养为核心的生活自理劳动教育评价要落到实处，离不开对幼儿劳动情感态度价值观、劳动知识和能力、劳动过程和方法三个方面的观察与评判，需要我们科学构建幼儿生活自理劳动的评价指标体系，依据劳动素养的内涵和指标，对幼儿的生活自理劳动教育进行适宜的评价。

南京师范大学劳动教育课题组经过大量的研究，构建了中小学和高等教育劳动素养的三维框架，包括劳动观念、劳动习惯与品质、劳动知识与技能三个维度，每

个一级维度下包含若干个二级维度，对劳动素养的具体内容进行了非常明晰的表述。根据以上研究，结合幼儿生活自理劳动的具体内容，我们制订了幼儿生活自理劳动素养分级评价指标，对幼儿生活自理劳动的必备品格和关键能力进行了详细的分解和描述，以便更好地把握生活自理劳动教育的方向，更有目的、更有效果地开展生活自理劳动教育评价。

（一）劳动观念

幼儿生活自理劳动的劳动观念总体目标：喜欢参与自理劳动，感受劳动精神，体验劳动成就，认同劳动，乐于劳动。

表 6-1 从劳动价值观、劳动过程观、劳动技能观、劳动成果观、劳动关系观五个维度描述了幼儿生活自理劳动的劳动观念评价指标。

表 6-1　幼儿生活自理劳动观念评价指标

一级维度	二级维度	指标描述
劳动观念	劳动价值观	感受自理劳动给自己的生活带来的自由、自主，体验自己做事情的自豪感
	劳动过程观	体悟自理劳动过程中的辛劳，知道要一点一点动手解决生活中遇到的问题
	劳动技能观	认识到生活自理劳动需要掌握适当的方法，运用一定的劳动技能
	劳动成果观	体会自理劳动的辛苦，体验克服困难的过程，懂得劳动成果来之不易
	劳动关系观	知道人人都要劳动，长大了就要自己动手处理生活中穿衣、吃饭、整理物品等生活自理事项

（二）劳动习惯与品质

劳动习惯与品质的总体目标：养成自觉劳动的习惯，乐于尝试不同的生活自理劳动内容，勇于克服劳动中遇到的问题，初步具有服务家庭和班级等群体的意识。

表 6-2 从责任感、坚韧性、诚信度、创造性四个维度描述幼儿生活自理劳动的劳动习惯与品质的评价指标。

表 6-2　幼儿生活自理劳动习惯与品质评价指标

一级维度	二级维度	指标描述
劳动习惯与品质	责任感	能够自己的事情自己做，乐于参与力所能及的家务劳动，初步具有为家庭、班级群体服务的意识
	坚韧性	知道能做的事情坚持做，不半途而废，感受坚持做完一件事情的自豪感
	诚信度	能够认真完成生活自理的任务，意识到不认真劳动会带来的不便和麻烦
	创造性	能够想办法解决生活自理劳动中遇到的问题，在劳动中保持好奇心和想象力

（三）劳动知识与技能

劳动知识与技能的总体目标：掌握生活自理劳动的基本知识与技能，学习有关自理劳动的新知识、新方法，能在劳动中分析问题、解决问题，具备一定的质量意识、环境保护意识和劳动安全意识，学会劳动、善于劳动、科学劳动。

表 6-3 从本体性知识、对象性知识、劳动技能三个维度描述幼儿生活自理劳动的劳动知识与技能的评价指标。

表 6-3　幼儿生活自理劳动知识与技能评价指标

一级维度	二级维度	指标描述
劳动知识与技能	本体性知识	知道自己的事情自己做的含义，能够感知在生活自理劳动中掌握一定的方法，借助一定的工具所带来的效果
	对象性知识	了解生活中常见的生活自理劳动工具，能够合理选择、使用劳动工具，在生活自理劳动中获取相应的知识，理解其中的因果关系
	劳动技能	能够从事基本的自理劳动，掌握自我整理、物品整理、餐饮、清洁、搬运、修补等基本生活自理劳动技能

三、幼儿生活自理劳动教育的评价原则

根据美国教育评价专家库巴等人创立的“第四代评价”理论，评价应该是“多元互动、共同参与、共同构建”的过程。根据幼儿生活自理劳动教育的特点，进行劳动教育评价需要把握以下四个原则。

（一）过程性评价与结果性评价相统一

幼儿园的生活自理劳动教育不是为了完成硬性任务，而是通过一系列的自理劳动，帮助幼儿在亲自动手体验的过程中逐步培养劳动素养。因此，评价不仅仅要关注幼儿通过生活自理劳动最终达成了什么样的效果，更应融入并贯穿生活自理劳动教育的全过程。评价不仅要关注静态的、阶段性的劳动目标是否有效达成，也要关注动态的、连续性的劳动过程。

生活自理劳动不像种植劳动、养殖劳动、工程劳动等其他劳动那样有外显的成效、可视的成果，幼儿是在一天天的尝试和重复中不断提升技能和能力的，抓住这些在劳动过程中呈现出来的点滴进步、活动经验和情感体验进行评价，能够让幼儿更好地吸纳经验、更好地掌握技能、更好地坚持完成，在生活自理劳动实践中实现劳动素养的提升，因而过程性的评价显得尤为重要。例如：在物品整理劳动中，教师不仅要引导幼儿对活动区材料物归原处和有序摆放的劳动效果进行评价，也要对大家在整理过程中积极动脑筋、寻找整理的好办法、遇到问题大家一起智慧“众筹”、不怕麻烦坚持每天做好整理等进行评价，从而帮助幼儿有效整合劳动经验，

获得更多的关于劳动的积极体验。

（二）“内源性”成长与“外源性”表现相统一

以劳动素养为核心的劳动教育评价，不仅要关注幼儿劳动技能与劳动知识的积累，更不能忽视对幼儿劳动情感、劳动精神、劳动行为的整体性关注。劳动评价既要关注幼儿自理劳动中习得和应用的劳动知识、技能等外在表现，又要关注幼儿在劳动过程中所流露出的态度观念、习惯品格、情绪体验等内容，努力做到“内源性”成长与“外源性”表现相统一，让评价既全面又有深度。如果评价未关注到幼儿的内心层面，而是仅仅着眼于外部物质结果的呈现，就会造成幼儿的劳动仅仅是为了获得教师的表扬或者诸如“小红花”之类的奖励，而非对劳动本身产生情感和动机，从而导致评价内容的浅层化、评价目的的功利化，不利于幼儿的成长。例如：多多餐后会用小抹布把桌面擦拭干净，把椅子轻轻放到桌子下面，然后非常满意地看看自己的劳动成果，再去放餐具。对于多多来说，这一项劳动让他感受到的是一种通过自身努力达成的秩序感，产生的是一种对“整洁有序”的发自内心的喜悦。教师要关注到幼儿的这一心理感受，不仅要评价多多餐后整理得有多么好，更要引导大家感受多多那份发自内心的快乐和成就感，让劳动成为幼儿的一种积极愿望、一种满足心理需要的必不可少的工作。

（三）自我评价与他人评价相结合

幼儿是生活自理劳动教育的主体，在劳动教育评价中，教师应以幼儿自评为主，鼓励幼儿表达真实的想法和劳动的感受。可以让幼儿说说自己通过哪些办法解决了哪些生活自理中遇到的问题，掌握了哪些本领，自己在劳动中有什么收获等。这些来自劳动过程中的真实体验和感受，能够让幼儿在自我评价中不断梳理劳动经验，认识到生活自理劳动带来的方便、自主和成就感，更深地体验劳动的快乐，更好地激发劳动的愿望。

他人评价包括教师、家长等成人对幼儿的评价及幼儿同伴间的评价。教师的评价对幼儿起着重要的导向作用，教师要对幼儿的表现做出客观、科学的评价，通过评价不断调整劳动教育的策略，引导幼儿在劳动中取得更多的收获，更好地提升劳动教育的效果。家庭是开展生活自理劳动的另一个重要场域，教师还要引导家长积极参与到评价活动中，这样能够形成家园协同的模式，更有利于增强幼儿自理劳动的参与感和获得感。例如，教师可以根据近期在幼儿园开展的劳动教育活动，将活动内容和评价建议提供给家长，请家长认真观察幼儿周末在家的生活自理劳动表现，及时鼓励幼儿在家主动劳动的态度和有亮点的劳动表现。通过家长给予幼儿的积极向上的评价，幼儿能够感受到劳动是一项幸福的活动，从而不断提升自理劳动的积极性。另外，同伴间的评价能让幼儿相互学习、相互激励，一起在自理劳动中得到成长。

在劳动评价中，自我评价和他人评价来自不同的主体，从不同的视角、不同的出发点，产生了不同的评价效果。这些评价融汇起来，相互补充，能够更加全面、立体地促进幼儿劳动素养的提升。

（四）整体性评价与差异性评价相结合

首先，教师要对幼儿生活自理劳动的评价指标做到心中有数，对幼儿劳动的整体水平有一个清楚的了解。在评价幼儿劳动的时候，切勿超出幼儿的认知水平和能力范围，不要在劳动观念、劳动知识与技能、劳动习惯与品质方面对幼儿有过高的预期，以免对幼儿做出不客观、不合理的评价。

其次，教师的评价还应遵循差异性原则。幼儿的发展水平不一样，在生活自理劳动中的表现也是各不相同。对于不同的幼儿，教师的评价方式、评价标准也应该有所不同，不能用一把尺子去衡量所有幼儿的表现，而是应该通过评价，鼓励幼儿在劳动中积极表现，让每一名幼儿都能看到自己在劳动中的进步，找到下一步需要努力的方向，激励他们按照自己的速度和方式，在生活自理劳动过程中得到更多的收获，体验到更好的成长。比如：对于动手能力弱的幼儿，教师要及时肯定其努力的过程和劳动态度；对于动手能力强的幼儿，教师可以请他们来分享自己的好办法，鼓励和支持其在劳动教育活动中多帮助同伴。

四、幼儿生活自理劳动教育的评价方法

在进行生活自理劳动评价时，教师要建立科学的评价意识，根据具体的劳动内容以及幼儿的表现和心理需求，采用适宜的评价方法，注重对幼儿的表现给予肯定和引导，帮助幼儿提升劳动技能，丰富劳动知识，培养良好的劳动习惯和劳动品质，切实体现出劳动教育评价的激励和启迪作用。在幼儿园生活自理劳动教育中，可以采用以下四种评价方法。

（一）即时性评价

幼儿生活自理劳动的一个显著特点，就是劳动发生在一日生活的时时刻刻、方方面面，内容细碎，又随时随地都在进行中。同时，生活自理劳动又具有具身性和情境性，相关的评价如果离开了幼儿劳动的现场，就很难发挥应有的作用。所以，教师要随时关注幼儿在劳动中的表现，结合具体的劳动场景，即时进行评价，用表扬肯定幼儿在劳动中的进步，用鼓励调动幼儿继续探索尝试的积极性，用归纳的方法帮助幼儿梳理自己在劳动中的发现和收获，用赞美的话语引导幼儿感受劳动的快乐与价值。

记录一

如厕后，王老师发现安安这次小裤子整理得特别好，就问：“安安真棒，自己提裤子提得这么好呀！你是怎么做的？”安安被老师表扬，可高兴了，小手前后比画着说：“我是提了这里，又提了这里，还有这里，再提提，就好了！”王老师回应说：“啊，我知道了！你是提提前面，提提后面，提提里面，提提外面，前前后后、里里外外都提一提，小裤子提好了，就很舒服了。这个办法可真不错，安安真是一个能干的宝贝！”

（思考：教师看到幼儿的进步，及时给予评价，能够让幼儿感受到自己很能干，激发了自理劳动的兴趣。同时，教师也通过有意的提问和有效的交流，帮助幼儿梳理了经验，巩固了劳动技能。）

记录二

区域活动结束了，凯凯、伟豪和岳岳一起收拾桌子上的乐高玩具。一开始，三个孩子把篮子放在桌面上，一把一把地把玩具往篮子里放。伟豪看了看，觉得太慢，就把篮子拿过来，放在旁边的小椅子上，对凯凯和岳岳说：“咱们把积木往这边推，推到篮子里，这样快！”可是，在推的过程中，好多积木掉在了外面。岳岳说：“这个办法不好用！”伟豪不服气：“我见过我妈就这么收拾东西的，我再看看！”他把放篮子的椅子推到更靠近桌子的地方，可是因为篮子和桌面之间有一段距离，玩具往下推的时候，还是会有几块积木掉出来。伟豪想了想，拿起篮子，让篮子的边缘和桌子边齐平，对两个伙伴说：“我拿着篮子，你们往里推！”这下子，玩具都乖乖地进了篮子。陈老师一直关注着他们的探索，问孩子们：“这个办法不错，你们有没有发现这里面的劳动小秘密？”岳岳抢先说：“伟豪把篮子边和桌子边对齐了，积木就不会掉到外面了。”伟豪也得意地说：“呵呵，玩具想跑也跑不出我的篮子去！”陈老师鼓励孩子们：“用你们找到的这种办法收积木，真是又快又好，你们可以把这个好办法告诉大家！还有，今天你们三个人合作得非常好，一直在想办法解决问题，最后终于把办法找到了。今天的表现，应该给你们一个大大的赞！”

（思考：及时的评价，让幼儿能够在劳动的现场回顾解决问题的细节和策略，有助于他们总结经验、提升劳动技能，感受合作的力量。）

记录三

大四班美工区的活动结束了，一起制作绣球花的四个小伙伴里面，小艺、好好和乐嘉匆忙收拾了一下就离开了，禾禾一直坚持把桌面所有的材料都整理好，用抹布一一擦拭滴在桌子上的水粉颜料。陈老师看到了，就招呼另外三个小伙伴回来帮忙。等大家一起把材料和环境都整理好之后，陈老师笑着问：“你们觉得今天大家表现怎么样啊？”

好好：禾禾最棒，她一直在擦桌子，她一直坚持到最后。

小艺：我们也和禾禾一起擦桌子了，以后一起做完了再走。

禾禾：我们一起整理才快。

乐嘉：我也觉得禾禾很棒，小艺也很棒，她擦桌子擦得很干净。

陈老师：今天禾禾一直坚持要整理好桌子上的东西，特别负责任。你们又回来和禾禾一起整理，都是能干的孩子。整理的时候，小艺桌子擦得特别仔细，好好和乐嘉把材料放得很整齐。大家一起努力，就能很快把美工区整理好了。

（思考：及时的评价，引导幼儿在真实的劳动场景中审视自己的表现，有助于他们劳动习惯的培养和劳动品质的提升。）

（二）激励性评价

幼儿都喜欢听表扬的话语，恰当的赞扬和鼓励能够调动幼儿参与生活自理劳动的积极性，激发他们在劳动中的创新意识，培养他们勇于承担责任、坚持完成任务等优秀的劳动品质。

激励性评价要言之有物，评价的语言落在具体的点上，让幼儿知道自己好在哪里，为什么这样做就很好。在幼儿自理劳动的过程中，教师要从不同角度展开观察，抓住幼儿优秀的表现，进行有针对性的表扬和鼓励，并激励他们在劳动中大胆尝试更有挑战的内容，寻找新的解决问题的办法，从而掌握更多的劳动技能和劳动知识，以充分发挥评价的激励作用。

记录一

小班午睡时间到了，端端先从鞋橱上取下小拖鞋，然后拿着拖鞋坐到小凳子上，换下脚上的鞋子，穿好拖鞋。最后，他把换下的鞋子整理好，拿到鞋橱前，找到自己的小标记，仔细地让鞋后跟对准橱子上的黄线，放好了鞋子。美中不足的是，两只鞋子左右放反了。孙老师先表扬了端端：“端端让小鞋子对准橱子上的黄线，放得真整齐。放的时候，小鞋子找到家了，要对端端说‘谢谢’呢。”然后孙老师故作惊讶：“咦，两只小鞋子怎么好像吵架了，这是怎么了？”端端不好意思地笑了：“放反了！”孙老师鼓励端端：“再试试看，小鞋子应该怎么放？”看到端端把两只鞋子对调过来放好后，孙老师指着小鞋子说：“你看，这下就对了，两只鞋宝宝，一对好朋友。放错了，生气背靠背。放对了，高兴头碰头。端端记住了吗？”端端高兴地点点头。

像这样的案例非常多。幼儿的生活自理劳动能力正是在这样的一次次表扬和鼓励中不断磨炼、不断进步的，正确的劳动态度、良好的劳动习惯也随之逐步形成。

幼儿年龄不同，接受的有关激励性评价的主体也会有所变化。小班阶段，幼儿最重视教师和家长这些和他们接触最为密切的成人的夸赞；随着年龄的增长，幼儿的社会交往范围也在逐渐扩展，同伴间的激励性评价乃至社会层面的表扬对幼儿的影响会越来越重要。

记录二

马上就要过年了，大五班的除尘活动也在如火如荼地进行着。左左、右右和萌萌负责美工区的材料整理，由于材料种类多又杂，整理了半天也理不出头绪。

正在大家忙得焦头烂额的时候，萌萌试探性地提议："要不然我们合作吧，先挑出放错的材料，然后再整理。"

右右眼前一亮，说："对，各自整理各自的，那些放错的材料都没人管，我都不想整理了。"

左左说："我的脑子都乱了，萌萌你的想法真好，你说我们应该怎么整理？"

听到好朋友这么肯定自己的想法，萌萌自信大胆地继续说着自己的想法："我把那些乱放的材料挑出来，放到一个盒子里，你俩再帮这个盒子里的材料找到家，最后我们一起把这些材料擦一遍，怎么样？"

"好，就这么干！萌萌你还挺聪明的嘛！"左左、右右异口同声道。

三个好朋友又开始忙碌起来。萌萌仔细地对所有材料进行挑拣，比如把混在笔筒里的小扣子、毛球等通通挑出来，放进一个大盒子里，左左和右右马上再把扣子和毛球放进各自的盒子。不一会儿的工夫，所有材料都分类放好了，美工区也变得更加整洁有序。

（三）对比性评价

有对比，才能发现问题；有对比，才能激励进步。对比性评价，能够引导幼儿通过对比发现劳动前后的差别，感受认真、坚持、有序等品质在劳动中发挥的作用，体验生活自理劳动所带来的成功感和收获感；能够让幼儿了解不同劳动工具、劳动技能、劳动方法带来的不同效果，通过比较，总结梳理出更好的劳动经验。在具体操作中，教师需要精心设计，找到适合的对比参照物和对比情境，引导幼儿用自己的前后表现进行对比，看到经过劳动获得的进步、呈现出来的效果，这样形成的对比会更为真切，给幼儿带来的精神激励也更为真实。当幼儿对自己的前后表现有了直观认知，不仅能够激发他们热爱劳动的意识，还能够培养创新思维，激励着幼儿在不断的劳动实践中探索进步，不断提升自身的劳动素养。

记录

周一

大一班的孩子们户外活动结束，大多数孩子把跳绳匆匆一卷，放进装跳绳的篮子里。张老师看到了，拍了张照片，准备静观其变。

周二

又到了练习跳绳的时候，孩子们发现好多跳绳都混在了一起，取的时候非常麻烦。孩子们忙活着找自己的跳绳："怎么这么乱，都搅到一起去了！"等大家把一根根跳绳分好，时间已经过去了好久。

张老师：以后收跳绳的时候，是不是要好好整理一下再放进去？

乔乔：跳绳怎么整理啊？

小鱼：得缠起来，缠起来就不会搅到一起了。

丹丹：我昨天缠好了，怎么还是乱了呢？

张老师：光缠起来还不行，要固定好才不会松开。大家可以试试有什么好办法。

于是，一次有关如何缠跳绳的自理劳动尝试开始了。经过探究，孩子们总结出了几个好办法。大家相互学习，热火朝天，做得好的孩子还会主动帮助其他同伴。

方法一　爱心半圆

然然：首先把一只手握在手柄的最后一头，另一只手拿着绳，绕一个半圆形，再把剩下的绳子绕在手柄上，绕到剩下最后一点，把绳头穿进开始的半圆形孔里面，拉紧就可以了。

方法二　接尾巴

佑佑：把绳子在手柄上缠绕几圈，剩很短很短的跳绳头的时候，把绳头转一个圈，套在一个手柄上。

方法三　手洞洞

铭泽：缠完绳子，最后一步是把大拇指压在绳子上，把旁边的一小段绳子缠到大拇指上，然后把大拇指抽出来，用最后一小段穿过洞洞，然后用力一拉。

方法四　跳绳救生圈

硕硕：我先把我的跳绳缠在手柄上，要靠下一点，这样才可以缠开，最后的一小节要往上一点，然后再转一个扣，把它套上。

方法五　藏尾巴

冠玺：我先把绳缠在手柄上，缠在中间，然后再把绳塞到里面的小洞洞里。

周五

经过几天有意识的提醒和练习，孩子们缠跳绳的本领越来越棒了，篮子里放置的跳绳也来越整齐有序。董老师把两张前后对比的照片呈现在屏幕上，请孩子们来说说自己的感受。

小鱼：跳绳缠好了，放在篮子就很整齐，拿的时候也很方便，不会缠在一起了。

多多：我们以前觉得缠跳绳很麻烦，就总是不缠，原来不缠起来更麻烦，大家拿跳绳的时候都很着急。缠好了就不麻烦了。

董老师：看来，整理跳绳是有点麻烦，但是这个小麻烦不解决，就会有大麻烦。

可儿：缠跳绳确实是挺麻烦的，我跟硕硕学了好几次才学会，学会了觉得也没那么麻烦。

硕硕：我妈妈说，会了就不麻烦了。

迪迪：硕硕也教我了，我的跳绳不听话，我练了好长时间。昨天我缠好了它，它又松开了。今天就没松开，我很开心！

夏天：我也是，我就不信我缠不好，我现在也能缠好了。

董老师：对，坚持就是胜利！

（思考：通过对比性评价，幼儿在自评和他评中感受到了自理劳动给自己活动带来的方便，也通过切身体会明白了一些关于生活和劳动的朴素道理，如“小问题不解决，会带来大麻烦”“坚持就是胜利”“会者不难”等。这些道理不但在劳动中有用，也会潜移默化地为他们的学习与生活提供积极的正能量。）

（四）分享性评价

分享性评价，是指采用分享或展示等形式，对幼儿在自理劳动中的良好表现进行评价。通过这一评价方式，幼儿可以将自己在自理劳动过程中应用的办法、采用的技能和劳动的体验与收获分享给大家，在教师、同伴、家长等积极的回馈中感受劳动带来的成功、愉悦与满足，鼓励幼儿积累与劳动有关的知识，激发幼儿对劳动的兴趣。

在引导幼儿开展分享性评价时，要根据幼儿的年龄特点和能力水平，选择适宜的内容和方式。小班幼儿，可以展示他们劳动的照片，鼓励他们用动作展示自己在劳动过程中学到的好方法和好技能，引导他们用简短的语言分享劳动中的快乐感受。中、大班的幼儿，可以引导他们通过讲述、示范等方式，分享自理劳动的收获，包括劳动方法、劳动技能、劳动知识、劳动感受等，还可以鼓励他们用前书写进行表征，展示在活动室、走廊的劳动版面中，供大家借鉴。

记录一

小一班的浩浩叠外套叠得非常整齐，王老师请他来当小模特，拍了一组叠外套的照片，展示在环境中。不但大家都说“浩浩好棒”，小朋友叠衣服有困难的时候，还会请他来帮忙呢。

天天也是个能干的小朋友，她对王老师说：“我也会叠外套，我也要拍照片给小朋友看。”王老师回应：“好啊，叠衣服的照片是浩浩的，你午睡的时候脱下来的小鞋子放得很整齐，我们来拍个放鞋子的照片给小朋友看。那你可要每天好好放鞋子啊。”天天高兴地点点头。

看到孩子都这么积极，王老师请班上的每一个孩子都加入到拍摄的队伍中，根据他们平时的表现，分别当小模特，做不同的自理劳动示范。这些照片除了展示在环境中之外，还发在家长群，让家长看看孩子们的劳动表现。这些展示让孩子们收获了家长的无数点赞，他们开心极了，劳动的积极性提高了，劳动的技能也在当小模特时得到了更好的锻炼。

记录二

活动背景

新冠疫情期间，幼儿园的“心”课堂给“宅”在家里的孩子们提供了生动多彩的活动内容，这其中就包括将生活自理劳动延伸到家庭中的“做家务”板块。老师们精心设计微课视频，通过活动引领和微信群互动，引导幼儿积极参与到擦桌子、刷碗筷、晒鞋子、叠衣服、整理玩具、学做美食等一系列家务劳动中，掀起了幼儿参与家务劳动的热潮。班级微信群不仅定期更新活动内容，更成了对孩子们进行展示性评价的平台。

活动记录

大五班的黄老师想到孩子们平时叠放的羽绒服经常散开，不易摞放，于是就在“心”课堂引导孩子们一起来研究怎样叠羽绒服更容易放整齐，最终总结出了“小怪兽叠法”“钻洞洞叠法”等形象有趣又便于收纳放置的叠法。这个活动，突出了一个“趣”字，体现了一个“巧”字，一下把孩子们的劳动兴趣给调动了起来。于是，黄老师建议大家在微信群开展“整理衣服小能手”分享活动，让孩子们把各自的整理好方法和劳动成果展示、分享给大家。很快，微信群里的展示活动就热火朝天地开始了。

诺诺分享的是用纸板帮忙快速叠上衣的好办法，大家都为她的好办法点赞，好几个小朋友都表示要赶快试试这个办法。迪迪上传的是自己十秒钟叠好裤子的小视频，大家都夸他动作麻利。依依展示了自己叠好衣服后放置整齐的小衣橱，更是引来好多叔叔阿姨和小伙伴的赞叹，夸她是个整理小能手，衣服叠得好，衣橱更是整齐有序。嘉嘉说：“依依你好能干呀，我也要整理我的小衣橱，等整理好了，让大家看看是不是和你的一样整齐！”

（思考：每一位幼儿都喜欢自己的成绩被大家看到、夸赞和分享。在这些展示活动中，家长们上传的一张张照片和一段段视频记录，展示了幼儿在“做家务”时的精彩表现。相互的交流、由衷的赞赏，让幼儿在其中不断获得关于生活自理劳动的美好体验。通过这样的展示性评价，好做法被分享，好心情被点燃，幼儿劳动的积极性越来越高，劳动素养也在这个过程中一点点得到提升。）

生活自理劳动教育贯穿幼儿教育始终，多元而适当的劳动评价，能够引导幼儿了解自身劳动情况，不断积淀劳动知识，掌握劳动技能，锻炼劳动能力，形成和发展劳动精神，由此不断地提升劳动素养，促进自身的全面发展，成为具有劳动精神的新时代劳动者。

后　记

从2019年春天至今，我们有幸作为课题组成员，跟随南京师范大学虞永平教授和刘颖教授的教研团队，投入幼儿劳动教育的研究之中。五年时光如白驹过隙，我们专注于幼儿生活自理劳动的探索。在此过程中，我们不仅深化了对劳动教育的理解，更在孩子们的成长足迹中见证了生活自理劳动赋予童年的独特魅力与优秀品质。

生活自理劳动，这一看似日常而平凡的活动，实则是幼儿成长过程中不可或缺的重要部分。它不仅仅是技能的学习，更是品德的塑造、习惯的养成和能力的培养。孩子们每一次独立穿衣、整理玩具，甚至帮助家人做力所能及的家务时，那份由内而外的成就感与自信，都让我们深刻体会到，生活自理劳动教育不仅能够提升幼儿的自我照顾能力，更重要的是它能够激发幼儿的内在动力，培养他们的责任感、自信心和解决问题的能力，为他们未来的生活和学习奠定坚实的基础。

在本书的撰写过程中，我们得到了来自各方的大力支持与帮助。特别感谢虞永平教授和刘颖教授的理念引领，让我们在一次次面对面分享和线上研讨中不断拓宽理论视野，深化研究能力。他们的智慧启迪与无私分享，如同灯塔一般照亮我们前行的道路，确保我们在探索与创新的道路上不断前行。还要感谢全国“万人计划”教学名师、教育部领航工程“王翠霞名园长工作室”主持人王翠霞园长的悉心指导。王园长以其深厚的专业素养、前瞻的教育理念和丰富的实践经验，为我们的研究提供了精准的指导和宝贵的建议，使本书的内容更加充实、更具深度，更加贴近教育实践的需求。

本书的问世，是团队智慧与汗水的结晶，更是多方支持与合作的成果。在撰写过程中，每一位参与者都倾注了满腔热情与不懈努力。其中，王艳君、郑子涵参与了第二章的撰写，翟晶晶、张进参与了第三章的撰写，刘宁参与了第四章的撰写，周梦娜、董小敏参与了第五章的撰写，陈香玉参与了第六章的撰写。每一个章节的写作，都是团队共同努力、相互成就的最好证明。

此外，本书的成功出版离不开江苏凤凰教育出版社的大力支持与辛勤付出。他们专业的编辑团队、严谨的工作态度以及对教育事业的热情投入，为本书的问世提供了坚实的保障。

最后，我们向所有为本书付出努力与支持的同仁表示最诚挚的感谢！愿本书能成为连接理论与实践的桥梁，为推动我国幼儿劳动教育的研究贡献一份力量。同时，我们也期待在未来的日子里，继续携手前行，在幼儿教育的广阔天地中不断探索、不断前行。

王冰

2024 年 9 月